二战風雲人物

鸿儒文轩 编著

HONGRUWENXUAN

Hideki Tojo

战争狂魔

东条英机

1884~1948

中国书籍出版社
China Book Press

图书在版编目（CIP）数据

战争狂魔——东条英机 / 鸿儒文轩编著 . —北京：中国书籍出版社，2016. 11
ISBN 978-7-5068-4406-2

Ⅰ. ①战… Ⅱ. ①鸿… Ⅲ. ①东条英机（1884 ~ 1948） - 传记 Ⅳ. ①K833. 137 = 5

中国版本图书馆 CIP 数据核字（2014）第 219053 号

战争狂魔——东条英机

鸿儒文轩　编著

图书策划　牛　超　崔付建
责任编辑　张翠萍　牛　超
责任印制　孙马飞　马　芝
封面设计　鸿儒文轩
出版发行　中国书籍出版社
地　　址　北京市丰台区三路居路 97 号（邮编：100073）
电　　话　（010）52257143（总编室）（010）52257140（发行部）
电子邮箱　eo@chinabp. com. cn
经　　销　全国新华书店
印　　刷　三河市华东印刷有限公司
开　　本　710 毫米 × 1000 毫米　1/16
字　　数　252 千字
印　　张　17
版　　次　2017 年 1 月第 1 版　2020 年 1 月第 3 次印刷
书　　号　ISBN 978-7-5068-4406-2
定　　价　29. 80 元

·前 言·

第二次世界大战是人类历史上规模最大、战斗最为惨烈、影响最为深远的一场战争。在这场正义与邪恶的较量中，参战双方都涌现出了许多风云人物。他们或为国家和民族的自由而奋战，成为名传千古的英雄；或为法西斯卖命，成为遗臭万年的战争罪犯。

日本陆军大将东条英机无疑是第二次世界大战舞台上最受瞩目的风云人物之一。这位出身军人之家，自幼浸淫在武士道精神和军国主义思想之中的战争狂魔和极端军国主义分子，在侵华战争中犯下了累累罪行，又多次向苏联和美国挑衅，终于点燃了太平洋战争的大火，给整个环太平洋地区的人民带来了深重的灾难。

在日本军国主义者的眼中，东条英机是“前所未有的帝国英才”。但在全世界爱好和平的人们的眼中，他是一个不折不扣的战争狂魔、名副其实的刽子手。任何双手沾满鲜血的恶魔都无法逃脱历史的审判，东条英机也不例外。这个长于计谋、短于思考、缺乏战略眼光的战争狂魔，最终在自己一手发动的战争中走向了灭亡。战后，他曾试图自杀，但没有成功。后来，经过审判，东条英机以头号战犯的罪名被远东军事法庭处以绞刑。

本书在大量考证历史资料和细节的基础之上，以全新的视角，还原历史的面貌，客观地叙述了东条英机成为战争狂魔的时代背景和个性缘由。希望本书能帮助广大读者加深对历史的了解，洞察人性的善恶，给大家带来一些启发和思考。由于编者的水平有限，书中难免存在不当与不足之处，恳请广大读者批评指正！

前言

·目 录·

第一章 出生于军人之家

第二章 青少年时期

第三章 侵略中国的刽子手

第四章 不自量力，两次挑衅苏联

第五章 当上陆军大臣

第六章 积极主张“南进”，对美开战

第七章 当上首相，攫军政大权于一身

第八章 一步步迈向梦寐以求的战争

第九章 偷袭珍珠港，对美开战

第十章 兵败中途岛，走上滑坡路

第十一章 日美鏖战瓜达尔卡纳尔

第十二章 罪恶生涯中最后的疯狂

第十三章 垂死挣扎，妄图顽抗到底

第十三章 战争狂魔伏诛前的血腥岁月

第一章

出生于军人之家

一 明治维新的隐患

日本是中国一衣带水的邻邦。历史上，日本曾积极学习中国的制度、文化、礼仪，接受中国皇帝的册封，与中国历代王朝保持着密切的交往。汉武帝时期，日本曾遣使来朝，武帝赐其“汉倭奴国王”金印紫绶。唐太宗在位时，日本多次遣使来朝，并派留学生到长安学习先进的政治、经济和文化制度。对日本历史发展影响深远的大化革新（大化元年），便是以唐朝的律令制度为蓝本进行的一场自上而下的改革。

在此后的千余年时间里，日本在中国的影响下，政治、经济、文化曾一度出现了全面繁荣的景象。因此，日本民众对中国抱有强烈的好感，尊中国为“天朝上国”。

历史的车轮滚滚向前，到19世纪中期的时候，日本民众眼中的“天朝上国”已风光不再。正处于德川幕府统治下的日本也迅速衰落下去。幕府是一种军人独裁政权，亦称武家政治，其权力凌驾于以天皇为首的文人中央政权机构之上，最高权力者为征夷大将军，又称幕府将军。幕府将军在形式上必须取得天皇的授权，但实际上并不服从天皇的命令。幕府统治就是一种“挟天子以令诸侯”的政权组织形式。

德川幕府直接领有的土地约占全国土地的四分之一，其余的地方由大名领有，称藩国。各藩国下设家老、年寄等，拥有相对独立的行政、司法权力，实际上乃是国中之国。

德川幕府对内实行独裁统治，对外实行闭关锁国政策，禁止西方的传教士、商人和平民进入日本，也不允许旅居国外的日本人回国，甚至禁止建造适于远洋航行的船只。在此期间，日本人只能同中国、朝鲜和荷兰等少数几个国家通商。

德川幕府的极权统治极大地阻碍了社会生产力的提高，成为阻碍日本历史发展的桎梏。19世纪50年代，德川幕府的封建统治终于在内忧外患中趋于瓦解。在日本国内，一些经济比较发达的地区，如西南诸藩，手工业作坊已经广泛采用“雇佣工人制”，进行商品生产。此即资本主义萌芽。

资本主义萌芽的出现极大地冲击了封建自然经济，从根本上动摇了幕府封建统治的经济基础。在商品经济形态的快速扩展下，商人阶层，特别是那些从事金融事业的人的力量逐渐增强。在这种情况下，商人们自然而然地要求更多的政治权利，并要求打破阻碍资本主义进一步发展的落后制度。

但既得利益者从来就不会轻易地放弃手中的特权。迫于无奈，商人们不得不与反对幕府统治的基层农民联合起来，共同反对幕府的专制统治。新兴资产阶级和幕府的矛盾不断激化，致使日本的政治局势非常紧张，一场惨烈的战争正在悄悄酝酿着。

在日本国内局势日趋紧张的同时，陆续完成工业革命、急需打开亚洲市场的欧美资本主义国家也将目光锁定在了人口众多的中国和日本身上。1842年，英国殖民者以坚船利炮打开了中国的大门（第一次鸦片战争），把这个古老的东方文明古国带进了半封建半殖民地的深渊。11年后，即1853年，美国海军准将马休·佩里率领舰队进入江户（今东京），把美国总统米勒德·菲尔莫尔写给日本天皇的信交给了德川幕府，并以武力相威胁，强迫日本与美国签订了《日美亲善条约》（又称《神奈川条约》），史称“黑船事件”或“黑船开国”。

软弱无能的德川幕府惧怕美国人的坚船利炮，不但同意向美国开放长崎以外的下田和函馆两个港口，还给了美国片面最惠国待遇。《神奈川条约》的签订引起了连锁反应，英、法、荷等国随后也强迫日本幕府签订了一系列不平等条约。

“黑船开国”事件进一步激化了日本的国内矛盾，新兴阶层趁机表达自己的政治诉求，要求进行自上而下的全面改革。

在这种背景下，统治集团内部也出现了分化。西南部一些具有资产阶级色彩的大名和中下级武士，组成了革新派，以天皇的名义发出号召，要求日本百姓尊王攘夷。顾名思义，“尊王”就是尊敬和拥护天皇，“攘夷”就是驱逐外国侵略者。这一口号在很大程度上表达了对幕府独裁统治与列强入侵的不满。运动的发起者刺杀与西方列强勾结的幕府当权者，袭击在日本的西方商人和外交官，进攻停靠在日本各港口的西方船只。一时间，日本百姓的爱国热情空前高涨起来，幕府统治和西方列强在日本攫取的既得利益受到了极大的威胁。

由于“尊王”的诉求符合王室公卿的利益，大部分王室成员都参加了这一运动。从当时的情况来看，天皇与王室成员是尊王攘夷运动的精神领袖，西南诸藩的大名和中下层武士则是这一运动实际上的领导者。

由于尊攘派对幕府尚存幻想，没有明确提出推翻幕府统治的政治要求，尊王攘夷运动很快就在幕府军队和西方列强的联合镇压下失败了。这时，以高杉晋为代表的一大批有识之士认识到，要想改变日本现状，实现富国强兵，必须推翻幕府统治。

1865年春，高杉晋作提出开港讨幕的战略，决定不再提攘夷，转向武装倒幕，并与萨摩藩结成秘密军事同盟。与此同时，英国也权衡利弊，改变策略，援助倒幕派。幕府方面则投靠法国，企图以武力消灭倒幕力量。1866年9月，德川幕府在征讨长州藩的战争中失利，不得不向江户方向撤军。

与此同时，倒幕派的力量则迅速壮大。广大民众也在倒幕派的宣传下对幕府深恶痛绝，自发地组织起来，支持倒幕运动。至此，倒幕运动的群众基础已经形成，德川幕府的灭亡已成必然。

德川庆喜，德川幕府第15代将军。他是末代将军，也是德川幕府中寿命最长的将军

1867年，孝明天皇驾崩，太子睦仁亲王即位，是为明治天皇。明治天皇积极联络各路倒幕大军，希望振兴王室。1867年11月8日，明治天皇下达讨幕密敕。次日，德川幕府第15代征夷大将军德川庆喜奏请“奉还大政”。统治日本长达680余年的幕府倒台，日本进入了历史上著名的明治维新时期。

1868年（戊辰年）1月3日，天皇发布《王政复古大号令》，废除幕府，令德川庆喜“辞官纳地”。1月8日，德川庆喜在大阪宣布“王政复古大号令”为非法政令，不予遵从。10日，德川庆喜再次重申这一意见。双方剑拔弩张，一场大战已经不可避免。

1月27日，以萨、长两藩为主力的天皇军5000余人在京都附近与幕府军15000人展开激战，德川庆喜败走江户，戊辰战争由此开始。经过数月的战斗，得到广大民众拥护的明治政府军获胜。

1868年9月3日，明治天皇下诏将江户改称东京。10月23日，改年号为明治。1869年5月9日迁都东京。与此同时，明治政府还颁布了一系列改革措施，强制实行“版（土地）籍（户籍）奉还”“废藩置县”政策，将日本划分为3府72县，逐步建立了中央集权式的政治体制。

军事方面，改革军队编制，陆军参考德国训练，海军参考英国编制；并于1872年颁布征兵令，凡年龄达20岁以上的成年男子一律须服兵役。一般役3年及预备役2年，后来一般役及预备役分别增至3年及9年，总计12年。如此一来，日本的军事实力大增。到1873年时，作战部队动员可达40万人。

与此同时，明治政府还大力发展国营军火工业，研制新式火器。到了明治时代中、后期，军事预算也急剧增加，占政府经费的30%～45%。

此外，明治政府在交通、司法、宗教等方面也实行了大刀阔斧的改革。通过明治维新，日本迅速摆脱了贫穷落后的面貌，开始跻身世界强国之列。

日本是19世纪末的幸运儿。一场自上而下的改革不但使其摆脱了沦为半封建半殖民地社会的危机，还使得日本逐渐实现了“脱亚入欧”的梦想。然而，这场自上而下的资产阶级革命极不彻底，保留了大量的封建残余，这就为日本日后走上军国主义道路、侵略他国埋下了隐患。

东条英教发迹

当然，任何改革都不是一蹴而就的，明治维新也不例外。一方面，以旧武士为代表的昔日之贵族从未放弃颠覆明治政府的努力。另一方面，戊辰战争结束后，原先的革新派也因利益分配不均、政见不和等原因出现了分化。1877年2月，原本积极主张革新的西乡隆盛在西南诸藩（熊本、宫崎、大分和鹿儿岛等地区）旧武士的拥护下树起了武装反抗明治政府的大旗。

明治天皇立即兴兵讨伐，双方在植木、田原等地展开了激战，史称西南战争。在这次战役中，政府军中一个年轻的中士因足智多谋、作战勇猛脱颖而出，受到了高级将领的赏识，此人便是东条英教。

东条英教祖籍江户，出身下层武士。他的父亲东条锭之助因擅长能乐（起源于日本镰仓时代的一种武士音乐）得到了日本南部盛冈藩主的器重，被聘为能乐教师。此后，东条家族便从江户迁到了岩手县盛冈市新庄鹿岛下。

幕府倒台后，明治政府通过发行公债等方式，逐步收回了各藩士族的薪俸。和当时的大部分旧贵族一样，不善经营、缺乏谋生能力的东条家族生活陷入了窘境。此时，东条英教刚满16岁。

在传统武士道精神的刺激之下，日本的军国主义思想这时已经开始抬头，右翼势力极力鼓吹“大力充实军备，耀国威于海外”，高层的一些狂热分子甚至制定了对外侵略扩张的详细计划。按照他们的设想，日本第一期应征服中国的台湾；第二期征服朝鲜；第三期征服中国满蒙（东北和内蒙古地区）；第四期征服中国内地；第五期征服全世界。这就是日后明治政府确立“大陆政策”的思想基础和雏形。

在这种背景下，明治政府于1869年在京都创立了专门培养陆军士官生的兵学寮。不久，兵学寮由京都迁到了大阪，办学规模也不断扩大。

1872年，日本趁清政府内忧外患之际入侵大清帝国的属国琉球王国。1874年，明治政府又以清政府未对台湾东南部实施有效统治为由，悍然入侵台湾，屠杀当地居民，制造了惨烈的“牡丹社事件”。1875年，日本海军少佐井上良馨指挥军舰“云扬号”以武力占领汉城的门户江华岛（位于汉江的入海口，日舰可沿着汉江而上，直逼汉城），迫使朝鲜签订了《江华条约》，强行打开了朝鲜国门。朝鲜历史学家将此称为“云扬号事件”，日本史书则称之为“江华岛事件”。

东条英教，东条英机之父

为给日后发动大规模的侵略战争储备人才，明治政府将兵学寮教导队迁到了东京，并扩充为教导团。此即日本陆军士官学校的前身。

在政府的鼓吹下，加之传统武士道精神的影响，军人成了最受青年人欢迎的职业。东条英教就是此时考入陆军教导团的。1876年，东条英教从陆军教导团毕业，被授予中士军衔，分配到小仓第十四联队服役。

作为一名军人，东条英教是幸运的。他的军旅生涯尚不足一年，西南战争就爆发了。东条英教随小仓第十四联队一起，参加了镇压叛乱的作战行动。在植木、田原等战役中，东条英教作战凶猛，常常身先士卒，而且显示出了优秀的指挥才能。

西南战争打了7个月，以西乡隆盛的彻底失败而告终。至此，明治政府彻底铲除了反对势力，消除了新政府被颠覆的可能性。东条英教也因这场战争迈出了发迹的第一步。1878年，东条英教被擢升为陆军少尉，调任参谋本部任职。

参谋本部原称参谋局，隶属陆军省管辖。为加强天皇对军队的控制，明治政府遂将参谋局从陆军省独立出来，成立了直属天皇管制的特别军事机关——参谋本部。作为参谋本部最年轻的参谋军官之一，东条英教自然而然地成为了陆军的重点培养对象。

在此前后，东条英教同万德寺住持的女儿德永千岁结为夫妇，租住在四谷区须贺町。和大部分日本女性一样，东条千岁（按照日本的习俗，女子婚后改姓夫姓）性格朴实，不苟言笑，一门心思地协助丈夫处理家务。婚后，东条夫妇先后育有两子。不幸的是，两个儿子均在出生几天后即夭折了。日本深受中国儒家文化的影响，将无后视为奇耻大辱，膝下无子成了东条夫妇的一块心病。

东条英教的家庭生活虽然很不幸，但在仕途上却顺风顺水，颇为得意。1883年之前，日本陆军以法国陆军为蓝本，发展迅速。1883年之后，日本改以德国陆军为学习对象，不但在东京设立了陆军大学，还从德国参谋本部高薪聘请了雅克布·迈克尔少校为战术教官。

雅克布·迈克尔少校是德国陆军中的佼佼者，颇具军事才能。上任伊始，雅克布就对日本陆军的体制和训练方法进行了大刀阔斧的改革，深受日本陆军高层的器重。陆军省和参谋本部立即决定，从军内挑选10名优秀的年轻军官，作为陆军大学的第一期学员。

一天，时任参谋本部次长的川上操六将军把东条英教叫到办公室，开宗明义地说："东条君，陆大招生，本职打算推荐你为首批10名学员之一。"

东条英教挺胸抬头，双脚一并，向川上操六行了一个漂亮的军礼，朗声道："获此殊荣，卑职不胜惶恐！"

川上操六笑了笑，说道："既然东条君不反对，这件事情就这么定下来了。你准备去陆大报到吧。"

几天后，东条英教就来到陆大，投入了迈克尔的门下，学习军事指挥艺术。包括东条英教在内的10名陆大首届学员皆是陆军中的佼佼者，可谓精英中的精英。在迈克尔少校的指导下，众人学习十分刻苦，进步也很神速。

东条英教进入陆军大学的第二年春，他的家庭生活也迎来转机。该年3月底，东条千岁再次怀孕了。东条英教闻讯，又喜又忧。妻子怀孕，这对一直渴望能有个孩子的东条英教来说自然是值得高兴的事情。但与此同时，他的内心当中又有隐隐的担忧。他不知道这个孩子会不会像他的两个哥哥一样，夭折在襁褓之中。

时光荏苒，岁月如梭，转眼间就到了1884年的隆冬季节。12月24日，蓄谋已久的明治政府终于按捺不住，再次将侵略的魔爪伸向了邻国朝鲜。日本人直接参与策划了朝鲜开化党人发动的甲申（1884年为农历甲申年）政变，企图进一步掌控朝鲜。大清王朝应朝鲜政府之邀，派袁世凯率部进行干涉，最终挫败了日本的阴谋。

就朝鲜的历史进程而言，“甲申政变”是一次具有资产阶级革命性质的试探性活动。开化党人发动甲申政变的目的有二：其一，脱离大清帝国，实现完全独立；其二，效仿日本，改革内政。遗憾的是，开化党人没有看清日本人的真实面目，便贸然投入其怀抱，无异于引狼入室。

伊藤博文（1841年10月16日—1909年10月26日）

事变结束后，明治政府派伊藤博文同清廷实权人物李鸿章签订了《中日天津条约》（日本称之为《天津会议专条》），规定中日两国同时从日本撤军，日后两国出兵朝鲜须相互通知。就中国而言，这是一次外交上的失败；就朝鲜而言，从此获得了与大清帝国对等的外交关系；就日本而言，为日后全面入侵朝鲜创造了有利条件。

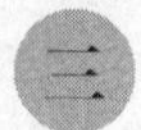

东条英机出生

朝鲜发生甲申政变的消息传到日本后，举国上下一片欢腾。他们似乎已经把朝鲜视为囊中之物了。此时，西方的圣诞节和元旦将至。为方便德国教官庆祝圣诞节和随之而来的元旦，陆军大学决定放假几天。学生们也趁机溜出学校，去参加日本的传统节日火祭节。东条英教受同学之邀，先在东京城里闲逛了一日，随后又前往东京北郊泡温泉。

1884年12月30日凌晨1点20分，东条英教还与他的同学一起待在温泉，东条千岁在家中产下一子。孩子出生时只有5斤半重，身体显得瘦弱，哭声却很大。待到东条英教赶回家中，看到眼前这个黑不溜秋、皱皱巴巴、大哭大叫的新生儿，心里充满了忧虑，总担心他会像前两个孩子一样，大哭几日后便毫无缘由地夭折了。

东条夫妇在忐忑不安中度过了一周的时间。孩子除了吃得比较少之外，并没有其他的毛病。东条英教这才放了心。

然而，到了第八天晚上，孩子突然毫无缘由地大哭不止。东条千岁给他喂奶，他也不吃。东条英教和东条千岁吓坏了。他们在心里不止一次地嘀咕说："难道惨剧将再次降临？"

虽然心里这样想，但谁也不愿意把这句话说出来，似乎一说出来就会变成事实似的。和妻子相比，东条英教稍稍镇静一些。他快速步出卧室，吩咐佣人道："快去请医生，快去快回！"

佣人岂敢怠慢，一阵风似的跑了出去。约莫过了半个小时，一名中年医生在佣人的催促下踉踉跄跄地冲了进来。没等医生停住脚步，东条英教就以近乎命令的口吻说道："医生，快看看孩子，他一直大哭不止。"

医生一边擦汗，一边往外掏听诊器。东条夫妇不由得屏住了呼吸，似乎担心呼吸声会干扰医生的判断。十几分钟后，医生起身，无可奈何地说道："从体征上看，孩子很健康，并没有生病！"

东条英教立即嚷道："那他为什么大哭不止？你再仔细看看！"

医生尴尬地说："好吧，请把孩子用过的尿布拿来我看看。"

佣人不等东条英教吩咐，就到洗浴室拿来了一块刚换下的尿布。医生用镊子小心翼翼地摆弄了半天。良久，他才缓缓道："以尿布上的黏液来看，孩子大概是消化不良。"

东条英教疑惑地问了一句："消化不良？"医生重复说："是的，消化不良。按照目前的状况来看，最好不要给孩子喂奶。"东条千岁插话道："不喂奶，那怎么能行呢？"医生神秘兮兮地说："只能听天由命了。说实话，我从来没有碰到过这种情况。""怎么办呢？怎么办呢？"东条英教在心里不停地问自己，但依然装出一副镇定自若的样子。医生神秘兮兮地对东条夫妇说："孩子年幼的时候不能由你们抚养，否则的话……"东条英教追问道："否则怎样？"医生故作神秘地说："你们之前一定养过孩子。"东条夫妇听了这没头没尾的话，心里更加害怕了。东条千岁迫不及待地问："我们该怎么办呢？"医生回答说："最好送到老家寄养一段时间。"东条英教半信半疑地瞅了瞅医生，又看了看妻子，努力下着决心。过了半晌，他才缓缓道："好吧，我听你的。"

第二天一大早，东条英教就抱着孩子，登上了开往盛冈的列车。说来也奇怪，孩子一到爷爷东条锭之助的身边，就停止了哭闹，而且开始进食了。东条英教这才放心地离开盛冈，到陆大报到去了。

一周过后，东条锭之助给儿子来信，说为了驱灾辟邪，他特意给孩子取了一个特殊的名字——东条英机。在日文中，这个名字的读法比较独特，前面是训读，即采用中文的读法；后面是音读，即采用日文固有的读法。

接到父亲的信，东条英教总算放了心，也得以将全部精力投入到陆大的学习之中。东条英教和他的同学一起在陆大学习了3年，于1885年毕业。在10名毕业生当中，除两名在少校军衔上战死之外，其余8人全部成为日本陆军高级将领，有2人最终升为大将，5人升为中将，1人升为少将。东条英教即为5名中将之一。此是后话。

东条英教在陆大的表现相当突出，深受迈克尔少校的赏识。刚一毕业，他就得到了公费留学德国的名额。相关资料显示，东条英教在德国专门学习战术学。到1891年，他学成归国之时已经成为日本陆军中数一数二的战术专家，所著的《德国陆军野外勤务令》一书也成了日本陆军军官必读书目。与此同时，东条英教也晋升为少校军衔，任参谋本部高级参谋兼陆军大学战术教官之职。

从此之后，东条英教便登上了升迁的快车道。东条英教的发迹除了其自身因素之外，时代背景也是不容忽视的重要原因。当时，明治政府正大办军火工业，积极建立近代化的陆海军，准备吞并朝鲜，侵略中国。

1887年，日本参谋本部草拟了一份名为《征伐清国策》的战争计划，把对华战争的时间定在5年以后，并计划吞并盖平（今辽宁省盖平）以南的辽东，以及山东的登州、舟山群岛、澎湖列岛、台湾和长江两岸十里以内的地区。

1890年12月6日，时任日本首相山县有朋更是公开发表所谓“保护利益线”的《施政方针》演说，内称：“盖国家独立自卫之道有二：一是守卫主权线，二是保护利益线。何谓主权线？国疆是也。何谓利益线？同我主权线之安危有紧密关系之区域也。”“方今立于列国之间，欲维持国家之独立，仅仅守卫主权线已不足，非保护利益线不可。”

山县有朋，日本军国主义的老祖宗。早年参加“尊王攘夷”活动。历任陆军卿、参军、参谋本部长、内务大臣、农商大臣和首相

山县有朋的演说标志着近代日本对外扩张侵略的“大陆政策”最终形成。日本的大陆政策绝不是什么“自卫之道”，而是“侵略之道”，按照山县有朋的“施政方针”，势必将邻近的中国和朝鲜都纳入日本的“保护”之下。山县有朋的论调立即得到了年轻人的热烈拥护，同时也在民间掀起了一股军国主义浪潮。

在此后的数年间，日本政府以国家财政收入的60%以上用于发展海军、陆军，扩充军备。1893年，明治天皇又决定每年从自己的宫廷经费中拨出30万元，再从文武百官的薪金中抽出10%，补充造船经费。

明治天皇之所以急着建造军舰，扩充海军，主要目的是赶超大清王朝的北洋水师。日本举国上下，士气十分高昂，皆以赶超中国为目标。早在1888年，清政府就建立了北洋水师，实现了海军的近代化。客观来说，大清王朝的北洋水师确实是当时亚洲最为强大的海军之一。到1890年，北洋水师拥有2000吨位以上的战舰7艘，总吨位27000多吨。而同时期的日本仅有5艘2000吨位以上的战舰，总吨位17000多吨。

遗憾的是，自北洋水师正式建军之后，清政府便停止了海军建设。战舰逐渐老化，与日本新建的战舰相比，不但火力弱，而且航速也很慢。更为严重的是，大清的军队近代化仅仅停留在技术层面，根本没有涉及制度层面的东西。

中国陆海军的总兵力虽然达到80万左右，但编制落后，管理混乱，训练废弛，战斗力极其低下。1891年之后，北洋水师甚至停止了购买枪炮弹药。这主要是因为慈禧太后要为她1894年的六十大寿做准备，挪用了海军军费，用于修建颐和园，以颐养天年！

中日两国制度上的差异，再加上最高统治者对军队近代化的不同态度，决定了中国未来的命运。到甲午战争爆发前夕，日本海军的战斗力已经超越清朝。日本海军拥有军舰32艘，鱼雷艇24艘，总排水量72000吨；而北洋水师依然停留在1888年的水平，共有舰艇25艘，官兵4000余人。

与此同时，日本的陆军也得到了极大的发展。当时，日本已经建立一支拥有63000名常备军和23万预备役的陆军，包括6个野战师团和1个近卫师团。

在日本积极扩军备战之际，东条英机也一天天地长大了。东条英教学成归国不久，其父东条锭之助就把东条英机从老家盛冈送到了东京，让他与父母同住。由于祖父的纵容，再加上时代环境的影响，东条英机十分顽劣，整日里只想着玩打仗游戏，有时候玩起来甚至连饭都顾不上吃。

随着东条英教职位的升迁，东条一家的经济状况也有了明显的改善。不久，东条一家即从四谷须贺町搬到环境优越的西大久保地区居住。东条英机也随之转到了专门招收贵族子弟的学校学习院读书。

在学习院里，东条英机表现出一些儿童不应该有的性格特点，他顽劣固执，我行我素，富有攻击性。而这些特质刚好是日本武士道精神的重要组成部分。

东条英教对儿子身上表现出来的武士道精神颇为满意，为了进一步培养他“杀身成仁”的“忠君爱国”思想，东条英教特意聘请了神刀流剑舞高手日比野雷风氏教东条英机学习神刀流剑舞。

神刀流剑舞又称柳生严流，是日本古流刀术的重要流派，也是一种新兴的、兼具套路表演和实战双重功能的武术流派。该派既保留了日本刀法中最简洁、实用的9种斩法，也融入了中国刀法的勇猛快速、刚劲有力，同时又兼具西洋剑术迅捷、凶残的特点。

东条英机不喜欢读书，但对舞刀弄剑倒是兴趣十足，在日比野雷风氏的指导下，他进步很快。不足半年，他的神刀流剑舞已经舞得有声有色了。

东条英机

第二章
青少年时期

一

自幼深受军国主义的影响

东条英机一天天长大了，日本政府对外侵略的野心也随着军事实力的扩张而显露无遗。1894年，朝鲜爆发东学党起义，朝鲜政府军节节败退，不得不向宗主国大清帝国求援。清廷派直隶总督叶志超、太原镇总兵聂士成率2500名淮军精锐于6月6日在朝鲜牙山登陆，准备镇压起义。而日军则以保护侨民为借口，开入朝鲜，寻衅滋事。

7月25日，日军不宣而战，在朝鲜丰岛海面以海盗式的卑鄙手段，对北洋水师的“济远号”“广乙号”发动了突然袭击。同时，日本联合舰队中的“浪速号”又悍然击沉了清政府借来运兵的英国商船“高升号”，制造了“高升号事件”。至此，甲午战争全面爆发。

8月1日，中、日两国互相宣战。日军这次是有备而来，而清军毫无准备，纯粹属于仓皇应战。不过，在丁汝昌等爱国将领的指挥下，北洋水师的斗志很高，在黄海海面主动搜寻日本联合舰队，摆出了一副要与其决一死战的架势。日本联合舰队则采取回避方针，处处躲着北洋水师，不愿与其正面交锋。

东条英教等日本军人闻知甲午战争爆发的消息，个个兴奋不已。当时，对东条英教器重有加的川上操六大将已经升任参谋本部参谋总长。东条英教因此得以直接参与了日本海陆部队的指挥行动。

在东条英教的策划下，川上操六大将一边休整侵朝的陆军，企图在平壤和清、朝两军决战；一边将大批商用船只改造为军舰，扩充海军的实力，准备扩大侵略战争。

8月上旬，清、朝两军的陆上行动呈现溃败之势，清廷准备以威海卫为基地，从海上运兵增援平壤。遗憾的是，这军事机密尚未付诸实施，就有昏聩的官吏将其卖给了日本间谍。

8月9日，东条英教建议川上操六大将派日本联合舰队直接袭扰威海卫，以阻挠清军增兵朝鲜，同时消灭北洋水师的主力。

北洋水师主将丁汝昌率部还击，虽未能重创日军，但也打出了中国军队的威风。然而，紧要关头，李鸿章却在慈禧太后的压力下，以“观望迁延，毫无振作”的莫须有罪名，将丁汝昌革职，“责令戴罪自效，以赎前愆”。

丁汝昌受责令广大爱国官兵愤怒不已。虽然，丁汝昌早已将个人生死荣辱置之度外了，时刻寻找机会和联合舰队决战，但李鸿章却处处掣肘，令其无法放开手脚。

8月18日，北洋水师和联合舰队在黄海遭遇。历史上著名的黄海海战开始了。尽管清军奋起抵抗，但终因装备和兵员素质较差而败北。战败的消息传到北京后，李鸿章吓坏了。北洋水师是他最重要的政治资本，一旦全军覆没，他的实力必然受损。为了保存实力，他断然命令北洋舰队躲进威海卫港口，实行所谓的“以保船制敌为要”方针。李鸿章没有料到，正是这个错误的决定，直接导致了北洋水师全军覆没，从而断送了中国海军。

黄海海战后，联合舰队完全掌控了黄海的制海权，清、朝两军的陆上行动也陷入了孤军奋战的尴尬境地。东条英教立即建议参谋总长川上操六大将对清军发动猛烈攻势，入侵中国本土。川上操六毫不犹豫地命第一军从陆上渡过鸭绿江，向中国辽宁腹地推进；第二军从花园口登陆，侵占金州，切断了中国军队增援的通道，旅大地区陷入绝境。驻守旅顺和大连湾的清军将领唯恐命丧疆场，相率放弃阵地，望风逃遁。11月7日，日军兵不血刃地占领了大连湾。15天后，旅顺亦陷于日军的铁蹄之下。至此，整个辽东半岛均被日军所占。

而后，川上操六又在东条英教的协助下指挥海陆军齐头并进，直取威海卫。1895年1月，日军登陆龙须岛。丁汝昌率北洋水师在刘公岛海面与日本联合舰队展开激战，终因实力悬殊、缺乏后援而全军覆没。

1895年4月17日，中日代表在马关签订了《马关条约》。条约规定：中国承认朝鲜独立自主，废绝中朝宗藩关系（日本此举乃是为日后吞并朝鲜做准备，日俄战争结束后不久，日本便强迫朝鲜签订了所谓的《日韩合并条约》，正式吞并了朝鲜半岛）；中国割让辽东半岛、台湾及其附属岛屿及澎湖列岛给日本；赔偿日本军费白银两亿两；开放重庆、沙市、苏州、杭州为商埠；日本可以在中国通商口岸设立工厂；日本在中国享受片面最惠国待遇。

《马关条约》是自1860年中英、中法《北京条约》以来，外国侵略者强加在中国身上的一个最不平等的条约，它使日本得到了巨大的利益，同时也满足了各帝国主义国家向中国输出资本的愿望。条约签订后，由于俄、法、德等国的干涉，日本将辽东半岛退还给了中国，中国付给日本“酬报”白银3000万两。

日本得到了巨额赔款和台湾等战略要地，极大地刺激了本国资本主义的发展，同时也便利了日本军国主义日后对东亚地区的侵略和扩张。

甲午战争结束后，在侵略战争中尝到甜头的日本政府在军国主义道路上越走越远。《马关条约》刚刚签订，陆军大臣山县有朋大将就在有关扩张军备的建议书中进一步提出了“扩大利益线”的主张，他说：“为了使这次战争（甲午中日战争）的效果不致落空，进而成为东洋的盟主，就非谋求扩大利益线不可。”

同年9月，日军参谋本部提出了扩张军备的“十年计划”。按照这项计划，日本要在现有的7个师团兵力的基础上再增加7个师团，使常备军达到15万，战时的兵力达到60万。同时还要迅速扩充炮兵和骑兵以胜任近代化的战争。海军则以击败俄国和法国可能联合派到东方的舰队为目标。

山县有朋又从战地向天皇进呈意见书，主张在釜山、京城、义州之间修筑铁路，以便纵贯中国直达印度，称霸于东洋。日本国内各大报刊也纷纷宣扬“日本耸立于东亚之一隅，雄飞于世界万国”“征服中国，将之置于天皇统治之下”。

凡此种种表明：在19世纪末期，日本对邻近国家和民族进行侵略扩张、奴役压迫，企图掌握“东洋霸权”的社会思潮已占据上风。一度在国内争取自由民权的政党及政治人物也纷纷倒向政府的侵略扩张政策，成为军国主义的马前卒。东条英教即是其中之一。

战后，东条英教的名声也随着日军的胜利而传遍了海内外，得了个“智将”的雅号。参谋本部和陆军省随之破例将其提拔为少将。如此一来，“智将”之称便名副其实了。职位升高了，待遇自然而然地也就好了。不过，东条家的生活境况并没有因此而有所提高。说也奇怪，长子东条英机降生之前，东条夫妇接连生了两个孩子都未能养活，但东条英机降生后，他们的孩子就像事先商量好了似的，一个接一个地出生了，而且个个都养活了。孩子多了，家庭负担自然也就重了。

甲午海战之后，日本想趁机吞并朝鲜。1895年10月8日，朝鲜爆发“乙未事变”。朝鲜高宗等人逃离朝鲜，到俄国避祸。由此，沙俄和日本之间的矛盾日益尖锐。1896年，沙俄和日本政府签订了《小村—韦伯协定》，协调两国在朝鲜的利益，其中包括“劝朝鲜国王还宫”“任命适当的人物组阁”“日本驻朝宪兵不得超过200人”等条款。

同年6月9日，两国又在莫斯科缔结了一项新的协定，条款包括：共同援助、帮助朝鲜实行财政改革；将军队警察组织委托给朝鲜；日本继续管理占有的电信线路；俄国保留架设从汉城到国境线的电信线的权力；承认朝鲜国王继续滞留俄国使馆，直到组成朝鲜国王的护卫队为止。该项条约签订后，朝鲜高宗遂于9月12日还宫，改元“光武”，并于10月12日称皇帝，改国号为“大韩帝国”。从表面上看，朝鲜在日俄的夹缝中求得了一条生存之道。实际上，却离沦为殖民地越来越近。

此时，中、日、俄三国在东北亚地区的矛盾日益尖锐。沙俄一直想吞并中国的东北，并在沿海寻觅常年不冻港。沙皇尼古拉二世甚至公然宣称：“俄国无疑必须领有终年通行无阻的港口，此一港口应在大陆上（朝鲜东南部），并且必须与我们以前领有的地带相连。”

甲午战争后，俄国以“还辽有功”为借口，对清政府敲诈勒索。1896年，沙俄诱逼清政府接受《中俄密约》，随即攫取了修筑中东铁路及其支线等特权。1897年底，俄国舰队擅自闯进旅顺口；翌年3月，沙皇政府以军事压力为后盾，强行向中国政府“租借”旅顺、大连及其附近海域，霸占整个辽东半岛，从而在远东取得了梦寐以求的不冻港。

沙俄的举动损害了日本在中国东北的利益。不过，当时的日本尚无法与庞大的俄罗斯帝国一争高下，只能忍气吞声，默默等待机会。明治天皇就曾在“三国干涉还辽”后不久明确地表示：“为期不远，一定会在朝鲜或其他地方有再战的时机到来。”

精通中国文化的日本人开始效仿中国古代越王勾践的故事，提出了“卧薪尝胆”的口号，要国民勒紧腰带节衣缩食，为10年后再战作准备。于是乎整个日本国内到处充斥着加强军备、准备再战的空气，军国主义思潮大泛滥。

东条英机就是在这种时代背景下长大的。1897年，即沙俄强行闯入旅顺口的那一年，东条英机从学习院小学部毕业，升入了当时位于饭田桥附近的城北中学。虽说已经是个13岁的少年了，但东条英机遗传了父亲的特点，身材瘦小，脑袋奇大，看上去活脱脱像是滑稽戏里的小丑。

再加上他脾气古怪，不喜欢学习，动不动就和同学动手，谁也不喜欢他。不过，东条英机打起架来却谁也不怕。有一次，他惹恼了一个高年级的学生，被人狠揍了一顿。那少年将东条英机按在地上，勒着脖子，大声问："你服不服？"

东条英机痛得直流眼泪，愣是回答说："不服，不服，就是不服！"那少年大怒，手上又加了些力气，冷笑道："我倒要看看你还能撑多长时间。"东条英机冷冷地回答说："你打死我，我也不服！"他的声音虽然不大，但却透着丝丝阴冷，令人不寒而栗。骑在他身上的那名年龄稍大的少年心中一凛，不觉松开了手。东条英机爬起来，斜眼望了望那少年，目光中满是藐视之意。那少年兀自向后退了两步，转身离开了。

此后，东条英机愈发得意了，三天两头便要和人打上一架，否则便浑身不舒服。他的母亲为此被校长深井鉴一郎叫到学校多次，但始终于事无补。

二

陆军幼年学校的顽劣学生

东条英机在城北中学读了两年半的书，于1899年夏季毕业，那一年他刚好16岁。在那个时代，16岁已经算是大人了。他的父亲东条英教在这个年龄时已经离开家乡，独自闯荡东京了。

1899年9月1日，东条英机被父亲送到了东京陆军地方幼年学校。陆军幼年学校是在明治维新之后仿照德国的军事教育制度设立的新型军校（东京、仙台、名古屋等地均设有分支机构），教育程度相当于旧制高中，学习年限两年，目的是培养青年将校候补生。东条英机是东京陆军地方幼年学校第三期的学生。

开学的第一天，东条英机和他的同学们站在操场上，接受教官关谷铭次郎中佐的训示。和当时日本中下级军官一样，关谷铭次郎出身武士世家，满脑子都是"忠君爱国"思想，渴望在战场上为天皇建立功勋。在训话中，关谷铭次郎号召学生们"要刻苦奋斗，严于律己，成为一名忠于天皇的合格军官。在战争中要勇冲猛杀，视死如归，为日本征战建立功勋"。

这样的训示对初入陆军学校的东条英机影响很大。但东条英机依然不爱学习，他几乎把所有的时间都用在了和同学争斗上。他身材虽然矮小，但动作敏捷，下手又狠，很快就得了一个"打架王"的恶名。

幼年学校设有图画课，以培养学生的图上作业能力。按理说，这是最有意思的课程了，但东条英机却偏偏最讨厌这门课程。教官在黑板上示范，他就盯着教官的背影，做各种小动作；同学们在作画，他就盯着平日里和他不睦的人，盘算着怎么捉弄他们。

不爱学习，再加上天分不高，东条英机的画画得很丑，成绩也是倒数。有一次上课，教官令众人自由发挥，各画一幅画作为作业。东条英机抓耳挠腮，想了半天，也不知道画什么好。突然，他看到挂在墙上的军帽，有了主意，提笔在纸上画了一排30多个圆圈，就大模大样地交上去了。

教官看到这张莫名其妙的画，不禁勃然大怒。碍于东条英教的面子，教官没有惩罚他，只是把他叫过去，厉声问道："东条君，你这画的是什么？"

东条英机狡黠地一笑，满不在乎地回答说："这张画，画的是挂在墙上的军帽。"

教官终于发火了，把东条英机臭骂了一顿。这顿臭骂并没有起什么作用，东条英机依然我行我素，不愿学习。

东条英机进入东京陆军地方幼年学校的第二年，即1900年，中国爆发震惊中外的义和团运动，矛头直指帝国主义及其走狗。俄、德、英、美、法、意、奥、日8个帝国主义国家互相勾结，决定出兵镇压。8月初，八国联军1.8万余人进犯北京。与此同时，俄国以镇压东北义和团运动为名，以国防部长兼陆军大臣库罗帕特金为总参谋长，征调13.5万余官兵，编成四个军，大举入侵中国东北。

当时，清廷驻扎在东北全境的兵力仅9万余人，且分为3部分，兵力十分分散。再加上军事长官对和战存在分歧，不能统一部署抗敌，导致沙俄军队长驱直入，迅速占领奉天（今沈阳）、锦州、铁岭，控制了中国东北所有的战略要地。

当参加八国联军的其他帝国主义侵略军撤出北京后，沙俄军队却赖在东北不愿走，企图独霸东北，实现其所谓"黄俄罗斯计划"。沙俄的阴谋引起中国人民的强烈愤慨，但却无可奈何。

沙俄侵占了中国东北，触犯了日本人的利益，他们立即联合老牌资本主义国家英国，予以干涉。但狡猾的俄国人虚与委蛇，就是不撤军！于是乎，日俄矛盾迅速激化，一场恶战已经不可避免。

这时，东条英机也升入了二年级。令人诧异的是，东条英机忽然像变了个人似的，居然潜心钻研起学问来。是什么促使他突然转变了作风呢？由于资料有限，东条英机性格转变的真实原因不得而知。

在野史中流传着这么一个故事：有一天，东条英机独自挑战七八个同学！一个人打七八个人，这简直太疯狂了。结果，东条英机毫无悬念地被他的同学打得鼻青脸肿。东条英机暗想："力气再大，只能对付一个敌人，要战胜众敌，还得靠学问。"从此之后，东条英机便猛然用起功来。

东条英机在陆军东京幼年学校受训三年，第一年的成绩不值得一提，后两年的成绩虽有所提高，但也算不上出类拔萃。不过，他还是在1902年9月顺利地升入了陆军中央幼年学校。

考入士官学校

东条英机在陆军中央幼年学校学习了两年，历史上臭名昭著的日俄战争就爆发了。八国联军攻入北京的第二年，即1901年，清政府被迫同德、意、美、日、俄等8个国家签订了丧权辱国的《辛丑条约》。列强除了获得巨额赔款和许多政治利益之外，还获得了在北京及北京到山海关一线数十个战略要地驻军的特权。

1902年4月8日，沙俄在英、日等国政府的压力下被迫签订了《交收东三省条约》，同意分三期撤兵，一年半撤完。然而，沙俄此举只不过是为了拖延时间而已，俄国人根本没打算从中国东北撤兵。1903年8月，沙俄政府悍然以旅顺为中心成立了所谓的远东总督区，并任命阿列克塞耶夫为总督。

沙俄已经在实际上把中国东北的广大土地当成了俄国领土。紧接着，他们又出兵重占奉天等地。为了保住这一既得利益，沙俄甚至向英国和日本摆出了一副不惜一战的架势！

很明显，沙俄侵占中国东北，继而插手朝鲜事务，严重妨碍了日本“大陆政策”的实施。而此时，日本发动对俄战争的准备也已经基本完成。两国之间的大战已经无法避免，剩下的就是时间问题。

日本人希望在西伯利亚铁路全线通车之前打响战争。相对于沙俄位于欧洲部分的领土而言，西伯利亚等广袤的亚洲领土地广人稀，经济、政治、军事实力均相当薄弱，几乎不可能支撑一场规模浩大的战争。也就是说，只要断绝俄军来自欧洲的援助，日本就有可能打败庞大的“北极熊”。

明治政府意识到，“每拖延一天，甚至一小时，都会增强俄国取胜的机会”，因此在英美支持下加紧备战，同时对俄国展开外交攻势。

反过来，沙俄政府自然想尽量拖延时间，以便修筑好西伯利亚铁路，做好战争准备。沙皇尼古拉二世曾公开表示："时间是俄国最好的盟友，每一个年头都会加强我们的实力。"

可是，尼古拉二世同时认为，推迟战争的最好办法就是采取强硬政策，因为"让步总是引起新的让步"。结果，沙俄在1903年5月前后也掀起了战争叫嚣，呼吁国民"流血、牺牲"，"保卫祖国"，大造战争舆论。

英国这个老牌资本主义国家则希望借助日本，遏制沙俄在东亚地区的扩张。美国也在暗中支持日本。从国际局势来看，形势对日本十分有利。

于是乎，日本在日俄谈判过程中故意提高条件，挑战沙俄政府的底线。由于战争准备不足，沙俄政府则玩弄外交手腕，故意拖延谈判，以争取时间。到1904年2月之时，日本人终于等不及了。他们利用沙俄战争准备不足和有利的国际形势，于2月6日正式与沙俄断交，两天后的深夜不宣而战。

日俄战争完全是一场帝国主义国家之间的争夺战。但具有讽刺意味的是，这场战争的主战场却在中国东北。腐朽透顶的清政府竟置国家主权和人民生命财产于不顾，听任日俄两国铁蹄践踏东北的锦绣河山。1904年2月12日，清政府竟无耻地宣布"局外中立"，划辽河以东地区为日俄两军"交战区"，并严令地方军政长官对人民群众"加意严防"，"切实弹压"。

读军校时的东条英机

日俄战争的爆发使得日本国内的社会气氛骤然紧张起来，政府对军事院校教育的重视程度自然也就增加了。也正是由于这个原因，东条英机才得以按临时实行的短期修业制，提前从东京陆军中央幼年学校毕业，进入陆军士官学校学习。

日本陆军士官学校是在明治维新中兴建的新式军校，是明治政府以"强兵"为最高国策的必然结东条英机年少时果。士官学校实行奴化教育，除了有关军事课程之外，学校当局竭力向学生灌输军国主义毒素，培养武士道精神。为了磨炼学生的“意志”和适应任何恶劣环境的能力，学校甚至经常逼学生重装操练于烈日当空之下，薄衣僵立于寒风刺骨之夜。学校当局企图通过这种教育方式，把所有的学生都变成甘心为天皇卖命的“肉弹”。因沉船堵塞旅顺口而丧生的广濑武夫被军方捧为了“军神”，采用“肉弹”攻击的乃木希典则被包装成了“圣将”。

可能就在这一时期，乃木希典取代了父亲东条英教在东条英机心中的地位，成了他最崇拜的偶像。

四

开赴东北战场

1905年春，东条英机从陆军士官学校毕业，被授予陆军步兵少尉军衔。此时，日俄战争已经接近尾声，日本的胜局已定，这一届大部分毕业生都被分配到国内各地的部队去了，只有几个人受命开赴前线，东条英机就是其中之一。授衔仪式结束后，东条英机即被分配到近卫步兵第三联队。

不久，近卫步兵第三联队被编入第十五师团的作战序列，开赴中国东北。东条兴奋异常，以为建立战功的时机已到。但战争并没有给他这个机会。第十五师团尚未投入战斗，日军就获得了全面胜利。

战后，日俄双方签订了《朴茨茅斯和约》。条约规定：俄国承认日本对朝鲜“政治军事经济上均享有卓绝的利益，如指导、保护、监理”的权利，凡是日本认为必要的措置，俄国均“不得阻碍干涉”（此时的朝鲜已经事实上沦为日本的殖民地了）；“俄国政府以中国政府之允”，将俄国从中国攫取的旅大租借地及其附属的一切权益、公产均转让给日本；俄国政府将从长春至旅顺段的中东铁路支线及其所属的一切权利、财产，包括煤矿，均移让给日本。日、俄两国可在各自霸占的铁路沿线每公里驻护路兵15名；俄国取消在东北的一切有违机会均等主义的权益；俄国将北纬50度以南的库页岛及其附近一切岛屿并该处一切公共营造物及财产之主权，永远让与日本。

这场罪恶的帝国主义争夺战为日后日本完全侵占朝鲜和中国东北铺平了道路。时任美国总统西奥多·罗斯福曾说：“日本取得了令人惊异的胜利，获得了显著的成果。日本获得了满洲及韩国的驾驭权，得到了旅大和库页岛南部，又因为击败俄国的海军而自然地拥有强大的海军力量，在太平洋内除英国之外，造成了任何国家也难以匹敌的优势。”

在这场战争中，受损最严重的是中国。一方面，战场主要在中国境内，遭受战争荼毒的是中国人民；另一方面，《朴茨茅斯和约》的签订让英、美等帝国主义国家承认了日本入侵中国东北的事实，为日后日本发动全面侵华战争埋下了隐患。

日俄订约后，日本又强迫清政府承认《朴茨茅斯和约》中有关中国的各项规定，并取得经营安（东）奉（天）路、修筑长春到吉林的铁路以及在鸭绿江右岸伐木等特权。自此，中国东北成为日俄两国的势力范围，出现从一国独占变为两国分据南北的局面。

兴奋不已的明治政府立即把辽东半岛改称“关东州”，并设立“关东都督府”对其实施殖民统治。次年，日本又以经营被它侵占的南满铁路为名，在大连设立了一个公司，名叫“南满铁道股份公司”（简称“满铁”）。更让中国人民无法忍受的是，日本竟然以“保护”南满铁路和日本侨民为借口，在中国东北留下了两个师团的兵力。

此外，日本通过这场罪恶的战争攫取了对朝鲜的直接统治权，为几年之后的所谓“日韩合并”铺平了道路。

战争结束后，东条英机悻悻地回国去了。而他的父亲东条英教在战争后期就因足疾提前回国休养去了。不久，东条英教就因战争中的表现被擢升为陆军中将。正当他的军旅生涯如日中天之时，因为政见问题和时任陆军大臣的寺内大将产生了一些矛盾，一怒之下便以陆军中将的身份退出了现役。

父亲的退役对东条英机产生了不小的震动，使他一度认为自己的军旅生涯也会和父亲一样，莫名其妙地结束。

在近卫步兵第三联队的几年当中，作为下级军官的东条英机表现相当抢眼。1907年12月21日，东条英机即被擢升为陆军中尉军衔。这距他从陆军士官学校毕业仅仅两年多一点的时间。虽然他的升迁很大程度上得益于日本全民备战的历史背景，但如此之快的升迁速度依然不能不让人对其刮目相看。

1909年，东条英机在升为陆军中尉两年之后迎来了自己的婚姻。他的妻子胜子是一位非常传统的日本女子。

而结婚两年之后，东条英机再次迎来了人生中的一件大事。这一年，他在父亲当年一位至交的推荐下，进入东京帝国陆军大学，成为该校第二十七届学员。东京帝国陆军大学是日本陆军培养高级将领的军事院校，能够跻身其中者全部是陆军中的佼佼者，而从该校毕业的学员几乎无一例外地会成为陆军的高级将领。东条英机进入陆军大学之后，显得踌躇满志，他似乎已经看到了“光明”的未来。

第三章
侵略中国的刽子手

一

军方的重点栽培对象

东条英机在陆军大学学习期间，日本军政界发生了两件大事。第一件大事是明治天皇去世。1912年7月30日，明治天皇死后，其子嘉仁继位，为大正天皇。明治天皇之死给日本朝野带来了极大的震动。被日本军方捧为“军神”的乃木希典甚至以剖腹自杀的方式向明治天皇表达了他最后的忠诚。第二件大事是第一次世界大战爆发。1914年6月，第一次世界大战爆发。英、法、德、俄等国忙于应付欧洲的战事，美国也在摩拳擦掌，积极干预欧战。如此一来，各国对亚洲，尤其是对东亚的控制便放松了。狡猾的日本人立即意识到，这是日本实施“大陆政策”的绝佳时机。作为少壮派军官的典型代表，东条英机更是极力鼓吹：“对日本来说，大战的爆发，实在是天赐良机。”

1914年8月23日，日本以对德宣战为借口，强行侵入中国胶东半岛，占领了青岛和胶济铁路。1915年1月18日，日本帝国主义又以武力为后盾，向袁世凯政府提出了灭亡中国的“二十一条”。这是世界历史上罕见的侵略行径，充分暴露了日本帝国主义推行“大陆政策”的狂妄野心。

“二十一条”激起了中国人民的强烈反对，英、法、俄、美等国为了自身在亚洲的利益，也对“二十一条”持反对态度。在此形势下，日本军国主义灭亡中国的阴谋终于未能得逞。

日本未能实现灭亡中国的阴谋，但随之加强了对中国，尤其是对东北地区的经济侵略。嚣张的日本政府以关东军和驻守朝鲜的日为后盾，以“满铁”为依托，从中国东北掠走了不计其数的财富。而这些钱很大一部分都落入了日本军阀的口袋，成了日后全面侵略中国的战争经费。

与此同时，日本还在暗地里煽动、策划“满蒙独立”，企图把东北和蒙古从中国分离出去，建立傀儡政权，使其成为日本政府直接控制的殖民地。

1926年12月25日，大正天皇去世，摄政皇太子裕仁亲王正式继位，改元昭和。裕仁野心勃勃，一上台就开始重用少壮派军官，企图发动侵略战争。

1927年4月，推行对华"强硬外交"的田中内阁上台。田中上任仅仅一个月后，便出兵中国山东，同时开始加紧制定武装侵略中国的计划。6月，田中在东京召集讨论对华政策的会议，名为东方会议。

7月7日，会议发表了"对支（华）政策纲领"。这个由8条组成的"纲领"，有些内容是欺骗国际舆论的外交辞令，只有一部分条文反映实质性内容。例如，当日本"在中国之权益及日侨之生命财产，有受非法侵害之虞时，将断然采取自卫措施，以维护之"。意即以"保护侨民"为借口实行武装干涉。

"纲领"指出，"关于满蒙（中国东北和内蒙古地区）特别是东三省，由于在国防和国民的生存上有着重大的利害关系，我国不仅要予以特殊的考虑，而且要维持和平与发展经济，成为国内外人士安居的地方"；"万一动乱波及满蒙，治安混乱，我国在该地之特殊地位与权益有受侵害之虞时，不问来自何方，均将予以防护；而且为了保护这块国内外人士安居、发展之地，应当有不失时机地采取适当措施的思想准备"。

于是，日本当局制造了旨在把中国东北和内蒙古地区分离出去的"满蒙特殊论"，成为后来日本侵略中国和亚洲的理论根据。

1928年6月3日，日本关东军制造了骇人听闻的"皇姑屯事件"，炸死了不愿和日本合作的东北军阀张作霖。至此，日本人在武力侵略中国东北的道路上迈出了实质性的一步。

在中国人民反日斗争的推动下，东北军少帅张学良民族觉悟有了很大的提升，再加上对日军杀害其父一事深怀不满，少帅于1928年7月4日接受国民政府的号召，悬挂"青天白日旗"，宣布东北易帜。中华民国在形式上实现了统一。

另外，张学良还在东北着手修建与"满铁"平行的铁路，开工修建葫芦岛港。此举给了日本人极大的震动。因为张学良的铁路一旦建成，"满铁"在东北的垄断地位将不复存在，日本人想要掠夺中国的钢铁、煤炭、木材等战略资源也就没有那么容易了。

就在此时，一场席卷资本主义世界的经济危机爆发了。受此影响，中国东北的大豆、豆饼等农产品的出口额显著减少，居民购买力也严重下降，日本对华销售的工业产品出现了滞销现象，“满铁”的收入也大幅下降，甚至开始出现赤字。

为了摆脱危机，寻找出路，日本政府将中国东北当成了“救命稻草”。再加上日本一直希望将东北变为日后入侵苏联的跳板，法西斯右翼势力遂加快了占领东北的步伐。

在此过程中，东条英机的影响非常恶劣。自陆军大学毕业后，东条英机的仕途可谓顺风顺水，几乎没有经历什么挫折就一路高升为陆军步兵大佐。1915年6月，东条英机刚从陆军大学毕业即被授予陆军步兵大尉军衔，任近卫步兵第三联队中队长。此后，他历任陆军省副官、第四十八步兵联队中队长等职。

1920年8月，东条英机被授予陆军步兵少佐军衔，任日本驻德国大使馆研究员（临时任命，非常设职位），前往瑞士和德国考察。当时，第一次世界大战刚刚结束不久，德国虽然战败了，但德军在战争中创造的战绩给日本人留下了深刻的印象。东条英机在瑞士、德国等地重点研究了以德国为中心的欧洲形势。其间，他对国家总动员的基础研究很感兴趣，并与时任日本驻德武官、总体战系统理论研究专家永田少佐关系密切。

东条英机在欧洲考察一年有余，于1921年11月返回日本，旋即被任命为参谋本部高级参谋兼陆军大学教官，以陆军大学的军事教学任务为主。两年后，他又接受了陆军步兵学校研究部部员的任命，身兼三职。

1924年8月，东条英机升为陆军步兵中佐。1926年3月调任陆军省部军务局高级科员。从此，他在日本陆军内的地位逐渐得到了承认。陆军大臣对他的印象是细心、办事认真周密，而且非常勤快。这就为他的快速升迁奠定了坚实的基础。果不其然，仅仅两年之后，东条英机即被提升为陆军部整备局动员课长，负责国家总动员的调查与准备工作。同年8月，他又被授予陆军步兵大佐军衔。

此时，陆军正积极谋划早日侵占中国东北。东条英机的密友、关东军高级参谋板垣征四郎、石原莞尔等人先后组织了4次“参谋旅行”，秘密到长春、哈尔滨、海拉尔、洮南、山海关、锦州等地侦察中国军队的部署情况。身为参谋本部战备动员课长的东条英机对他们的活动积极支持。

1929年8月1日，东条英机从参谋本部离任，被任命为步兵第一联队长。他希望像他的父亲一样，直接带兵在前线作战，但他同时也非常清楚自己和父亲有一个共同的特点，即缜密有余而勇猛不足。这就决定了他们在一线部队很难有发挥特长的机会。

可以说，担任步兵第一联队长两年的时间里，是东条英机军旅生涯中最苦闷、最无助的时候。不过，他也很清楚，在一线带兵是每一个高级将官必经的阶段。所以，他虽然有些苦闷，但还是尽其所能应付着每一件事情。

二

残忍、毒辣的“剃刀将军”

当东条英机步兵第一联队长的任期将满之时，他获知板垣征四郎、石原莞尔等人已将中国军队在东北的部署情况侦察清楚了。当时，中国在东北的驻军（中国方面称东北军）约25万人，装备相对比较精良，拥有飞机、战车和一套完整的兵工生产系统。驻守在沈阳附近的2万余精锐部队战斗力更是不可忽视。与此相对应的是，日本关东军只有两个师团，约10900人。关东军虽然是日本陆军的精锐之师，但要想以1万余人对付25万人，依然没有多少胜算。因此，石原莞尔等人密谋“以寡制众”。1931年6月中旬，陆军省又秘密指派陆军省军事课长永田铁山、人事课长冈村宁次、参谋本部编制课长山胁正雄、欧美课长渡久雄和中国课长重藤千秋等人为委员，在参谋本部作战部长建川美次的主持下，制订了名为《解决满洲问题方案大纲》的侵略计划。该计划规定：以一年为期限，对中国东北采取军事行动；加紧内外宣传，求得各国对此的谅解；作战兵力与关东军商议后由参谋本部作战部上报批准调配。同年7月，参谋本部将计划传达给关东军司令官本庄繁，就侵略东北的行动进行了具体的部署。关东军方面觉得一年的时间太长，最好马上行动，但调兵遣将总是需要时间的，

石原莞尔（1889年1月18日—1949年8月15日）

就算找一个发动战争的借口也绝非易事。一方面，这个借口最好看起来冠冕堂皇；另一方面，国民政府对日本一再忍让，就使得这个借口愈发不好找了。

东条英机眼睁睁地看着他的同僚们忙活着，自己却只能在一旁凑凑热闹，心焦如焚。就在这时（1931年8月1日），一纸调令将其调回了参谋本部，而且高升为课长。这可是一个千载难逢的好机会，东条英机的心情马上来了一个180度的大转弯。

到任后，他会同各课课长，商议了入侵东北的具体事宜。众人发现，西方列强深陷经济危机之中不能自拔，再也顾不上亚洲的事务了，这对日本而言是一个绝佳的机会。他们谁也不愿意再等一年的时间了。

1931年9月18日晚上10点30分，关东军按照参谋本部的既定部署，以一小股工兵炸毁了东北军驻地北大营附近柳条沟一段不足1米长的南满铁路路轨，然后诬陷中国守军。随后，关东军炮轰北大营，次日凌晨发动大规模的军事入侵。此即历史上著名的“九一八”事变。

事变爆发后，中国方面举国震惊，但以蒋介石为首的国民政府却高喊着“攘外必先安内”的口号，不予抵抗。结果，数十万东北军奉命撤入关内，给关东军以可乘之机，使其仅耗时三个月就占领了美丽富饶的东北三省。

1932年2月16日，日本在东北成立了所谓的“东北最高行政委员会”，导演了一场“自治”“独立”的丑剧。随后，清朝末代皇帝溥仪被日军抬了出来，推到了“伪满洲国”“执政”的位子上。同年9月15日，日本胁迫伪满签订《日满议定书》，企图用法律形式固定日本强占的各项殖民特权。至此，整个东北地区完全陷入日军惨无人道的法西斯殖民统治之下。

日军虽然占领了东北，依然没能把日本从经济危机的泥潭中拉出来，但极大地改变了日本的政治格局。当时，日本经济受经济危机的影响十分严重，工厂倒闭，工人失业，整个国家一片萧条！再加上日本海军在20世纪20年代的两次国际裁军会议（华盛顿会议和第一次伦敦裁军会议）上未能取得和英、美对等的地位，少壮派军官认为文人内阁再也无法领导整个国家和民族了，他们决定发动政变，推翻政府，建立军阀统治。这些政治身价倍增的少壮派法西斯军官策划、发动了一连串的暗杀事件，藏相井上准之助、三井财阀的董事长团琢磨等人均死于暗杀。

这个时候，在日本侵略中国问题上极尽妥协绥靖之能事的国联也站了出来。这主要是因为日本的侵略野心并不局限于中国东北，日本要独霸中国的企图与英美发生了矛盾。1933年1月，国联在特别大会上通过了谴责日本侵略和要求日本退出中国东北的决议。日本蛮横地拒绝了国联的要求。3月29日，日本宣布退出国联。从此，日本逐步走上了与英美武力对抗的道路。

1933年7月，一批法西斯分子再次发动政变，企图在日本建立直接的法西斯统治。政变虽然未能成功，但政变者没有一人被处决，全部被判得很轻。这种情况直接导致了日本政坛在不久后上演了更大规模的血腥兵变。

作为少壮派军官的代表，东条英机在“九一八”事变过程中非常活跃，成了参谋本部的大红人。1931年9月25日，东条英机接到陆军省的委任状，令其兼任陆军通讯学校研究部部员、陆军汽车学校研究部部员等职。这些职位虽然有名无实，却是他跻身日本陆军高级将领的前奏。

1933年3月18日，东条英机晋陆军少将军衔，正式步入将官的行列。在此后的一年时间里，他历任陆军兵工总厂厂长、军事调查部部长和士官学校干事等职。在任军事调查部部长期间，东条英机对国内的反战人士进行了残酷的迫害。据统计，仅1934年春被军事调查部和特务机关以“叛国”“危害国家安全”等罪名逮捕和枪杀的进步人士就达数千人之多。东条英机也因此获得了一个“剃刀将军”的绰号。

日本军国主义头目们对东条英机的毒辣手段极为欣赏，时任军务局局长的永田中将就公开夸奖他说：“东条君是将来肩负日本陆军的人物。”

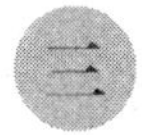

血腥镇压中国人民的反抗

1934年8月1日，东条英机被提升为步兵第二十四旅团长。次年8月1日又进入第十二师团（关东军一部）司令部任职。很明显，陆军省和参谋本部作出这样的安排不仅是为了给东条英机的履历镀镀金，更是为了锻炼其独当一面的能力。而东条英机也没让军国主义头子们失望。从军国主义者的角度来看，他的表现完全可以用可圈可点加以形容。

因此，在进入第十二师团司令部52天后，即1935年9月21日，东条英机便接到了新的任命——关东军宪兵司令兼关东军警务部长。此时，关东军的实力与“九一八”事变前夕相比不可同日而语。为了镇压东北人民的反抗，更为了做好日后大举侵略中国和进攻苏联的准备，除原驻部队之外，陆军省和参谋本部又先后向东北增派了第二十、第八、第十、第十二、第六、第十四、第九、第七、第四、骑兵、第十六师团和骑兵第三旅团、装甲兵团等精锐部队。人数最多时，关东军曾号称有100万人。此外，日本还向东北派出了大量的开拓团，为关东军提供了强大的预备力量。

关东军宪兵司令部乃是日伪军警镇压东北人民反抗的首脑机关。起初，宪兵队只有一个中队，约200人。东条英机上任后，极力扩充宪兵的实力。到1935年年末，宪兵队已增加到5个中队，1000余人了（后来曾一度扩充至2000多人）。这还不算伪满的警察在内。伪满的军警从成立的那一天起就沦为了关东军的附庸军队。伪满洲军是由投降关东军的东北地方军阀部队所组成，共约14万人。关东军最初主要通过顾问团对其进行控制。1932年4月13日，关东军向伪军派驻了以日本陆军大佐多田骏为首的“军事顾问团”，顾问团控制伪军的着眼点在于“防止士兵动摇”，迫使伪军参加镇压抗日武装力量，以及将伪军逐步驯化成为完全由日军控制的附庸军队。

手握庞大的军警力量，东条英机信心满满地认为，他完全可以一举荡平东北地区的抗日力量。然而，事情并不像他想象的那么简单。从日本关东军的铁蹄踏入东北的那一天起，中国人民就对侵略者进行了不屈不挠的斗争。虽然有无数的战士倒了下去，但斗争从未停止。

恼羞成怒的东条英机立即纠集大批日伪军警，亲自督战，多次对东北的抗日力量进行大规模的“扫荡”，一时间，东北地区陷入一片腥风血雨之中，倒在日伪军警枪口下的爱国者数以万计。

东条英机“剃刀将军”的名声更大了。1936年12月1日，东条英机晋升中将。三个月后，他又继板垣征四郎之后，成为了关东军参谋长。在就任致辞中，他说：“现在，我受天皇之命担任参谋长之要职，作为在国内外有崇高威望的前参谋长之后任此工作，我甚感惶恐。尤其当国内外多事之秋，考虑关东军的任务以及围绕满洲国周围的形势，越发感到责任之重大。今后要很好地体察军司令官阁下之意图，依靠各方面的协力，一道完成任务。”

东条英机还说：“我的职责是当好军内的幕僚长，是遵照军司令官的方针意图来执行职务的，所以，虽参谋长有了更迭，但并不是因此更迭而有什么变化。我有决心，在前参谋长努力的基础上，竭尽最大的努力，以期取得成熟，鞭策驽马，竭诚奉公。”

从东条的话里可以看出，他把剿灭共产党及其所领导的抗日武装，掠夺东北物资和榨取奴役中国人民等作为上任后的中心任务。此时的东条英机，已身兼东北宪兵司令、伪满警务部长和日本关东军参谋长等职，企图全力调动军、警、宪、特的力量去攻击东北的抗日联军和其他抗日武装。

为了荡平东北的抗日力量，并为日后大举侵华和进攻苏联做准备，东条英机还在东北地区设置了一张庞大的间谍特务网——关东军情报部。

关东军情报部总部设在哈尔滨，并在长春、沈阳、大连、锦州、承德、牡丹江、安东、佳木斯、齐齐哈尔、海拉尔等地设有分支机构，耳目遍及东北全境和察蒙地区。

1937年，东条英机又唆使关东军第三课的片仓衷和第二课的山岗参谋等人策划建立了保安局。这是一个与关东军宪兵队保持密切关系的完全秘密的特务组织。该局设有庞大的地下网，特工人员都以秘密身份活动，并拥有极大的权限。

保安局作为伪满警察机构内部的特务组织，有两方面的任务，即所谓“谍报”和“防谍”。这就是一方面通过派遣、监听等手段刺探和搜集中国、苏联的军事、政治、经济和文化情报，并掌管警戒、检查、治安管理，等等；另一方面侦察和破坏抗日地下组织和进步力量。

在进行秘密特务活动的同时，东条英机还伙同关东军司令植田谦吉多次对东北抗日联军进行军事围剿行动。日军的铁蹄所到之处皆成焦土，制造了大片的无人区。日本人还美其名曰“归屯并村”运动。

东条英机还成立了各级“治安维持委员会”，伪满洲国中央治安委员长由关东军参谋长担任，副委员长由关东军副参谋长和伪军政部、民政部次长担任。该委员会强行收缴武器，拼凑汉奸武装“自卫团”，调查户口，推行保甲连坐制度，设立交通通讯网，搜集情报，进行反动宣传，对抗日武装造成了严重的破坏。

日本法西斯强盗不仅通过“清剿讨伐”“归屯并村”“三光政策”屠杀抗日军民，还通过灭绝人性的细菌试验毒杀中国人民。“九一八”事变不久，日本陆军省和参谋本部就在东北建立了由关东军领导的细菌实验所。该所由日本著名细菌战专家、日本军医中将石井四郎主持。1932年到1933年，石井曾在黑龙江省肇东县满沟和五常县背阴河进行细菌试验。1935年至1936年，关东军在东北设立了准备进行细菌战的两支秘密部队，一支为“关东军防疫给水部”（1941年6月改称第七三一部队），一支为“关东军兽疫预防部”（1941年6月改称第一〇〇部队）。

四

蓄意挑起全面侵华战争

在“九一八”事变后的短短几年中，尤其是东条英机就任关东军参谋长、宪兵司令和警务部长之职以后，日本人就在东北建立了殖民统治。所谓的“满洲国”完全成了日军统治东北的工具，“执政”溥仪也不过是日本关东军手中的一颗棋子罢了。

然而，日本人的胃口大得很，他们的目标并不仅仅是东北，而是全中国，乃至整个东亚。按照既定的“大陆政策”，日本人在控制东北之后即开始加紧策划内蒙“独立”。早在1935年7月，关东军参谋部就提出《对内蒙措施要领（绝密）》，鼓吹扩大和加强对内蒙的工作，“使内蒙脱离中央”。

随后，日本政府暗中以利诱、威逼、欺骗等卑劣的手段胁迫华北五省（察哈尔、绥远、河北、山东、山西）的军阀，企图实现所谓的“华北五省自治”，将中国华北地区变成“张作霖时代之东北”。

与此同时，日本政府又通过外交手段，不断向中国国民政府施压，

指挥察哈尔作战时的东条英机

逼迫蒋介石就范。软弱无能的国民政府先后与其签订了丧权辱国的《塘沽协定》和《何梅协定》，造成了华北地区“特殊化”的既定事实；另外，日军积极扶植汉奸、蒙奸，成立了所谓的“冀东防共自治政府”“蒙古军政府”。

对国民政府而言，华北的政治局势着实堪忧。不过，和军事形势相比，险恶的政治形势就算不了什么。到1937年初的时候，日伪军已对平津地区完成了战略包围态势。北宁路沿线，西起丰台东到山海关一带均有关东军的部队驻扎，北平东面有汉奸“冀东防共自治政府”，北面和西北面均有被日军收买的敌伪军（“蒙古军政府”）。唯有西南面尚在国军宋哲元部第二十九军的控制之下，其中包括位于平汉铁路线上的卢沟桥。古城北平已然成为了抗战的前线。

自1932年的“五一五事件”迫使日本政党内阁倒台之后，日本军内法西斯分子就分裂成了“皇道派”和“统制派”。两派狂热的军国主义分子互相攻讦，甚至使用暴力手段暗杀对方的领袖。

日本陆军少壮派军官发动兵变，刺杀了81岁的藏相高桥是清、内大臣斋滕实海军大将、教育总监渡边锭太郎等人，并占据了陆军省、参谋本部、国会大厦和首相官邸等政治、军事中心。这场兵变就是日本历史上有名的“二二六事件”。

皇道派宣称，他们发动兵变的目的是“尊皇攘奸”，实际上却是打击统制派的势力，企图进一步控制政权，巩固军国主义独裁统治。

事件爆发的第三天，东京已经归于平静。第四天，昭和天皇下了一道圣旨，开始镇压叛乱。统制派趁机攻击皇道派，以便剪除异己，控制政府。在“二二六事件”后成立的广田内阁，正是在这一形势下出现的军部傀儡。陆军和海军的首脑们通过一纸恢复陆海军大臣现役武官制的法令，从而掌握了挑选每届内阁陆相和海相的特权。如此一来，一旦高级将领对内阁不满，便可以通过召回陆相和海相的办法，搞垮内阁。

广田内阁上台伊始，为服从法西斯的意志，加快对外扩张的步伐，于8月通过了《帝国国防方针》和《国策基准》，确立了“在确保帝国在东亚大陆地位的同时，向南方发展”的根本国策。紧接着，广田内阁又于11月和德国签订了《反共产国际协定》，迈出了和德国法西斯结盟的第一步。

欧洲方面的局势对中国也十分不利。由于希特勒在欧洲肆虐，英法等国小心翼翼地实行着绥靖政策，对德国违反《凡尔赛和约》的行为一再忍让，唯恐引起新一轮的世界大战。在这种情况下，英法根本不顾及到中国的利益。

而美国这个号称世界上最民主的国家，则因为和平主义和孤立主义思潮泛滥，使得时任总统罗斯福不得不采取相对保守的外交政策。这种局势无疑对日本军国主义起了纵容的作用。

在中国国内，虽然国共两党已在西安事变（1936年12月12日）后达成和解，决定停止内战，构筑民族统一战线，共同抗日，但由于国民党政府的两面派做法，抗日民族统一战线并未得到切实有效的巩固和广泛的发展。另外，国民党内部的派系斗争也十分激烈。这也给了日本军国主义以可乘之机。

不少日本人都认为，全面进攻中国的时机已经成熟，无须等待了。东条英机就是这方面的代表。他认为，在当时的情况下，尽早对中国发动大规模的入侵“最为上策”。1937年6月9日，东条英机在以关东军参谋长的身份写给日本大本营的奏折中提出：“从准备对苏作战的观点来观察目前中国的形势，我们相信：如为我武力所许，首先对南京政权加以一击，除去我背后的威胁，此最为上策。”

对发动全面侵华战争，日本军部内部分为两派，一派为强硬派，一派为不扩大派。强硬派认为，中国不堪一击，日本应在积蓄力量对付苏联和美国（苏联乃是日本传统的敌对国，美国则是日本称霸西太平洋地区的主要障碍）的同时，顺便彻底解决中国问题。不扩大派的人则认为，中国看似不堪一击，但地大物博，将其消灭绝非一朝一夕之事。当前，日本应该全力以赴地执行“五年战备”计划（即积蓄力量，全力对付苏美），不能将力量消耗在中国战争的泥潭中，而给美苏以可乘之机。

1937年7月7日，“卢沟桥事变”结束了日本军部内部的纷争。

“卢沟桥事变”也拉开了日军全面侵华的序幕，同时也标志着中华民族全面抗战的开始。也有历史学家将这一事件视为第二次世界大战亚洲战事的开端。

“卢沟桥事变”震惊世界。中国共产党发表抗日通电，号召全国人民团结起来，筑成民族统一战线的坚固长城。蒋介石也提出了“不屈服、不扩大”和“不求战、必抗战”的方针。他电令第二十九军军长宋哲元和副军长兼北平市长秦德纯：“宛平城应固守勿退”，“卢沟桥、长辛店万不可失守。”

“卢沟桥事变”的消息传到东京后，日本军国主义分子感到异常兴奋，气焰十分嚣张。他们狂妄地宣称：“战争终于开始了！越大越好！国内动员的声势，或者满载兵员的列车一通过山海关，中国方面就会屈服。”稍稍保守一些的人也认为，“充其量不过是进行一次保定会战就万事大吉了。”他们根本没有把中国人民强大的抗日意志和国共两党领导的抗日武装放在眼里。

五

率关东军一部入关作战

“七七事变”爆发的第三天，即7月9日，时任陆军大臣杉山元向天皇保证：“3个月内解决支那事变。”

随后，杉山元正式向内阁提出派兵案。10日，日军参谋本部内定从国内派遣3个师团和航空兵团，从关东军派遣2个旅团，从朝鲜军派2个师团，开赴中国华北作战。

杉山元（1880年1月1日—1945年9月12日）

与此同时，日本海军也开始将目光转向了中国战场。因为战略目标不同（陆军倾向于征服中国和苏联，海军则将美国视为潜在对手），日本海陆军一向不睦。他们为什么会在此时主动关注由陆军挑起的侵华战争呢？一方面，他们不甘心让陆军独占灭亡中国的功劳；另一方面，海军高级将领都已经意识到，唯有迅速结束对华作战，才能将战事对“五年战备”计划的影响降到最低。因此，他们主张将战火烧到中国的心脏腹地——南京，妄图打击中国人民的抵抗意志，以尽早结束中国战争。

7月12日，日本海军军令部秘密制订对华作战方案。方案将战争分为两个阶段：第一阶段，海军全力配合陆军击溃第二十九军，打赢华北战争；第二阶段，以海军主力，进行上海作战，将战火烧到华中和华南地区。

在日本海军制订作战计划的当日，香月清司陆军中将奉命赶赴华北，接替田代皖一郎中将，出任日军中国驻屯军司令。为了有序地向京津地区增兵，延缓第二十九军的军事部署，香月清司于7月13日派出代表同中国方面进行谈判。实际上，关东军参谋长东条英机已经指挥他的部队沿北宁路开向了关内，从海道运来的大批日军也向塘沽口驶去，热河省的日军也经古北口开至北平近郊。

7月16日，日军第三舰队司令长谷川清中将向海军军令部献策说："要想以武力打开日中关系的现状，解决中国问题，只有惩罚中国，使中国的国民党中央势力屈服。"

长谷川还进一步建议，为了实现这一目的，应取消以"讨伐第二十九军"为第一目的、"惩罚中国"为第二目的的方针，应把"惩罚中国"作为作战的唯一目的。因此，他力主派出5个师团的兵力进行京沪之战，叫嚣"欲置中国于死地，以控制上海和南京最为重要"。

长谷川的这一建议与军令部的作战计划不谋而合（实际上，长谷川清很可能事先了解了军令部的作战意图）。因此，海军首脑们经过协商，很快便达成了一致意见，决定在华北战事结束后进入华中作战。

7月25日，日军在京津地区的兵力已达6万人，火炮数百门，飞机百余架。华北驻屯军也已经完成了军事部署。香月清司手中有了筹码，遂在次日下午向第二十九军发出最后通牒，限第二十九军在24小时内撤离北平城区，移驻河北省南部，否则，即以飞机大炮攻城。

中国守军没有被日本人的恫吓吓倒，他们在北平学生和各界爱国人士的支援鼓舞下，奋勇反击，在八宝山一线取得了局部的胜利，一度攻克丰台车站，并粉碎了日军企图从彰仪门攻入北平城内的阴谋。

7月28日，日军以飞机、坦克配合重兵，猛袭南苑守军指挥部，整日狂轰滥炸。第二十九军无险可守，仅凭营地应战，伤亡惨重，副军长佟麟阁、第一三二师师长赵登禹均以身殉国。

至此，华北方面的战局已定。7月29日，北平沦陷，中国守军被迫撤往保定。30日，驻守天津的第三十八师在师长张自忠将军的指挥下同日本展开激战。由于敌我力量悬殊，第三十八师付出了沉重的代价，无力再战，不得不南撤。至此，整个平津地区均沦入日军的铁蹄之下。

平津沦陷后，华北战场上的日军便以平津为据点向平绥路、平汉路、津浦路三个方面进攻；又从长城线向西切断同蒲路，然后南下，从平汉路西取正太路，以会攻山西。

眼看着中国军队节节败退，东条英机认为为天皇立功的机会到了，迫不及待地带领关东军一支"精锐"兵团向察绥扑去。为打开通往山西的道路，东条英机指挥部队沿平绥线进攻南口重镇。

8月2日，东条所部与第二十九军一四三师刘汝明所部遭遇。国军新败，部队的士气低落，再加上装备和单兵作战能力等方面的差距，第一四三师在东条英机精锐部队的强大攻势下败北，向南撤退。

东条英机趁机指挥部队突破长城防线，攻占了万全县和八角台等战略要地。此后，东条所部如入无人之境，长驱直入，于8月24日便攻占了张家口，威逼大同。

一时间，许多国军将领都患上了"恐日症"，日军尚未开到，他们便带着部队弃城逃走了。东条英机得意极了，对平绥沿线的战略要地照单全收。晋绥军（国军地方部队，归第二战区司令长官阎锡山指挥）大同守军见大势不妙，纷纷弃城而逃。9月12日，东条英机指挥部队轻而易举地攻进了大同。

东条兵团进攻之"神速"，引起了日本天皇和法西斯头目的"惊叹"，被称为关东军的"闪电式作战"。东条英机也因此而获得了日本政府在全面侵华战争打响后发出的第一张"战功奖状"。

大同沦陷后，晋北门户洞开，山西的沦陷几成定局。东条英机在大同稍事休整，便返回了关东军大本营所在地长春，那里有一件颇为紧急的事情等着他去解决。

东条英机返回长春不久，山西的抗战战事便迎来了一次高潮。9月间，由原中国工农红军改编而成的国民革命军第八路军相继从陕西韩城、潼关等地东渡黄河，开赴山西抗日前线。9月下旬，八路军一一五师凭借有利地形，集中优势兵力对日军发动突袭，取得了著名的平型关大捷。据统计，一一五师在此战中歼敌3000余人，击毁汽车百余辆、大车200辆，缴获轻重机枪20多挺、步枪1000多支，以及其他大量军用物资。

平型关大捷是中国抗战开始后取得的第一次大胜利。此战不但打破了日军无法战胜的神话，更有力地鼓舞了全国人民的抗战热情，使人们树立了抗战必胜的坚定信念。

东条英机

第四章

不自量力，两次挑衅苏联

一

主张联手德国征服苏联

在抗日战争初期，中国军民虽然能够凭借灵活的战术，集中优势兵力在一时一地取得一场战斗的胜利，但双方实力悬殊，想要全面击溃日军是无法办到的事情。山西方面的战事进行到11月8日之时，山西的心脏太原终于在日军的猛烈攻击下陷落了。

4天后，以日本海军上海特别陆战队为主力的华中日军亦在上海全面突破了国军的防线，直逼南京。淞沪会战是中国抗日战争中第一场重要的战役，也是规模最大、战斗最惨烈的战役之一。据战后统计，中国守军各部队共计伤亡30余万人。日方宣布，日军伤亡4万余人。

近卫文麿（1891年10月12日—1945年12月16日）

12月12日，日军由光华门、通济门、武定门等分别冲入南京城。次日，南京沦陷。进城后，日军烧杀奸淫，无恶不作，制造了惨绝人寰的南京大屠杀事件。据战后统计，在南京大屠杀中遇难的同胞超过30万人，其中很大一部分是手无寸铁、毫无反抗能力的妇孺，另外一部分则是已被缴械的国军士兵。

不过，英勇的中国人民并没有被残酷的大屠杀所吓倒。人们擦干眼泪，拿起武器，又前赴后继地走到了抗日的最前线。

当侵华日军在中国大地上肆虐之时，东条英机所在的关东军也在紧锣密鼓地准备着入侵苏联。入侵

东条英机参加日本加入轴心国庆祝酒会

苏联是日本陆军的既定方针，在中国战场上所取得的巨大胜利则进一步刺激了东条英机等军国主义头目的侵略野心。

为了进一步取得德、意法西斯势力的援助，以便早日征服中国，全力进攻苏联，日本政府早在1937年11月6日便同德、意法西斯签订了《日本、意大利和德国议定书》。通过这个议定书，意大利正式参加了1936年签订的日德“防共协定”。从此，臭名昭著的法西斯轴心国侵略集团正式形成了。

几乎与此同时，德国法西斯也召开军事会议，通过了《霍斯巴赫备忘录》，确定了一个大规模扩张计划和发动战争的时间表。为此，希特勒非常希望能与日本缔结一个针对英法美的同盟，改变1936年签订的反共产国际协定中不承担军事义务的状况，以使日本在遥远的东方牵制英、美的兵力。

日本则希望通过与德国结盟来威慑他们共同的敌人——苏联。日本与苏联的矛盾由来已久。而且，日本对苏联在亚洲的领土一直虎视眈眈。苏联人秉承着“敌人的敌人便是朋友”的原则，在中国抗日战争爆发后大力支持国民政府抗日，同样给日本人造成了不小的困扰。而德国与苏联的矛盾同样不可调和。日本人也秉承着“敌人的敌人便是朋友”的原则，希望德国可以牵制苏联的兵力。

不过，在具体的结盟方案上，日本陆军和海军产生了分歧。海军虽然将英美视为潜在的敌人，但还不希望这么快就和英美公开翻脸。毕竟，他们对英美两国强大的海军实力和工业生产能力还是颇为忌惮的。他们计划先灭亡中国，而后腾出手再对付英美。因此，海军建议与德国结盟仅限于对付苏联，不能将英美纳入其中。陆军则将苏联视为最大的敌人。他们甚至计划结束侵华战争后或基本掌控中国的局势后便挥兵北上，进攻苏联。陆军的企图是和德军联合起来，分别统治世界的东西方。其后，日本政府便在海军和陆军的激烈争论中开始同德国频频接触。

作为日本陆军的代表人物，东条英机非常支持政府和德国签订全面的军事同盟。当时，日本国内政局并不十分稳定，内阁经常因为海陆两军的反对而倒台。1937年6月1日，即“七七事变”前夕，军国主义头子近卫文麿在陆军的支持下登上了首相的宝座。

对日本军国主义者而言，近卫文麿的上台无疑是一件盼望已久的大好事。近卫文麿任首相后，首先对内阁进行了改组，其目的则是实现“举国一致和真正的军政一元化”。也就是说，进一步加强军部对内阁的控制。

对陆军而言，最重要的事情就是选派两名手腕强硬，且具有政治头脑的人物担任陆军大臣和次官。在侵华战争中战功显赫的板垣征四郎和东条英机自然而然地进入了军部的视野。1938年5月26日，正在东北指挥宪兵队秘密逮捕共产党员的东条英机接到军部急电，令其立即飞往东京。

板垣征四郎（18 85年1月21日—1948年12月23日）

东条不敢怠慢，一边命令副官收拾必要文件，一边向司令官植田谦吉的办公室走去。几分钟后，东条敲响了植田谦吉将军的门。

“请进！”办公室里传来植田谦吉礼貌而又冰冷的声音。

东条英机推开门，走了进去，面无表情地和植田谦吉打招呼：“司令官阁下！”

植田谦吉正站在一幅东北亚地区的地图前，似乎在研究着什么。他听到东条英机的声音，转过身来，诧异地说："东条君，你怎么还没走？"

植田谦吉（1875年3月8日—1962年9月11日）

很明显，植田谦吉也接到了军部的电报。东条英机缓缓道："卑职特来向司令官阁下辞行！"

植田谦吉忙道："东条君，方今国家正处于多事之秋，你我何必如此多礼，快走吧！如我所料不错的话，军部将给你委派一项责任更加重大的工作。"

当天夜里，东条英机的专机就降落在东京羽田机场。第二天一大早，他即赶往军部，求见时任陆军大臣杉山元将军。杉山元礼貌性地接见了东条，并向他透露，军部将任命他为陆军省次官。

陆军省次官是陆军派驻内阁的文职官员，权力很大，仅次于陆军大臣。东条英机听了这话，心里高兴极了，但表面上却做出一副诚惶诚恐的样子，说道："卑职才疏学浅，恐怕难当重任。"

杉山元大将笑了笑，缓缓道："遍观军界才俊，再也没有比你更合适的人选了。再说，将会有一名能力出众的大臣和你一起工作。"

东条英机离开军部后就从他的朋友那里获知，他的校友板垣征四郎将成为他的搭档。5月30日，东条英机正式接到任命，成为了陆军省次官。3天后，杉山元去职，板垣中将继任陆军大臣。

板垣征四郎与东条英机不但是岩手县同乡，而且两人的经历也颇为类似。板垣征四郎为陆军士官学校第十六期步兵科毕业生，东条英机则为第十七期毕业生；板垣征四郎读过陆军大学，东条英机也读过陆军大学；板垣征四郎曾在参谋本部工作，东条英机也在参谋本部工作多年；板垣征四郎曾担任关东军参谋长，东条英机亦担任过此职。

更为重要的是，东条英机和板垣征四郎在私下里乃是密友，而且都是狂热的军国主义分子。陆军选择这样两个人来主持陆军省的工作，其险恶用心可见一斑。

上任后，东条英机很快就调整了角色，开始从全局来考虑陆军的未来了。这位狂妄的军国主义分子认为，当前陆军的主要任务是取得侵华战争的胜利或者尽快稳定战局，而后挥师北上，征服苏联。如果有可能的话，征服苏联的日程还可以适当提前。而后，日本应联合德国，对英美宣战，称霸太平洋地区。

东条英机的这些观点与陆军的意见不谋而合。6月18日，东条英机即受命兼任陆军航空本部部长。陆军将这么多权力交给一个人，为的是能够统筹各方力量，协调陆军各部门在战争中的行动。

兵败张鼓峰

1938年夏季，一个突如其来的事件给了东条英机施展拳脚的机会。

7月7日，关东军监听获悉苏联波谢特地区警备队长给在哈巴罗夫斯克苏哥洛夫中将的一封电报。电报中提到“应在香山洞（位于张鼓峰东北约12公里）以西高地配置兵力”。

日本陆军据此判断，苏联红军企图占据张鼓峰东北12公里的香山洞西方高地。张鼓峰位于吉林珲春县最南端、背向图们江与苏联沿海州的国境地带。张鼓峰海拔仅150米左右，距其北面约两公里还有一座略低于张鼓峰的沙草峰。自此两处，天气晴好时可遥望海参崴港。张鼓峰和沙草峰虽然不甚起眼，但其战略地位十分重要。苏军一旦占领该处，便有了控制中国东北和朝鲜的战略通道。

张鼓峰历来属于中国领土，但是沙俄在1858年与清政府签署《中俄瑷珲条约》时，故意借条约不同文本偷偷把这一地区窃取。条约中文文本显示，按条约中划定的国界，张鼓峰是中国领土。但条约俄文文本则把张鼓峰划归了沙俄。

伪满洲国成立后，日本殖民者以张鼓峰和沙草峰为伪满洲国领土为由，将其划入了珲春县界，由朝鲜军驻防。

当时正值武汉会战前夕，大批日军正在向华中地区集结，难以大规模地与苏军冲突。大本营只好命令日本关东军进入一级战备状态，同时内阁指示日本驻苏大使重光葵与苏联进行调解。苏联明确表态，不可能从张鼓峰撤军。重光葵的外交斡旋陷入了僵局。

与此同时，大本营电令朝鲜军司令官小矶国昭大将、珲春驻屯队和该地的特务机关，严密监视苏军的动向，随时上报。随后，小矶国昭向第十九师团及珲春驻屯队等单位发出了内容相同的命令。

7月15日，日军第十九师团伍长松岛、军曹伊藤等一行3人，化装成朝鲜族农民潜伏到张鼓峰附近侦察苏军的军事设施。松岛等人的行迹暴露后，苏军边防军马上开枪，击毙了松岛，另外两人逃遁。同日，大本营发出命令，撤掉了小矶国昭的司令官之职，令中村孝太郎接任朝鲜军司令官。

第二天，日本向苏联递交照会，以松岛之死为由，要求苏军撤出张鼓峰，否则采取措施。苏方声明是日军侵犯了苏联领土，因而开枪击毙了松岛。

东条英机似乎早料到会是这一结局，他马上电令驻守在朝鲜的军队做好战斗准备。驻守在朝鲜的朝鲜军司令官中村孝太郎命令驻罗南的第十九师团长尾高龟藏准备出兵，控制国境线，并部署步兵4个中队、山炮兵2个大队和野战重炮兵1个大队。

7月17日，中村孝太郎又向尾高龟藏下达命令，部队务必于19日拂晓前集中到庆兴、阿吾地一带。

苏军方面于7月初即开始在张鼓峰西坡构筑防地。7月20日上午，苏军又派出10名士兵在沙草峰构筑工事。与此同时，苏联国境沿线公路上军用汽车急增，波谢特港口开进30多艘运输舰。

双方剑拔弩张，形势骤然紧张起来。东条英机坐在军部的办公室里，心中兴奋极了，但同时亦有一丝隐隐的担忧。兴奋是因为他可以直接参与此次战役的高层指挥，担忧是因为他看到苏军方面的动静，显然是有备而来，想要将其击退似乎并没有那么容易。

7月29日晨，约10名苏军士兵越过边境线，出现在沙草峰南方1公里的高地，并开始构筑工事。日军以20名士兵于当天下午3点左右将其击退。苏军士兵撤回到洋馆坪南方2公里的高地，密切注视着日军的一举一动。

朝鲜军方面当即将此讯息上报给大本营。板垣征四郎、东条英机遂决定以参谋本部次长的名义向朝鲜军、关东军两参谋长发电报。电报内容如下：“沙草峰事件，目前可由正在坚持实施不扩大方针的现地部队予以处理，希命其及时报告现地情况。”

从日军大本营谨慎的做法来看，他们并不想和苏联爆发大规模的军事冲突，但似乎又不甘心白白地放过这一试探苏军真实意图的大好机会。

第二天，沙草峰一线响起了零星的枪声。苏日两军士兵开枪射击对方的阵地，但并未造成人员伤亡。

7月30日傍晚，日军偷渡图们江，集结于防川屯。次日凌晨，日军进行炮火准备，从朝鲜境内的洪仪里炮打张鼓峰。

随后，日军派出一个大队向张鼓峰发起了冲锋。凌晨4点40分，日军全面占领了张鼓峰。1个小时20分钟后，日军另外一个大队也在炮火的掩护下攻占了沙草峰。至此，张鼓峰战役全面打响。

接到战报后，东条英机突然觉得进攻太过顺利，有些不正常。根据苏军一向的作战风格，东条英机判断苏军很可能会集结优势兵力，对张鼓峰发起反攻。东条英机的判断没错，仅仅两天后，苏军的增援部队就已部署完毕。

8月2日，苏军出动10架飞机轰炸了张鼓峰、沙草蜂、庆兴、古邑等地。苏远东军司令布留赫尔将军又将第四十师主力集中到波谢特湾西部地区，将步兵第三十二师和机械化第二旅调入哈桑湖地区，亲临波谢特湾指挥战斗。

8月4日，苏远东军步兵第三十二师和机械化第二旅的坦克营从南侧向张鼓峰发起进攻，步兵则从南、北两侧向张鼓峰侧后迂回，企图将日军围而歼之。

8月6日下午4点，战斗进入白热化状态。苏军步兵第四十师在空军和装甲部队的支援下，于当日黄昏重新占领了张鼓峰。

中村孝太郎闻讯大惊，立即向东条英机等人汇报前线的情况。东条英机勃然大怒，立即令第十九师团集中优势兵力，发动夜袭，重新攻占张鼓蜂。

在随后的几天后，苏军不断出动飞机，连续轰炸日军张鼓峰阵地，给其造成了很大的伤亡。加上连日暴雨，大桥被冲毁，清津至罗津的铁路、公路由于被轰炸而运输中断，苏军太平洋舰队又在日本海严密封锁着图们江口，致使日军第十九师团的兵力和后勤补给均陷入困境，有全军覆没之危险。

就这样，日本陆军对苏联的第一次挑衅以失败告终。8月10日夜，苏日双方在莫斯科签订了张鼓峰停战协议。

8月11日，日军和苏军代表在张鼓峰阵地会见，进行现场交涉。经过11日下午和12日、13日连续两次协商，决定双方军队从张鼓峰阵地各自撤退80米。

8月13日，日苏双方在张鼓蜂东南侧交换俘虏和尸体。在此次战役中，日军共出动7000余人，火炮37门，苏军出动兵力两万余人，火炮近百门，坦克200辆，飞机数十架。无论在装备上，还是在兵力上，苏军均明显优于日军。据统计，在张鼓峰战斗中，日军伤亡总数为1440人，其中死亡526人。攻占过张鼓峰高地的第七十五联队伤亡严重，死亡241人。

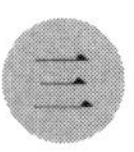

叫嚣战争

日军在张鼓峰战役中失利的消息传到日本国内后，舆论一片哗然。这对东条英机而言是一次严峻的考验，一旦激起民众的反对，他很可能会被降级。但当时武汉会战正打得如火如荼，日本民众吵吵嚷嚷一阵子，也便绝口不提此事了。

不过，东条英机并没有从张鼓峰事件中吸取教训，他依然固执地认为，日本陆军完全可以硬碰硬地击败苏军，乃至英美的军队。11月1日，德国政府正式了提出德、意、日全面结盟的条约草案。10天后，即11月11日，日本召开了首、陆、海、外、藏五相会议。会上，外相友田八郎就与德国结盟问题作了妥协性的说明，强调“本协定主要是针对苏联，但英法等国一旦加入苏联方面则即成为对象，英法等国本身并不是对象”。

友田八郎这个自欺欺人、一厢情愿的解释竟得到了海军的认同，终

攻占武汉的日军

于促使会议通过了促进日、德、意三国早日缔结条约的决定。随后，日本内阁开始参考德国方案，迅速制订日本方案。然而，日本驻德武官大岛浩（不久即升任驻德大使）与大部分陆军高级将领均将此方案视为“可耻的妥协”，不愿接受。

东条英机对此十分不满。1938年11月28日上午9点30分，陆军召开了所谓的“陆军管理事业主恳谈会”。会上，东条英机发表了据称当时是极具所谓爆炸性的演说。东条英机先把陆军内部，尤其是军务局内部占主导地位的观点一一作了详细说明。他声嘶力竭地狂吼：“我们必须确定对苏、支（中国）两国同时正面作战的紧急任务！”

接着，东条英机分析了当时的形势，列举了对苏中两国同时正面作战的所谓理由，强调进一步扩军备战的必要性。他说：“为确立东亚永久的和平，建设东亚新秩序，不见蒋政权的溃灭决不收兵。当前，蒋所有的兵力虽已奄奄一息，但犹有百万之众，另外尚有企图扰乱我后方的共产党游击队，其数实达40万至50万之间。由于以上情况，我依然需继续作战，所以弹药的补充，物资的输送，今后仍将达相当数量，这是不言而喻的……今后由于面临准备对苏支两国同时进行物理作战的必要，必须倾注人马物资的权利以建设新军备。今后一个时期，要排除所有障碍，向军备的充实、军需生产的飞跃以及基础生产力的扩充而迈进。”

东条英机虽然只是陆军部的次官，但却敢毫无顾忌地在公开场合叫嚣战争，足以体现其战争狂人的本性。当然，他的意见也遭到了一些将领的反对。参谋总长多田骏便在会上和东条英机产生了激烈的争论。

东条的演说很快就在社会上引起了恐慌。人们认为一场史无前例的战争灾难正在迫近，纷纷抛售手中的股票，一时间股市指数狂泻不止，人们大骂东条英机“好似恶魔一般”。

板垣征四郎见大势不妙，只得竭尽全力为东条英机辩解说：“东条英机次官只是为了制定目标，想鼓励军需产业界。次官的意思是日本应具有战胜包括苏联和欧洲一部分国家在内的几面作战能力，如苏联对日本发动进攻，日本军队应有消灭苏联军队的决心。因此，东条次官在军人会馆的演说是个宣传性的东西，请大家不要误解。”

为了进一步欺骗舆论，尽快平息风波，军部给了东条英机一个降职处分。1938年12月10日，东条英机由陆军省次官被降为航空总监兼航空本部部长。对仕途一直顺风顺水的东条英机而言，这无疑是一次沉重的打击。

1938年底和1939年的那几个月，对东条英机来说，日子是灰暗的。首相近卫面对着一堆烂摊子，也焦头烂额，不知所措。武汉会战虽然已经结束了，武汉、广州等战略要地均陷入了日军的铁蹄之下，但中国军民在会战中表现出来的抗战决心却让日本侵略者惊心不已！

会战前夕，蒋介石在中央广播电台发表讲话说：“中国人民和政府已被日本侵略者欺侮压迫到最后限度……中国军队为了民族之生存，决心在武汉地区与日军决一死战。”

蒋介石这话并非说说而已。在武汉会战中，国民政府集结了海空军以及陆军120个师，总兵力约110万人，蒋介石亲自坐镇武汉直接指挥。会战虽然失败了，也未达到蒋介石所说的“与日军决一死战”的效果，但日军在漫长的战线和旷日持久的战争面前已经暴露出了兵源不足和物资匮乏的问题。

据战后的资料显示，日本“陆军为汉口作战倾注了全力，没有应变之余力”。连用以进攻武汉的10个师团都是当年开始扩编的。甚至留在日本本土的最后一个近卫师团也已经接到命令，准备随时增援武汉方面的战斗。

以武汉会战的结束为标志，中日战争转入战略相持阶段，日军的速决战美梦破灭了。为了把上百万的部队从侵华战争的泥潭中解脱出来，近卫内阁在1938年底改变了对华战略，把原先的以军事打击为主改为以政治诱降为主、军事打击为辅，以“共同防共”“建设东亚新秩序”等口号诱降国民党政权。

近卫的这一策略虽然有些效果，但并未能彻底收服国民党政权。再加上三国同盟等问题悬而未决，内阁中整日吵吵嚷嚷，近卫招架不住了，终于在1939年1月4日提出了辞职。

1月5日，枢密院议长平沼骐一郎出面组阁，近卫则接任枢密院议长之职。在新组建的内阁中，海军大臣米内光政、陆军大臣板垣征四郎和外务大臣友田等主要阁臣皆未变动。刚刚成立的平沼内阁碰到的主要问题仍是对华作战、三国同盟和对苏政策等问题。

1月6日，德国向日本与意大利重新提出三国同盟方案，其内容与1938年11月1日提出的方案完全一样。平沼骐一郎打算在外相友田提出的方案上更进一步，答应可扩大到苏联以外的“第三国”，即德国苏联交战，若有第三国加入苏联的阵营，日本负有直接攻击第三国的义务。不过，如果德国直接攻击苏联以外的第三国，而苏联未参战时，日本仍要视情况决定是否援助德国。

平沼骐一郎迫切地希望这一妥协能被陆军接受，然而这只是他的一厢情愿而已。驻德大使大岛浩和驻意大利大使白鸟互相勾结，竟然置内阁的指示于不顾，在与纳粹外长里宾特洛甫谈判时，以欺骗手段答应了德国的要求。但“纸终究包不住火”，消息走漏之后，日本举国震惊。昭和天皇特意训令平沼首相，如果驻外机构不服从国内训令时应召回或作适当处理。

平沼骐一郎迫不得已，改变了过去以电报发出训令的办法，而采取派遣由外务、陆军和海军组成特使团的办法，直接到国外去传达内阁的指令。

特使团于2月下旬前往德国和意大利，向大岛和白鸟两位大使传达国内关于缔结三国同盟条约的指示。令人震惊的是，两位大使不仅不服从内阁的指示，反而向外务省提出要按照德国的要求，以苏联以外的第三国为对象，且必须包括武力援助在内。

在随后的会谈中，大岛和白鸟还分别向德国外长里宾特洛甫、意大利外长齐亚诺保证，一旦德、意与英、法等国开战，日本将负有参战的义务。很明显，大岛和白鸟的背后有陆军的支持，否则的话，单凭两个大使绝对不敢和内阁公开叫板。

消息传到国内，日本军政界一片哗然，时任海军省次官的山本五十六立即前往海军省，劝说米内光政动用内阁大臣的特权，召回大岛和白鸟，另派驻德和驻意大使。遗憾的是，此计由于遭到了陆军的反对而未果。在平沼骐一郎担任首相期间，共召开了70余次五相会议，就三国结盟之事谋求统一意见，但都不了了之。

此时，东条英机虽然已经离开了陆军省，失去了参与重大问题决策的权力，但他在陆军内的影响力极大，被一些青年军官称为“日本前进的动力”，他的一言一行都会对内阁的政策产生影响。

四

在诺门坎事件中一败涂地

在内阁对德谈判迟迟无法取得进展之际，东条英机等人决定用反苏的实际行动推动这一军事同盟的签订，同时通过对苏联进行武力恫吓，使其断绝对中国的军事援助。诺门坎事件便是在这种背景下爆发的。

为了一举成功，日军在战前做了许多准备。为便于集中兵力，他们增加了哈尔滨—海拉尔铁路的运输量，同时还修建了一条从索伦到甘齐珠尔的新铁路。1939年4月，日军更是派了一支特别先遣队到哈勒哈地区绘制地形图。5月初，日本又派侦察机开始在作战地区上空进行侦察飞行。

哈勒哈河地区是一大片开阔地，河东岸是荒无人烟的草原，遍地丛生着杂草和灌木，地势起伏不平，坦克等机械化武器不宜展开。在设立渡口的地方，哈勒哈河宽30-40米，水深约2米，流速为每秒1米，只要有渡河工具，渡河并不困难。

按照日军得到的情报，这一带苏蒙军队防御很薄弱，附近只有少数边防哨所，没有蒙古正规军。驻扎在蒙古的苏联红军独立第五十七军，距此还有近500公里。实际上，哈勒哈河西岸的台地比东岸高，从东岸看不到西岸台地上的情况。苏联红军利用这一有利地形，在西岸台地上部署了炮兵部队，以便对东岸的部队进行援助。由于红军巧妙地伪装，日军的地面侦察没有发现这一情况。

5月初，日军和蒙军发生几起小规模战斗，将蒙古军队赶到了哈勒哈河以西地区，盘踞在哈勒哈河以东，就地构筑工事，准备发起更大规模的战斗。

苏联方面很快就发现了关东军的这些小动作。6月5日，苏军将领朱可夫奉命来到了塔木察格布拉克。这里是苏联红军独立第五十七军的驻地。几天后，苏联军事委员会即正式下达命令，令朱可夫接替独立第五十七军军长之职，全权指挥在远东地区的红军和蒙军。

朱可夫马上制订了作战计划，并要求国防人民委员加强第五十七军的航空兵部队，增调不少于3个步兵师和一个坦克旅的兵力到作战地区，同时大大加强炮兵的力量。伏罗希洛夫马上按照朱可夫的要求，给独立第五十七军增派了空军力量。在朱可夫的领导之下，一切作战准备工作都在有条不紊地进行着。苏日之间的一场大战已经到了一触即发的境地。

6月22日，诺门坎战役爆发了。朱可夫命令国防人民委员部派来增援的95架歼击机迎击日军的120架飞机。日军把在中国作战的所有部队中最精锐的空军力量都调来参战了，但这并未能改变他们失败的命运。从22日到26日，苏联红军共击落日军64架飞机。但直至7月1日，日军每天都会派出小股空军对红军进行骚扰。

朱可夫判断，日军之所以不惜代价地派飞机作战，主要目的便是挫伤红军的空军力量，夺取制空权，以保障其部队将要进行的大规模进攻战役。

事实上，日军的预谋正如朱可夫判断的那样。日军6月份确实在哈勒哈河地域集中部队并正在进行准备，以实施“诺门坎事件第二阶段”的战役。战役的目标便是围歼哈勒哈河东岸全部苏蒙部队；渡过哈勒哈河，前出至河的西岸，以便消灭红军的预备队；夺取并扩大哈勒哈河西岸之登陆场，以保障尔后的行动。

日军指挥部打算于7月上半月完成这一进攻战役，以便在秋季到来之前结束蒙古境内的全部军事行动。关东军司令官植田谦吉大将和远在东京的航空本部部长东条英机等人对日军的胜利十分有把握，他们甚至把一些外国新闻记者和武官邀请到作战地区，观看他们的胜利进军。

7月3日凌晨，苏联派驻蒙军的总顾问阿福宁上校到巴英查岗山视察蒙军骑兵第六师的防御，意外地发现日军正在乘夜暗偷渡哈勒哈河，向蒙军发起进攻。由于数量上的优势，日军在7月3日拂晓前占领了巴英查岗山及其邻接地区。蒙军骑兵第六师退至巴英查岗山西北地区。

阿福宁上校马上向朱可夫报告了这一情况。朱可夫立即命令所有的预备队迅速出动，毫不迟疑地向巴英查岗山方向前进并向日军发起进攻。与此同时，朱可夫还命令雅科夫列夫旅长指挥的坦克第十一旅从行进间向日军进攻。摩托化步兵第二十四团在加强了一个炮兵营后，协同坦克第十一旅向日军进攻。列索维伊上校指挥的摩托化装甲第七旅受命从南面向敌人突击。同时蒙军骑兵第八师的装甲营也向这一方向开进。炮兵第一八五团的重炮营向巴英查岗山派出观察所并对日军集团进行炮击。位于哈勒哈河东岸用以支援摩托化装甲第九旅的炮兵也向巴英查岗山上的日军进行射击。

为了快速机动，迟滞日军的行动，朱可夫还命令所有的飞机对日军第六集团军进行轰炸和射击。上午7时，红军第一批轰炸机和歼击机飞抵巴英查岗山，开始对敌人进行轰炸和打击。在红军实施反突击的预备队到达以前，航空兵的袭击和炮兵的火力把日军死死地钳制在了巴英查岗山。

由于快速机动，红军在日军构筑好工事和组织对坦克防御之前就向日军发起了进攻。在毫无遮拦的开阔地里，红军的坦克发挥了重大作用，日军很快陷入被动之中。到7月5日凌晨3点，日军的战线完全被撕破了。惊慌失措的日军急忙向渡口退去。由于日军害怕红军坦克的突破，已把渡口炸毁。日军士兵全副武装跳入水中，被淹死者不计其数。

战斗结束后，巴英查岗山东面的斜坡上一片狼藉，日军士兵的尸体，被击毙的马匹，一堆堆被击毁的火炮、迫击炮、机枪和车辆到处都是。哈勒哈河东岸战斗也很快以红军的胜利而宣告结束。

7月15日，苏军独立第五十七军扩编为第一集团军群，朱可夫任集团军群司令员。红军的力量得到了很大的加强，而日军却只剩下采取一些战斗侦察行动的能力了。日军决定与红军打持久战了，他们运来木材，挖堑壕，构筑掩蔽部，进行工程作业加固阵地等。

朱可夫则领导苏蒙军指挥部，仔细地进行总攻的准备工作。总攻预计不迟于8月20日，目的在于最后歼灭侵入蒙古的日军。随后，朱可夫向莫斯科方面要了大量新式兵器及技术器材，并从国内调来了两个步兵师、一个坦克旅、两个炮兵团和其他部队到前线，还加强了轰炸航空兵和歼击航空兵。

诺门坎战役中的蒙古骑兵

由于日军没有坦克兵团和摩托

日军八九式战车在此役当中证明根本不是苏军坦克的对手

机械化部队，无法迅速从次要地段和从纵深调来部队抗击苏蒙方面的突击集群。朱可夫决定，采取秘密行动，突然发动攻击，突击日军防御阵地的两翼，以达合围日军第六集团军的目的。为了迷惑日军，朱可夫煞费苦心地采取了一系列隐蔽措施。

随着进攻开始日期的逼近，朱可夫在战前四天至一天，开始逐次向各级指挥人员传达战役计划。在进攻前三小时向战士和军士下达战斗任务。

8月19日夜间，红军进入了预定进攻出发地区。20日拂晓前，全部军队应隐蔽地进入沿岸树丛中预先构筑的隐蔽工事内。火炮、迫击炮、牵引工具及各种技术器材应小心地用就便器材制作的伪装网遮盖起来。坦克部队应在炮火准备和航空火力准备开始之前以小群为单位从不同方向进入出发地区。在调动部队的时候，朱可夫没有忘记让战士们用各种嘈杂的音响来做掩护。

日军早已对这种音响习以为常了，连一个侦察兵都没有派出。8月20日是一个晴朗的星期日，日军中的不少将官和校官在这一天到海拉尔等地休假去了。一切条件都十分有利红军发动突然袭击。

5点45分，红军炮兵对日军的高射炮和高射机枪开始进行突然猛烈的打击。部分火炮则对航空兵即将轰炸的目标发射烟幕弹。炮火过后，红军150架轰炸机和近100架歼击机出现在了哈勒哈河上空，对日军的阵地发起了猛烈的进攻。

8点15分，各种口径的火炮和迫击炮对敌人目标开始急袭射击。8点30分，苏军航空兵再一次飞临日军阵地上空，进行了猛烈的轰炸。朱可夫通过各条电话线和无线电台发出预定的密码命令——15分钟以后，开始总攻。

8点45分整，当苏军航空兵对日军进行突击，轰炸其炮兵时，空中升起了红色信号弹。突击部队在炮火掩护下，开始奋力向前冲去。由于红军航空兵和炮兵的突击非常猛烈，日军在将近一个半小时内根本无力还击。日军的观察所、通信联系及炮兵阵地均被摧毁。

8月22日，红军粉碎了日军的翼侧集团。朱可夫命令装甲坦克部队和机械化部队于8月26日前完成了对日军第六集团军主力的合围，并逐次分割歼灭被围的日军。8月30日，侵入蒙古边界的日军第六集团军几乎全军覆没。关东军司令官植田谦吉亦因指挥不力而遭撤职查办的处罚。

诺门坎事件最终以日本的彻底失败结束了。日军在此战中伤亡5万余人，损失飞机180余架，损失了72%的火炮！战败的消息传到国内，日本朝野大为震惊！更让日本人无法接受的是，希特勒竟然在诺门坎事件将要结束时，背着日本政府和苏联签订了《苏德互不侵犯条约》。就这样，日本朝野一直争论不休的三国军事同盟也就告一段落了。

作为张鼓峰事件和诺门坎事件的鼓吹者和策划者之一，东条英机不得不承认，他的计划失败了。日本军国主义者也由此开始考虑对北方的苏联保持相对的静谧，以便通过在南方扩大侵略来摆脱因全面侵华战争而造成的困境。

东

第五章

当上陆军大臣

一

第二次世界大战全面爆发

《苏德互不侵犯条约》对日本政坛最大的影响是直接导致了平沼内阁的垮台。1939年8月28日，平沼内阁以“欧洲发生了复杂离奇的新形势”为借口，宣布全体辞职。两天后，陆军出身的阿部信行奉命组阁，畑俊六出任陆军大臣、吉田善吾出任海军大臣。这里应特别指出的是，被誉为“日本海军之花”的山本五十六被任命为日本联合舰队的司令官。这一任命对未来的太平洋战争产生了深远的影响。

阿部信行（1875年11月24日—1953年9月7日）

阿部信行组阁之时，东条英机非常希望能够出任陆军大臣之职。然而，受到诺门坎事件和《苏德互不侵犯条约》的刺激，昭和天皇一改过去对内阁冷眼旁观的态度，不但向阿部下达了“遵守宪法”“防止财界剧烈变动”“避免与国际联盟的不必要摩擦”之类的原则性指令外，还破例指示说：“应采取与英美协调的外交方阵。陆军大臣人选需要从畑俊六和梅津美治郎两人中选择。”结果，畑俊六当上了陆军大臣，而东条英机依然担任航空总监兼航空本部部长之职。东条英机虽然对此十分不满，但又不好公开说什么，只能忍着一肚子气，默默地接受一切。不过，东条英机坚信，随着国际局势的剧烈变化，他早晚有一天会登上陆军大臣的宝座的。

1939年初秋，整个欧洲就像一个巨大的火药桶，只要一颗小小的火星儿就能将其点爆。德国向日、德共同的敌人苏联抛去橄榄枝，与其签订《苏德互不侵犯条约》就是一个信号。其实，希特勒早就有抛弃“前嫌”，与苏联合作的打算了。自1938年3月以来，德国先后吞并了奥地利、捷克斯洛伐克等国，从立陶宛获得了一部分土地（默默尔），并计划在1939年9月闪击波兰。为降低入侵波兰的风险，再加上日本朝野对与德国结成军事同盟之事一直争论不休，迟迟没有结果，希特勒便悄然将目光转向了苏联。

第一次世界大战结束后，德国割让给波兰的出海口，即通往波罗的海的“波兰走廊”将原本连成一片的德国领土分成了两块，位于“走廊”之东的东普鲁士成了远离德国本土的“孤岛”。但泽则被辟为了自由市，由国际联盟管理。德国人一直对失去但泽和“走廊”地区耿耿于怀。

吞并奥地利和捷克斯洛伐克之后，希特勒企图用恫吓和军事两种手段，迫使波兰同意德国合并但泽自由市，并允许德国在“波兰走廊”建造一条治外法权的公路来连接东普鲁士和德国本土。值得玩味的是，在半年之前，波兰政府还跟在希特勒的身后，在德国占领了捷克斯洛伐克的苏台德区之后也趁火打劫地侵占了捷克斯洛伐克一小块领土。仅仅半年的时间，希特勒便翻脸不认人，开始对波兰下手了。

波兰政府拒绝希特勒的所有要求，并于1939年3月30日得到英、法的承诺，保卫波兰的国家主权。但希特勒坚信英、法不会为波兰向德国开战，便决定对波兰采取军事行动。4月28日，德国发表声明，终止了《波德互不侵犯条约》。随后，希特勒便下令德军总参谋制订了一项“闪击波兰”的作战计划。

5月，法国与波兰签订了一个协议，法国承诺会在波兰被入侵后15日内加入战争，援助波兰。8月25日，英国也与波兰签订了成为军事盟友的条约。但实际上，英、法两国对法西斯德国依然抱有一丝幻想，不愿意相信德国会发动对波兰的战争。

但波兰军队根本不具备长期抵抗德军进攻的能力。即使是法军，此时也已经无法对付德军在飞机的掩护下，在地面行动中大量使用坦克的闪电战攻势。因此，法、英两国对波兰的承诺在军事上并不具有现实意义。英、法两国政府都清醒地意识到，如果不能及时地同苏联建立政治和军事联盟，波兰就毫无生存下去的可能。

不过，由于英、法两国对社会主义苏联的敌视，直到英国无条件地承诺捍卫波兰的领土完整之后，才提出了同苏联签订协议，实现和解。但此时，希特勒也已经意识到了与苏联结盟的重要性。在希特勒看来，与苏联签订协议是使德国避免在两条战线上同时作战的唯一办法。

结果，英、法两国与苏联的谈判破裂了。德国外长里宾特洛甫却在希特勒的授权下，于8月22日在莫斯科与苏联秘密地签订了《苏德互不侵犯条约》。如此一来，形势就变得对英、法更加不利了。一旦爆发大规模战争的话，德国便可以毫无顾忌地把全部兵力投入到西线战场中对付英、法了。

9月1日凌晨，德军大举越过德波边境，分北、西、南三路，向波兰首都华沙进逼。这是人类历史上第一次大规模的机械化大进军。德军的轰炸机群呼啸着向波兰境内飞去，目标是波兰的部队、军火库、机场、铁路、公路和桥梁。德军趁势以装甲部队和摩托化部队为前导，以每天50—60公里的速度向前突进。德军闪击波兰，标志着第二次世界大战欧洲战事正式拉开了帷幕！

畑俊六（1879年7月26日—1962年5月10日）

对日本来说，欧战爆发无疑是一次千载难逢的机会。德国入侵波兰，意味着英、法很快就会参战，之后将陷入战争的泥潭而无暇顾及他们在东南亚的殖民地。日本是一个岛国，战略物资匮乏，石油、钢铁等战略物资基本全靠从英、美等国进口。而陆军又深陷中国战场，每天消耗的石油、钢铁不计其数。一旦和英、美陷入僵局，甚至爆发战争的话，后果不堪设想。欧战爆发了，日本刚好可以趁机加速实施“南进计划”，从东南亚掠夺橡胶、石油等战略资源，从而摆脱对英、美等国的依赖。

“南进”是日本军国主义的既定方针之一。一直将英、美视为潜在对手的日本海军早在侵华战争爆发不久就开始酝酿南进计划了。只不过，对南进不甚感兴趣的陆军一直把持着内阁，使南进计划一直未被提上日程。

随着日本陆军深陷中国战场，陆军也开始着手考虑南进了。其一，英美把持着东南亚的局势，想要称霸亚洲，必须对英、美开战；其二，对英、美开战就必须摆脱对它们的资源依赖，这一点比较好解决，只要占领东南亚就可以了；其三，想要尽快迫使中国投降，应尽快切断英、美从东南亚援助中国的战略通道——滇缅公路。

这只是日本军国主义势力的一厢情愿，并不现实。两天后，即9月3日，一向对德国采取绥靖政策的英国首相张伯伦在下议院发表了一通充满悔意的演说。他在演说中指出：“今天是我们大家最感到痛心的日子，但是没有一个人会比我更为痛心。在我担任公职的一生中，我所信仰的一切，我所为之工作的一切，都已毁于一旦。现在我唯一能做的就是：鞠躬尽瘁，使我们必须付出重大代价的事业取得胜利……”

随后，张伯伦向法西斯德国发出最后通牒，要求德军立即从波兰撤军。希特勒未对英国的最后通牒作出回应。英国政府遂于上午11点对德宣战，并宣布全国进入战争状态。随后，法国政府也发表宣言，对德宣战。

英、法对德宣战的第四天，即9月4日，刚刚走马上任的日本首相阿部信行发表声明说：“日本不介入欧洲战争，专注于解决支那（中国）事变。”

第二次世界大战爆发之后，东条英机一直密切关注着战局和美国海军的发展趋势。战争爆发之初，单纯从军事力量和经济实力上来讲，英、法等国占有一定优势。当时，波兰有40个步兵师和12个骑兵师；法国有约有110个师的兵力。而当时德国只动员了98个师。在经济实力方面，英、法拥有广阔的殖民地，战略资源丰富，然而，德国却缺乏铁砂、橡胶和石油等重要的战略物资。

但是由于英、法没有做好应战的准备，而且不想真正打仗，在行动上磨磨蹭蹭，甚至没有采取真正的军事行动。张伯伦就曾宣称，这是一场“晦暗不明的战争”。所谓“晦暗不明”，实际上是指“战”与“和”还在两可之间。

正是因为英、法两国首脑处于这样一种精神状态之中，盟国在战争初期一直处于被动挨打的局面。仅仅27天，波兰国土已经全部沦陷。10月11日，波兰战事结束了3个星期以后，英国才派了4个师，共15.8万人，到法国去“参战”。实际上，直到1940年5月10日，英、法才和法西斯德国爆发正式冲突。

从1939年9月1日到1940年5月10日，这段奇特的历史时期在德国被称为“静坐战”。英、法两国的“静坐战”助长了法西斯德国的侵略野心，同时也让自己在后来付出了沉重的代价。

远离战场的美国此时虽然表面上置身事外，但罗斯福已经开始着手应对美国被卷入战争的可能性了。英国对德宣战的当晚，美国总统罗斯福就通过广播向美国民众发表了欧战后的第一次“炉边谈话”。为了安抚民众，并争取孤立主义者的支持，他不得不在表明自己观点的同时，小心翼翼地表示：作为美国总统，他将尽力使美国不介入这场战争。不过，罗斯福在安抚民众的同时，又极力促使国会通过新的征兵法案，加强海陆军的实力，尤其是海军的实力。

二

密切关注欧洲方面的战局

为了减小国际舆论的压力，尽快结束侵华战争，阿部强调推行“自主外交”。何谓自主外交呢？阿部解释说，“自主外交，并不意味着孤立外交”，日本将同所有同情日本立场的国家搞好协调关系，并促进企图阻止日本实现上述目标的国家“反省”。很明显，阿部信行是想借助所谓的“自主外交”稳住英、美，同时对德国挑起的欧战持观望态度。

尽管阿部发表了不少煌煌大言，但其在首相任上并没做出什么成绩。日本军部为了掠夺中国及亚太地区的资源，适应战争形势的需要，提出将外务省通商局独立出来，扩大贸易省。日本财界鉴于通商贸易的困难，也希望贸易行政一体化。

1939年10月初，内阁做出新设贸易省的决定，但外务省主要官员为了维护本省的权限，以外交一体化为由，坚决抵制内阁的决定，并以辞职相要挟。阿部见势不妙，赶紧撤销了内阁的决定，暴露出了他缺乏政治主见和左右政局的能力。

1939年11月，阿部又不顾民众的反对，开始调整米价管制政策，并规定了食品、燃料、布匹等物资的公定价格。结果，此举导致黑市贸易盛行，价格暴涨。这一政策不但激起了民众对内阁的极大不满，也让天皇和军部的实权人物大失所望。

在内外交困、百般无奈的情况下，阿部信行于1940年1月16日宣布辞职。从上台组阁到下台，阿部内阁仅仅维持了四个半月的时间，成了日本历史上最短命的内阁之一。

阿部信行内阁倒台之后，曾任海军大臣的米内光政受命组阁。作为日本海军的中坚力量之一，米内光政和他的老搭档山本五十六均反对与德、意签订三国军事同盟条约，以免刺激英、美，过早地使日本直接与英、美这两个海军强国爆发海上大战。昭和天皇授命米内组阁，其本意便是希望新内阁可以缓和与英、美的关系。

不过对于米内来说，他本人组阁的热情并不高。直到天皇大声地向他宣布“朕，命爱卿组阁”的时候，米内光政才不得不勉强表示“臣诚惶诚恐，定当鞠躬尽瘁”。但实际上，他内心的“感觉就像是被电击到一样”。

米内光政一上台，陆军的倒阁活动就开始了。米内光政虽然是东条英机的老乡，两人也曾在大本营的会议上有过多次接触，但两人的政见，尤其是有关三国军事同盟的问题，分歧太大。米内光政、山本五十六等海军实权派人物均不愿将英、美纳入军事同盟的第三方，但东条则坚持同时以英、美、苏为对手。是故，米内的上台，对东条英机来说并不是什么好事。因此，东条英机对米内内阁也一直持一种不置可否的态度。

像在阿部内阁时期一样，东条英机每天除了航空本部的工作，还关注中国的战局和欧战的动态。随着1940年春季的到来，局势愈发紧张了。2月21日，东条英机突然接到通知，他已经被任命为临时军事参议官了。

军事参议官实际上就是天皇的军事顾问，虽然没有多大权力，但对内阁的影响非常大。一般来说，军事参议官都是由退居二线的元帅、陆军大臣、海军大臣、军令部总长或参谋总长担任的。

米内光政（1880年3月2日—1948年4月20日）

东条英机的中将军衔和资历对军事参议官而言，似乎稍嫌不足。接到这一通知的时候，东条英机明显愣了一下，但他知道，这一安排无疑是陆军向内阁施压的手段之一。

这时，欧洲战场的平静局面也被打破了。为了确保从瑞典进口铁矿砂的供应线，希特勒按照海军的建议，暂时推迟了向西线发动进攻的计划，决定先行北上，向丹麦和挪威开刀。1940年4月上旬，德军以闪击战的方式占领了丹麦，猛攻挪威，终于得到了冬季运输铁矿砂的道路，进一步保护了通往波罗的海的进出口，为德国的潜艇和海面舰只对英、法作战提供了良好的港口条件。

一时间，西方上层社会被一种严重的失败主义情绪笼罩住了。英、法军政界的高层们惶恐不安，无所作为。

在国际和国内舆论的谴责下，英国张伯伦内阁不得不派出军队前往挪威同德军交战。可是，由于英军没有滑雪部队，缺乏在寒冷地带作战的经验，又对挪威地形不熟悉，英军在挪威遭到了惨败。挪威隔北海与英国相望，对英国的国家安全十分重要，而且又是英国的保护国。挪威作战失利致使英国本土遭受到了严重的威胁。

5月7日，张伯伦内阁垮台。3天后，即5月10日，德国进攻法国的“镰刀行动”也揭开了大幕。西线的平静终于被希特勒的装甲部队闪电式的进攻打破了。德国庞大的装甲部队从马其诺防线的北端，法、比边境的阿登山区绕过法军的防线，向法国腹地推进。

德军发动进攻的当天，军事力量薄弱的卢森堡就不战而亡了。闻知这一消息，英国上下轰动一片。下午6点，英王乔治六世在白金汉宫召见了丘吉尔，授权他组织政府。丘吉尔担任首相对世界反法西斯战争的胜利起到了相当大的作用。

不过，形势并没有马上好转，战局持续恶化。5月下旬，近40万英法联军被德军围逼在法国北部狭小地带，只剩下敦刻尔克这个仅有万名居民的小港可以作为海上退路。形势万分危急，敦刻尔克港口是个极易受到轰炸机和炮火持续攻击的目标。如果40万人被围困在这个港口的话，德国的炮火势必会给英法联军以毁灭性打击。

5月24日，就在南线德军的装甲集群推进到距敦刻尔克只有30余公里处时，希特勒突然向他的装甲部队发出了停止前进的命令。希特勒判断，他的装甲部队距离主力部队已经太远，如果英国人发动反攻的话，装甲部队恐怕无力抵挡。

希特勒的这一错误判断给英法联军提供了喘息之机。5月26日黄昏时分，英国海军部下令开始执行代号为“发电机”的撤退行动，前往敦刻尔克接应撤退的英国远征军。到6月4日下午2点23分，“发电机”行动结束之时，从敦刻尔克撤向英国本土的英法联军达33.5万人。此即历史上著名的“敦刻尔克大撤退”。

敦刻尔克大撤退保存了英法联军的有生力量，粉碎了希特勒在敦刻尔克消灭英法联军主力的幻想，为最终取得反法西斯战争的胜利创造了条件。不过，英法联军在撤退中也丢弃了大量的武器装备，其中火炮2300门、坦克4万辆、汽车12万辆。据统计，敦刻尔克撤退之后，英军拥有的坦克不到200辆，野战炮不足500门，弹药也十分匮乏。这就意味着，英、法两国在短时间根本无法装备足够数量的军队，对抗德国的入侵。

6月10日，墨索里尼见英、法的失败已经注定，便想趁机捞一把。于是，这位独裁者便下令军队挥师北上，围剿法军。在德、意法西斯的双重打击下，法国军政界高层立即分裂为主战派和投降派两派。

6月16日晚，法国总理雷诺在投降派贝当元帅等人的压力下愤而辞职！随后，法国勒布伦总统召见贝当元帅，并命他组阁！第二天，贝当元帅便通过广播号召全国军民“停止战斗”。

希特勒和法国的停战谈判是在贡比涅森林中的一块小小的空地上举行的。就在相同的地方，22年前法国人接受了德国人的投降。法国福煦元帅与德国人签订停战条约的那节卧车还保留在博物馆里。如今又轮到法国向德国投降了！

6月22日下午，法国代表和德国陆军元帅凯特尔在停战协定上签了字。趾高气扬的希特勒以轻蔑的神情注视着法国于1918年为庆祝胜利而竖立的纪念碑，仿佛在说：“1918年的仇已经报了。”……

法国投降了，整个欧洲只剩下英国单独面对着咄咄逼人的德、意法西斯。为了号召法国人民继续抵抗下去，并为将来反攻欧洲大陆做好准备，丘吉尔支持法国的戴高乐将军在伦敦成立了流亡政府——“自由法国运动”。从此，法国出现了两个政府并存的局面，以戴高乐将军为领袖的政府称自由法国；以贝当元帅为首的政府因首都设在维希市，称维希法国。

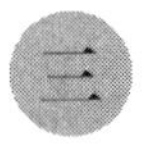

当上陆军大臣

德国法西斯在欧洲的胜利极大地刺激了日本的扩张野心。英、法、荷等国失败了，再也无暇顾及它们在东南亚广阔而富饶的殖民地了。在日本人看来，法属印度支那的橡胶、锡、钨、煤、大米和荷属东印度的石油仿佛成了“丢在大街上只等人去拣拾的宝物”。军国主义势力认为，占领东南亚是一石三鸟的好事。一则，东南亚丰富的战略资源正好可以补充日军在中国战场无穷无尽的消耗；二则可以切断英、美等国对华援助的交通线，迫使蒋介石集团投降；三则可以摆脱对英、美等国的依赖。

然而，米内内阁不愿意在局势尚不明朗的情况下贸然出兵东南亚，以免过度刺激英、美，使其卷入亚洲战场。国内的军国主义势力立即掀起了反对内阁的运动，叫嚣“不要误了公共汽车”。

陆军对内阁的表现更是不满。7月，东京的天气异常酷热，火辣辣的太阳似乎要把人烤焦似的。参谋本部的高级参谋石田和陆军省的几名骨干，来到陆军大臣畑俊六的办公室，毫不掩饰地说：“陆相阁下，现在形势一片大好，正是携手德国，建设世界新秩序的好时候。米内既然无力承担这一重任，我们陆军就有义务将他赶下台去！”

畑俊六是一个狂热的军国主义分子。沉思了半晌，他缓缓地点了点头，并说：“我会以辞职的方式向内阁施压，使其垮台的。”

接下来，畑俊六便开始考虑下一任陆军大臣的人选了。按照惯例，前任陆军大臣可以向首相推荐继任陆军大臣的人选。畑俊六认为，如果不出意外的话，近卫文麿很可能会被陆军推上前台，再次组阁。近卫虽然野心勃勃，是一个狂热的军国主义者（侵华战争便是在其任期内爆发的），但为人没有主见，很容易被人利用。近卫文麿的这一特点可以被陆军利用，同样也可能会被海军或与陆军持不同政见的人所利用。所以，一定要在内阁中安插一名强有力的，足以控制局面的陆军大臣。

畑俊六思来想去，觉得陆军中再也没有比东条英机更适合的人选了。于是，他当即给正在中国东北视察航空设施的东条英机发了一封急电，令其马上返回东京。

在担任航空总监和航空本部部长期间，东条英机重视发展日本空军，经常组织战术、技术训练，目的是在以后的战斗中掌握制空权。很明显，这一举措是为了对付苏联的。当时，中国的空军基础十分薄弱，根本不值得东条英机去劳心费神。但苏联的空军力量十分强大，在诺门坎事件中给了东条英机极大的打击。是故，在陆军的所有部队当中，东条英机特别重视关东军的空军建设。

东条英机接到畑俊六电报的时间是7月17日晚上。电报的内容除了要求东条火速返回东京之外，什么都没写。不过，直觉告诉他，东京肯定出了大事，不然陆军大臣不会这么着急把他召回去的。

当天夜里，东条英机就乘坐专机飞到了立川机场，随后驱车前往陆相官邸。畑俊六安静地坐在会客厅里，显然是在等东条。寒暄过后，畑俊六简明扼要地向东条英机叙述了他将辞职的事情。

“这是一条妙计！”东条英机听完，轻描淡写地说。很显然，他对陆军控制内阁的各种手段早已了然于胸，所以一点也不感到惊讶。

东条英机

畑俊六平静地说：“我已向内阁提出辞职，米内要求推荐继任人选。我相信，军部一定不会派出人选的，米内内阁马上就要倒台了。如果不出意外，近卫君会再次出面组阁，我希望由你出任近卫内阁的陆相。”

东条英机似乎没有反应过来，反问道：“阁下，你的意思是让我作为您的继任者？”

东条英机事情来得太突然了，再加上这是东条英机一直日思夜想的职位，一下喜从天降，他不免有些失态。

畑俊六看着东条英机吃惊的样子，又郑重地宣布：“是的。这不是我一个人的意见，而是陆军首脑一致推荐的结果，我已经和参谋本部沟通过了。”

东条英机“嗖”地站起来，向畑俊六深深鞠了一躬，大声道：“感谢阁下对我的信任！为了陆军，为了帝国的事业，东条甘愿肝脑涂地，在所不辞！”

一切都按照陆军首脑们事先的安排运行着，畑俊六辞职后，陆军拒绝派出现役军官出任陆军大臣，米内光政内阁于7月22日宣布总辞职。同日，近卫文麿第二次上台组阁，陆军大臣为东条英机、外务大臣为松冈洋右、海军大臣为吉田善吾。

近卫文麿虽然软弱、愚笨，但每次组阁都能别出心裁地想出一些新花样。他第一次组阁时发动了侵华战争，这一次他又做出了惊人之举。在组阁前，他将3位即将上任的至关重要的大臣——东条英机（兼任对满事务局总裁）、松冈洋右和吉田善吾召到其私邸荻洼山庄，举行“荻洼会谈”，商议新内阁的战略方针。

几乎没有经过什么讨论，会议就确立了下一阶段的战略方针：建立在日本领导下的“大东亚新秩序”，将英、法、荷、葡等国在亚太地区的殖民地，列入日本“大东亚新秩序”的范围；必须实行全国总动员，全体国民都应献身国家；尽快解决中国事变；排除美国的干涉，为此要与德国和意大利签订三国同盟条约，与苏联签订互不侵犯条约，为南进做好一切准备。

这就是以东条英机为首的陆军炮制出来的狂妄计划。而后，他又联合参谋本部的一些陆军将领说服了近卫首相和内阁中的其他文官，使这些人相信，在目前的局势下，这是日本“求得生存的最后希望”。在他们看来，法国战败了，英国在为自己的生存战斗，印度支那的橡胶、锡、钨、煤和大米简直就是“丢在街上只等人去拣拾的宝物”。

7月26日，即近卫内阁成立的第四天，内阁便正式通过了它的行动纲领——《基本国策纲要》。纲要宣布：日本的意图是“适应世界形势变动，改善内外形势，在迅速结束中国事变的同时，捕捉良机，解决南方问题”。

为了争取德、意法西斯的支持，重提三国结盟事宜又成了新内阁的首要任务。结盟谈判尚未开始，基调就已经确定了——近卫打算全盘接受

“里宾特洛甫方案”。

日本联合舰队司令官山本五十六闻讯大惊，立即写信给海军大臣吉田，反对结盟。他非常清楚，日美之间实力差距太大，所以极力反对将日本带入日美战争的三国同盟。

性格软弱的吉田虽然同意山本的观点，但却无力阻止东条英机等人的决议。9月4日，不堪各方压力的吉田以身体病弱为由，辞去了海军大臣之职。为了缓和海陆军之间的关系，军令部部长伏见宫博恭亲王动用了皇族的威信，举荐惯于息事宁人的及川古志郎大将接替吉田出任海军大臣。

海军大臣职务的变动让山本意识到，日本与德、意结成全面同盟的日子已经不远了。他的猜测果然没错。9月7日，日本外相松冈邀请的德国特使海因里·斯塔玛刚到东京，马上就签订三国同盟条约同日本方面进行谈判。3天后，松冈费尽心机，终于和德国就结盟之事达成了一份掺杂着无数谎言和诺言的协议。

9月15日傍晚，及川古志郎就结盟之事在东京召开了海军首脑会议。海军所有的高级将领全部参与了此次会议，包括各军事参议官、各舰队司令长官，各镇守府司令官。

会上，及川为三国同盟辩解说：“如果海军再继续反对三国同盟，近卫内阁只有总辞职。对海军来说，实在负担不起导致内阁垮台的责任，所以不得不同意缔结同盟条约。”

此言一出，会场立即陷入了一片死寂。山本五十六脸上的肌肉明显抽搐了一下。及川似乎发现了这一微妙的变化，他顿了顿，强调说：“我希望诸位最好表示赞成。”

军令部部长伏见宫博恭亲王摆出皇族的架子缓缓道：“事情到了这个地步也是没有办法的。”

伏见宫博恭亲王在海军内的影响非常大，只要他同意了，几乎不会有人反对。他刚说完，前海军大臣大角岑生海军大将（当时担任军事参议官）又代表军事参议官表态说：“作为军事参议官我们赞成。”

大角岑生表态完毕，会议再次陷入了可怕的寂静之中。山本等现任海军将领均反对和德、意结成全面同盟，但大角岑生等资深人士都已同意，他们也不好提出反对意见了。

过了几十秒钟，山本突然站起来，尽量以柔和的语气说：“我绝对服从海军大臣，所以对大臣的处置绝无异议。只是有一件令人担心的事想请教你。8个月前，我任次官的时候，按照政府的物资动员计划，其中80%是仰赖英美势力范围以内的物资供应。然而一旦缔结三国同盟，势必失去这一来源。为了弥补不足要如何改变物资动员计划呢？对于这一点我希望得到明确的答复，以便能安心执行联合舰队司令长官的职务。”

及川看了看山本，双手下压，示意他坐下去。山本无奈，只好缓缓坐了下去。及川笑了笑，对众人说：“虽然大家都有看法和意见，但事已如此，还是恳请各位能表达赞成的意见。”

及川无法正面回答山本的问题，只能用这种方法草草收场。就这样，德、意、日三国结成全面同盟的障碍扫除了，剩下的事情就只有象征性的签字仪式了。此后，日本军国主义将开始最后的疯狂。

四

希望与苏联签订和平条约

1940年9月23日，日军开始着手实施所谓的“南进计划”。当天，日本兵分三路，开进了印度支那北部，迈出了南进的第一步。

4天后，即9月27日，日本外相松冈出席了在柏林德国总理府举行的盛大的三国同盟签字仪式。条约规定：“日本国承认并尊重德意志国和意大利国在欧洲建设新秩序的领导地位；德意志帝国和意大利承认并尊重日本在大东亚建设新秩序的领导地位。日本国、德意志国和意大利国约定，对上述方针所作的努力，互相协助。并且进一步约定，三个缔约国中任何一国遭到现在尚未参加欧洲战争及日华纠纷的一国攻击时，三国须用所有政治、经济和军事手段相互援助。”它标志着德、意、日法西斯军事同盟正式成立。

德、意、日三国联盟

德、意、日建立三国同盟的消息传到华盛顿后，美国国务卿赫尔气愤地说：“勒紧手中缰绳的时候到了。否则的话，我们迟早要为对日本的纵容而付出代价！”

随后，赫尔向总统罗斯福汇报了自己的意

见。

德、意、日三国联盟他建议停止向日本出口废旧钢铁，并在石油输出方面实施许可证制度，勒紧“手中的缰绳”。罗斯福毫不犹豫地同意了他的建议。

美国的制裁措施马上表现出了强大的威力。日本侵华战争的战略资源很快就难以为继了。不过，东条等人更愿意相信，这种状况只是暂时的，一旦日军控制马来亚等地，钢铁和石油就会源源不断地运往日军的兵工厂。

三国军事同盟条约的签订对苏联的影响也不小。为了解除苏联方面的疑虑，德国外长里宾特洛甫一再向苏联外长莫洛托夫保证说：“这个条约只是针对美国战争贩子的。条约的唯一目的是让那些竭力要求美国参战的人清醒清醒，明确地向他们表明，如果他们加入目前的战争，他们就是自动地与三个强国为敌。”为了进一步蒙蔽苏联方面，里宾特洛甫甚至还提议说，为什么苏联不参与这一条约呢?

松冈对三国军事同盟条约的签订非常高兴，他还经常对东条英机大讲特讲，日本有义务支持里宾特洛甫提出的把德、意、日与它们的共同敌人苏联联合起来，组成四大强国联盟的计划。如果这一计划可以实现的话，日本便可以放开手脚在太平洋地区大干一场了。

东条英机对关东军在诺门坎事件的惨败记忆犹新，认为在陆军深陷中国战场之时对苏联发动侵略战争已经不大现实。与其多一个防备的对象，倒不如多一个互不干涉的邻居。这对全力实施南进计划是大有好处的。

于是，东条英机极力撺掇松冈洋右出访德国和苏联，争取和苏联签订互不侵犯条约。与此同时，他大耍手腕，迫使近卫同意了该计划。

松冈对和苏联签订和平条约一事早已胸有成竹，但在柏林的遭遇却使他大惑不解。曾提出签订“四国联盟”建议的德国外长里宾特洛甫对他说：“怎么能在这个时候签订这样一个条约?请记住，苏联是从不白给东西的。”

松冈不知道，此时的德国已经做好了东进的战争准备，马上就要对苏联开战了。当驻德国大使大岛浩私下里将这一消息告诉他时，松冈洋右依然热情不减。甚至在他离开柏林前往莫斯科的途中，得悉德国已入侵南斯拉夫时，这位外相依然兴致勃勃地对他的秘书加濑俊一说：“与斯大林签订的协定已在我口袋中!”

一切果然不出松冈所料，在他抵达莫斯科一个星期后，斯大林就在克里姆林宫与其签订了一个“中立条约”。这一条约规定：维护两国间的和平友好关系；互不侵犯领土，缔约国一方遭受到第三国军事攻击时，另一方保持中立。

消息传到国内，近卫首相大喜过望，立即进宫求见，未经和内阁商量就取得天皇的批准。这一条约的签订在一定程度上缓和了日苏关系，并为日本的南进奠定了基础。

松冈于4月17日回到了东京。就在这一天，天皇和近卫内阁批准了由东条英机和海军大臣及川古志郎联合制定的《南方的政策纲要》，该纲要露骨地提出：“在建设大东亚共荣圈过程中，帝国对南方所采取的对策，其目的就在于为了帝国的自存自卫，迅速扩充综合国力，为此：第一，在日本和法属印度支那以及泰国之间，确立军事、政治、经济方面的密切关系；第二，在日本和荷属印尼之间确立密切的经济关系。”

与此同时，日本驻美大使野村吉三郎也在世界的另一端和美国国务卿赫尔进行着日美间的谈判。巧舌如簧的野村对美国人说：“日美两国没有任何理由要战争。我作为接受本国政府指示的大使，一定要在自己的权限内，努力使两国避免战争。”

经过长达数月的争论，日美双方各自起草了《日美谅解方案》的提案。日方提案的主要内容是：三国同盟是防御性的，只有在德国受到攻击时，日本才履行三国同盟的义务；由美国出面劝告蒋介石政权与汪精卫政权合并，承认“满洲国”，如果蒋介石拒绝，美国应立即停止对华援助；同时，美国协助日本获得必需的物资，维持与日本的通商和金融合作。

野村吉三郎（1877年2月16日—1964年5月8日）

刚刚从苏联意气风发地回到东京的松冈立即将《日美谅解方案》送往柏林，征询希特勒的意见。5月8日，松冈拜谒天皇说，如果美国加入欧战，日本应该支持轴心国，进攻新加坡。他预言，在华盛顿的谈判将一事无成，如果谈判获得成功，那也只意味着要牺牲德国和意大利才能安抚美国。

5月14日，松冈公然对美国大使格鲁说，希特勒不向美国宣战一举，表现了他的“巨大耐心和慷慨”，美国攻击德国的潜艇迟早会导致日美开战。美国应该做出“有英雄气概、正派和合情合理的事来，光明正大地向德国宣战，而不是在中立幌子下进行战争活动”。

6月21日，美国国务卿对日本提案作出最终答复：日本必须放弃三国同盟条约，完全从中国撤军。此外，赫尔同时还发表了口头声明，其中还指出，某些日本官员发表的公开言论，似乎成了调整日美邦交无法克服的障碍。结果，日美之间的谈判陷入了僵局。

第二天，即6月22日，希特勒撕毁《苏德互不侵犯条约》，突然出动190个师、3700辆坦克、4900架飞机、47000门大炮和190艘战舰，兵分三路以闪电战的方式突袭苏联。第二次世界大战的规模扩大了，苏联也正式加入了反法西斯阵营。

东条英机

第六章

积极主张“南进”，对美开战

一

试探德国，坚定“南进”决心

希特勒进攻苏联的消息传到东京后，松冈喜出望外。几分钟后，他给宫内大臣木户侯爵打了个电话，请求谒见天皇。一小时之后，天皇召见了松冈，其实，他这次要陈述的问题并没有和首相近卫谈过。松冈对天皇说，他坚信德国能迅速击败苏联。因此，他建议日本立刻进攻西伯利亚，推迟南进计划。

裕仁天皇看着面前这位几个月前还极力主张组成四国同盟的外务大臣，如今竟然因德国入侵苏联就要北进，诧异不已！天皇没有表态，他对松冈洋右说：“此事重大，你去和首相商量，而后再向我呈报。”

几天后，在由军政要员参加的联络会上，松冈力主进攻苏联。海军大臣及川古志郎和陆军大臣东条英机等人立即组成统一阵线，反对松冈的提议。鉴于张鼓峰和诺门坎事件的教训，东条英机不愿看到日本同时和苏联、美国两个大国开战。及川古志郎也说：“同时与两国海战，实属困难。为了这种局面，不要叫我们既进攻苏联，同时又南进。海军目前不想惹苏联。”

及川古志郎（1883年2月16日—1958年5月9日）

不过，松冈并没有因为东条英机等人的反对而作罢。第二天，松冈前去拜访陆军参谋总长杉山元，问道：“是南边重要，还是北边重要？”

狡猾的杉山元回答说：“同样重要，

我们正在静观时局如何发展。”

实际上，这位大权在握的参谋总长的心里正打着一副如意算盘，如果德军可以在当年8月底之前攻陷莫斯科，日军将入侵西伯利亚。

松冈在杉山元那里没有得到想要的答案，又去找陆军的另一位实权人物东条英机。他说，根据德国的通报，苏联的战事不久就会结束，英国在年底前也得投降。“如果我们在德国击败苏联后再着手讨论苏联问题，在外交上我们将处于不利地位。假如立即进攻苏联，美国就不能参战。”

这位狂妄的外务大臣自以为是地认为，他可以用外交手腕拖住美国3个月到半年。“如果我们像统帅部建议的那样坐等结果，我们就将受到英国、美国和苏联的包围。我们必须先北进，然后南进……”

东条英机面无表情地看着松冈洋右，始终一言不发。南进，还是北上，这对东条英机而言也是一个很难做出的抉择。但有一点他还是知道的，即不能让陆军陷入两线作战的危险境地。

松冈见说不动东条英机，最后以挑衅的口吻说：“本人的预言从来没有未应验的。现在我预言，如果战争从南面开始，英、美两国必然参战，不然我们走着瞧吧!”

就在这时，一件让东条百思不得其解的怪事发生了。在过去几个月里，德国方面一直唆使日本把侵略矛头指向新加坡（时为英国殖民地）。松冈洋右访问柏林时，希特勒和他的外长里宾特洛甫竭力劝说日本人攻打新加坡。里宾特洛甫这个世界上最出色的演员一脸真诚地对松冈洋右说，占领新加坡对日本是有利的，“非常可能把美国排除在战争之外”，因为届时罗斯福不敢冒险把舰队开进日本水域。

希特勒则在一旁挥舞着他那双大手，神秘地对松冈保证，“你们一旦参战，我们一定援助日本”，他还吹嘘说：“即使撇开德国军队远比美国人优越这一事实，美国也根本不是德国的对手。”

由于没有得到参谋总长杉山元和陆军大臣东条英机的准许，松冈一直躲躲闪闪，没有正面回应希特勒和里宾特洛甫。

有一次，德国帝国元帅和空军总司令戈林从松冈手里接过一幅富士山的风景画，开玩笑似的说：“如果日本攻下新加坡，我就到日本去看看富士山真貌。”

松冈尴尬地转向随行的陆军顾问，轻声道："请你问他。"

陆军顾问显得比松冈还要紧张，涨红了脸，不敢出声。戈林见状，知道他们不能做主，便将话题转开了。

时间刚刚过去两个多月，国际局势的重大变化就是德国已经撕毁《苏德互不侵犯条约》，发动了苏德战争。德国的态度竟然来了一个180度的大转弯。里宾特洛甫绞尽了脑汁，极尽引诱欺骗之能事，催促日本尽早参战，但入侵对象已经不再是新加坡了，而是苏联。他对日本驻德大使大岛浩说："贵国向太平洋进军固然意义重大，但是考虑到准备不足，不妨先解决苏联问题，参加德国的对苏战争。苏联溃败之后，贵国就解除了后顾之忧，可以放手南进了。"

在东京，德国大使欧根·奥特也奉命向日方指出："鉴于事态的迅速发展，日本应迅即对苏联采取军事行动。若日方在苏联被击溃后才采取行动，势必影响其道义和政治地位。"

很明显，奥特最后这句话带有浓厚的威胁意味。东条英机对德国的突然转变有些想不通。

第二天，东条就带着这一疑问拜会了德国驻日大使奥特，探询苏德前线的战况。奥特大使非常热情地接待了东条英机。这位狡黠的陆军大臣摘掉帽子，露出已经秃顶的头颅，坐在奥特的对面，眨巴着一对小眼睛，活脱脱像个小丑。

奥特并没有注意到这一切，他一门心思地想让东条相信，前线的战况对德国非常有利，莫斯科马上就要完蛋了。多日来，东条一直关注着苏德前线的战事，虽不能说对其一清二楚，但大抵还是了解的。奥特的说法明显不符合事实，片面地夸大了德军的胜利。

东条警觉起来，德国人大概真的是在玩弄某种阴谋，想让日本为他们打头阵。东条英机闷闷不乐地离开德国驻日大使馆，回到陆军省，立即给大岛浩发了一封电报。他命大岛浩务必搞清楚德国人的真实意图。

大岛浩很快就发来了答复。报告说，他根据陆军大臣的吩咐，专程拜访了德国外长里宾特洛甫和德军最高统帅部参谋总长凯特尔元帅。关于苏德战况，陆军元帅解释说："进攻速度放慢是由于交通线拉长，后勤供应跟不上。你知道，在如此大规模的战争中，实际进程比计划落后3周是不足为奇的。”

东条英机据此判断，德国人已经深陷苏德战争的泥潭，就如日本陆军深陷中国战场一样。他们之所以着急让日军发动对苏战争，其目的便是想借助日本的力量在东方牵制苏联的兵力。摸清了底细，东条英机遂下定了“南进”的决心。

二

炮制《目前形势下国策提纲》

1941年6月30日，在内阁的联络会议上，东条英机开始推动南进计划的实施。他面对着首相，故意不去看外务大臣松冈洋右，强硬地说："陆军省和统帅部的意见是坚持南进，德国有他们自己的企图，请求日本出兵苏联，主要是为了减轻德国军队的压力，而对日本帝国本身益处并不大，更为重要的是，德军在苏联的表现并不像他们自己所宣传的那样迅速，他们的进攻速度很快就减了下来，德国的闪击战并没有获得完全成功，很快就能打败苏联的说法极为不可靠，在中国问题没有解决之前，皇军不能落入另一个陷阱，请不要忘记拿破仑在俄国的教训。"

随后，东条拿出了一份早已准备好的《目前形势下国策提纲》，请首相和全体内阁成员决议。该文件的中心议题就是日本南进政策不变。第一步占领法属印度支那。通过向法国维希政府施加外交压力，希望实现不流血的占领，如果劝说无效，就诉诸武力，甚至不惜冒着与英美开战的危险。

不出东条所料，这份文件果然遭到了松冈洋右的强烈反对。他极力向与会者证明，苏联遍地黄金，且德军的攻势非常猛烈，苏军马上就要招架不住了。在他的煽动下，本身对南进计划持有怀疑态度的海军大臣及川古志郎有些动摇了，他转身问东条英机，问道："推迟半年，怎么样？"

东条英机未予回应。这时，陆军参谋次长冢田攻开口道："我们的部队已在印度支那南部做好了充分准备，整个印度支那眼看就要划入天皇陛下的版图。"

及川古志郎听了这话，似乎放心了不少，不再说话。一直沉默不语的近卫首相终于说话了。他说："我同意统帅部的意见，南进方针不能改变，进攻苏联以后再说。"

就这样，东条英机的《目前形势下国策提纲》在内阁获得了通过。三天后，在宫内大臣木户侯爵的安排下，天皇召开了御前会议，确定是否批准南进计划。

在死气沉沉的会议厅里，摆着两条长桌，铺着锦缎桌布。首相近卫、陆军大臣东条等人分别坐在桌子的两旁，腰板挺直，表情肃穆。几分钟后，裕仁天皇缓步走了进来。近卫、东条等人不约而同地起立立正，向天皇行鞠躬礼。

裕仁天皇在朝南的御座上坐下之后，近卫等人也相继落座。众人笔直地坐在座位上，双手放在膝盖上，彼此凝视着。

会议开始了。首相近卫首先起立，向天皇鞠躬弯腰，然后宣读东条炮制的那篇《目前形势下国策提纲》。首相宣读完毕，参谋总长杉山元站了起来，也向天皇鞠了一躬，缓缓道："我同意南进。然而，如果德苏战局发展对帝国有利，我想我们也应该用武力解决这个问题，以确保帝国北部边境之安全。"

东条英机站了起来，向天皇鞠躬后回应杉山元道："这是毫无疑义的。但首先必须是南进。"

海军军令部总长永野修身大将也附和说："尽管要冒险，但南进还是必要的，放弃南进而北上危险性更大，得到的也会更少。"

枢密院议长原嘉道开始代替天皇发问了。他说："我想知道的是，用外交手段取得印度支那的现实可能性如何？"

外务大臣松冈洋右说："外交措施想必不能成功。"

他的意思很明显，南进必然会动武，即与英美开战。

身材矮小的原嘉道和颜悦色，不紧不慢地问："军事行动是一件严肃的事情，一方面试图签订日法条约，一方面又向印度支那派兵，难道这符合外交策略吗？我认为直接单方面采取军事行动，从而背上侵略者污名，对日本来说是不明智的。"

东条英机反驳道："外交不一定非得按皇道办，战争也可以解决问题。"

松冈保证说："我一定做到，使日本在世人面前不至于成为背信者。"

原嘉道面不改色地继续问："为什么不北进？希特勒进攻苏联带来了千载难逢的机会。我希望避免与美国开战。我认为，如果我们进攻苏联，美国不会参战。反之，进兵印度支那会导致与盎格鲁—撒克逊人（即英国人和美国人）开战。”

杉山元没有回应原嘉道的问题，他觉得原嘉道的论点不过是松冈洋右的老生常谈罢了。他只简单地说道：“我们占领印度支那对挫败英美的阴谋是绝对必要的。另外，德国的军事形势大好，我认为，日本进兵法属印度支那不会引起美国参战。”

会场沉默了半晌，众人似乎都在等天皇的裁决。然而，天皇始终面无表情地坐在御座上，一句话也不说。这时，杉山元又补充说：“不过，也不要过早地把苏联排除在外，我们应该等待五六十天，以看到德国确实打胜，那时，我们再从西伯利亚打过去。”

首相等杉山元说完就站起来宣布说：“那么，现在我们来表决吧！”

东条英机有些紧张，他精心炮制的《目前形势下国策提纲》要接受最后的考验了。几分钟后，他的心里乐开了花，尽管脸上依然毫无表情。《目前形势下国策提纲》在御前会议上获得了通过。

《目前形势下国策提纲》很快就被送到了内阁官房，用公文纸誊抄一份，由首相近卫、参谋总长杉山、海军军令部总长永野修身三人签署，呈报天皇，最后交到宫内省加盖御玺。一套程序下来，《目前形势下国策提纲》就成了国策。

南进的争论结束了，陆军大臣东条英机打败了外务大臣松冈洋右。但这些军国主义分子不知道的是，这份《目前形势下国策提纲》正是玩火者必自焚的最好见证。

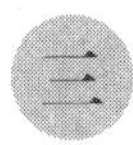

联手近卫，挤垮外相松冈洋右

南进的基本国策虽然确立了，但就日美谈判一事，东条英机和松冈洋右的分歧依然很大。为了尽快结束这种在东条看来毫无意义的争论，他迫切希望能把松冈赶出内阁。

近卫也觉得让松冈继续留在内阁中已经不太合适了。不过，他并不想和这个能言善辩的外务大臣公开翻脸。当东条英机向他表明自己的意愿后，近卫解释说："你知道，自从外相与希特勒和斯大林会谈后，在公众的心目中他便一直是位英雄，不能随便找个理由公开解除这位知名外交家的职务，我需要一个借口，或者说找一个理由。"东条英机笑道："这对总理大臣（即首相）来说，还不是小事一桩。"近卫略一沉思，缓缓道："那就这样，全体阁僚集体辞职，然后再重新组阁，起用别人当外相。"东条英机回答说："这样最好，可以安服民心。"7月16日下午6点30分，近卫在首相府郑重其事地召集内阁非常会议。之所以选择这样一个时机，主要是因为外务大臣松冈洋右抱病在家，无法参加会议。

松冈洋右（1880年3月4日—1946年6月27日）

会议开始了。首相装作十分

为难的样子说："最近以来，本内阁在处理国内外许多重大事务时内部分歧很大，这对天皇陛下的帝国生存和发展极为不利，我要求全体阁僚集体辞职。然后由天皇陛下重新下诏组阁。"

和东条英机一样，包括海军大臣及川古志郎内在的大臣都知道近卫此举是冲着松冈来的。因此，没人提出异议。就这样，内阁解散了。

不过，尚不到24个小时，内阁又重组了。除了外务大臣由向来亲美的海军大将丰田贞次郎接任之外，其他职务均无变动。

由丰田贞次郎出任外务大臣是东条英机的建议。他此举的目的是想稳住美国方面，尽量把与美国爆发军事冲突的时间向后拖。

丰田贞次郎上任后的第一件事便是电告日本驻维希法国大使，不管维希政府决定怎么干，日本军队都将于7月24日开进印度支那。实际上，日军第五师团在此时已经控制了西贡。但由于和法属印度支那政府所签订协议的限制，日本派驻的兵力不能超过6 000人（实际上远超此数，高峰时曾达25 000人），日军尚未对印度支那地区形成有效统治。

令日本侵略者欣慰不已的是，在限期前一天，软弱无能的维希政府同意了日军"和平"开进印度支那南部。日本驻维希大使得意扬扬地给外务省拍电报禀报喜讯："法国人如此痛快接受日本要求的原因是，他们看出了我们的决心是何等坚决，我们的意志又是何等敏捷。总之，他们除让步外，别无选择。"

日本人此举终于激怒了美、英等国。美国国务卿赫尔闻知日军"和平"开进印度支那，怒不可遏，马上要求总统罗斯福对日本实行最严厉的制裁。7月26日晚，罗斯福下令冻结日本在美国的所有资产，并对其实施禁运。英国和荷兰等国也紧随其后，宣布冻结日本资产。

结果，日本与美国的贸易全部停止了。这对日本来说无疑是一个噩耗。日本是一个石油资源匮乏的国家，绝大部分石油都依赖英美。一旦美国人对日实施禁运，且不说南进或北上，甚至连侵华战争都会因资源的匮乏而无法支撑下去。

几天后，海军军令部总长永野修身求见天皇。他鼓动天皇说："日本的石油储备只够用两年，战事一起就只够一年半了。在这种形势下，我们还是先动手好。我们定能打胜。"

天皇沉默了半晌，但还是直截了当地问："你能取得胜利吗？能取得像对马海战（日俄战争中的海战，日本联合舰队完胜俄国太平洋舰队）那样的胜利吗？”

永野修身说：“抱歉，不可能。”

天皇说：“那么，这将是背水一战。”

永野修身没有回答。很明显，他背水一战的决心非常坚决。此时，联合舰队司令官山本五十六正就偷袭珍珠港的计划同海军军令部进行着反复磋商，为偷袭珍珠港而进行的各种技术准备也在有条不紊地进行着。

早在1940年底，山本五十六就向海军大臣及川古志郎提出了袭击珍珠港的计划。这个曾旅居美国的联合舰队司令官非常清楚日美两国的实力差距。一方面，日本联合舰队的实力暂时尚无法和美国海军相提并论；另一方面，美国强大的工业生产能力和丰富的战略资源可以在战争打响后迅速转化为战斗力。也就是说，一旦和美国开战，日本海军必然是凶多吉少。

然而，狂妄而短视的日本军国主义势力已经停不下侵略的步伐，他们迫切地希望掠夺东南亚的资源，以实现自己称霸亚洲进而瓜分世界的美梦。

实施南进计划的话，又势必会损害英美在东南亚的利益，最终可能会导致日美大战的爆发。换句话说，在日本军国主义势力看来，日美之战已经不可避免。既然如此，那就得想办法打一场胜仗，至少要拖住美国的太平洋舰队，为南进创造有利条件。

山本认为，为了解决日本侧翼受到美国海军攻击的后顾之忧，至少在战争初期的后顾之忧，日本海军必须利用航空兵的优势，在战争爆发之际就摧毁美国的太平洋舰队！当然，这是一场赌注巨大的赌博。如果失败了，日本海军和整个日本帝国都将陷入万劫不复之地。如果胜利了，美国海军将再也无法威胁到日本的侧翼安全了（至少在战争初期不会对日本构成威胁了）。

当然，是否对美开战，这个问题还需要内阁、海军军令部、海军大臣和陆军各部分协调一致后作出决定。然而，就在这个节骨眼上，首相近卫却打起了退堂鼓。1941年8月14日，近卫文麿急匆匆地召见了陆海军两军大臣。

近卫对这两位实权大臣说：“我要见罗斯福总统！”

毫无思想准备的东条英机马上回答说：“陆军大臣要听取陆军省的意见。”

海军大臣及川古志郎也接着说：“海相将在征求海军省的意见后答复

首相。”

近卫和东条英机都是战争狂魔，一心想要对外扩张。但他没有东条英机的野心大。近卫一心想先击败中国，而后再另谋扩张。而东条则一心要立刻南进，霸占的地盘越大越好。如今，南进计划已加盖御玺，成了国策，绝非儿戏，稍有不慎就可能招致毁灭的结局。更何况，近卫表面上看非常强大，但内心却十分脆弱，简直可以用胆小如鼠来形容。

每每想到战场上那血肉横飞的场面和日军在中国屠杀无辜百姓的惨状，近卫就不禁浑身哆嗦起来。如今，日军在侵华战场上愈陷愈深，又要推行“南进计划”，近卫那肮脏的灵魂也有些招架不住了。这注定会是一场噩梦！

再说，近卫对联合舰队能否战胜美国海军一点信心也没有。他曾问过山本五十六：“如果日美开战，海军的看法如何？”

山本犹豫了一下，回答说：“如果非打不可的话，在开始的半年或一年中，可以奋战一番，并有信心争取打胜。如果战争持续下去，以至拖上两三年，那我就毫无把握了。三国同盟条约已经缔结，只有破釜沉舟，背水一战了。尽管如此，我还是希望政府能设法回避同美国交战。”

四

迫不及待地希望向美国开战

综合各方面的情况，千思万虑之后，近卫决定亲自出马，前往华盛顿或其他地方，私下会晤美国总统罗斯福，以求解决印度支那问题。他对两位大臣说："如果罗斯福总统那时仍听不进去，我当然会有充分的思想准备中止谈判，立即返回。"

东条英机不满地盯着近卫，一句话也不说。及川古志郎冷冷地问："首相有什么准备？"

近卫明白，这是在问他的谈判条件。他略一沉思，回答说："日本和美国都要作出让步，但我觉得，如果能以宽广的胸怀举行高级会谈，还是能达成协议的。万一不顺利，我也不急于求成，会不卑不亢，请陆相和海相放心。"

离开首相府后，东条英机和及川古志郎分别向陆军和海军方面征求了意见。几个小时之后，及川报告首相说："海军省和全体海军将士完全同意，并预祝会谈成功。"

东条英机也勉强同意了近卫的提议，不过他也有一个条件，即一旦谈判破裂，首相必须答应领导日本同美国大战一场。不知道是出于愿望，还是别的什么原因，东条英机预言说："谈判八成会失败。"

8月6日，近卫向天皇奏明了自己的意图。天皇想起几天前海军军令部总长永野修身提到的石油储备日益减少的窘况，毫不犹豫地对近卫说："你最好立刻会见罗斯福，马上！"

第二天一大早，近卫就给美国国务卿赫尔打了一通电话，建议与罗斯福总统在美国檀香山会晤，以讨论调整日美之间分歧的措施。言语之间充满了自信，仿佛美国人会对他抛去的"橄榄枝"感激涕零似的。

实际上，美国人对日本首相并不怎么热心。随着局势的发展，美国人已经认清了德、意、日法西斯的侵略野心。罗斯福总统也用他富有魅力的政治手腕摆脱了国内的孤立主义的束缚，促使国会通过了赫赫有名的《租借法案》，支持英国、苏联及世界上所有反法西斯国家的斗争，同时对日本在经济上进行制裁。

国务卿赫尔就公开表示，近卫的伎俩不过是希特勒在慕尼黑会议上对张伯伦的“摸心术”（希特勒在慕尼黑会议上曾迫使时任英国首相的张伯伦同意德国吞并捷克斯洛伐克的苏台德区）。当日本驻美大使野村来试探赫尔的口风时，赫尔回答说：“现在很清楚，在贵国赞成和平的人已经失去控制，贵国的报界正在不断受到唆使，散布日本受到美国包围的论调。就在今天，我刚向新闻界说过，世界上没有一个守法和爱好和平的国家会受到别人的包围，除非自己包围自己。”

野村虽然极力辩解，但尴尬的表情却出卖了他的内心，使得他的辩解听上去愈发苍白无力。最后，赫尔答复说：“至于日本是否能找到制定相应政策的办法，然后再进一步制订满意的计划，这有待日本政府去决定。”

随后，赫尔向罗斯福总统汇报了此事。当时，罗斯福正在加拿大的阿金夏湾同英国首相丘吉尔举行会晤，商讨制止法西斯扩大侵略的措施。鉴于美国国内孤立主义势力非常强大，罗斯福是以出海钓鱼的名义离开华盛顿的，此次会晤也是在十分秘密的状态下进行的。

接到赫尔的汇报后，罗斯福感觉应该以最大的努力避免与日本开战，问题是应采取什么手段，硬的、不软不硬的，还是软的？丘吉尔干脆利落地说：“硬的，东京的提案不外乎是措辞圆滑的建议，借以取得日本目前所需要的一切东西，而对将来，却什么也没给。”

罗斯福略一沉思，缓缓道：“可以就这些不能接受的条件进行谈判，只要争取30天左右的时间，英国就能在新加坡地区巩固阵地。这30天将是宝贵的，把这事交给我吧，我想我能像哄孩子似的哄他们三个月。”

8月18日，罗斯福回到华盛顿后第一件事情就是召见野村。他兴致勃勃地说，如果日本停止其扩张行为，并决心开始奉行太平洋和平的计划，美国准备重新恢复7月间中断的非正式的预备性讨论，并将竭力选择交换意见的时间和地点。他甚至建议10月中旬左右在美国阿拉斯加的朱诺城会晤。

面对日本人的和谈烟幕，美国政府没有放松警惕，郑重通报日本政府：“美国政府现在感到有必要向日本政府表示，日本政府如果采取任何进一步的步骤，以武力推行其对邻国的军事统治或以武力相威胁的政策或计划，美国政府将被迫立即采取它所认为的任何和一切必要的步骤，以保障美国和美国侨民的合法权利与利益，并确保美国的安全与安宁。”

稍晚一些时候，近卫又收到野村从华盛顿发来的电报：“勿失良机，速作回复。”

无论是近卫，还是东条，都感到迷惑不解。美国人到底是什么意思呢？这忽冷忽热的态度到底代表着什么呢？东条英机隐隐感到事情似乎没有那么简单。经过一番琢磨，他认为这很可能是美国人的缓兵之计。

就在这时，曾为日美和谈而奔走于东京和华盛顿之间的岩畔豪雄大佐站了出来，在日本军界、政界和企业界的最高级人士之间作了几十次游说，极力主张日美和谈。他公开宣称，美国有着强大的工业生产能力，战争潜力远比日本雄厚，一旦爆发战争，日本必然会以灾难性的失败而告终。

在一次军政高级官员联络会议上，岩畔豪雄把美国和日本的军事潜力作了一个对比。他说：“美日两国，钢铁的比例是20：1，石油超过100：1，煤10：1，飞机5：1，海运2：1，劳动力5：1。总的比例高达10：1。”

说完，岩畔豪雄便不再多言。他觉得，在事实面前，再说什么日本必然会败给美国这样的话已属多余。

岩畔豪雄的言论进一步刺激了近卫敏感的神经，也促使一部分人开始重新思考南进计划的可行性了。但东条英机对此却大为恼火，他令岩畔豪雄把发言全部写成书面材料报给他。

第二天，岩畔豪雄兴冲冲来到东条的办公室。东条英机冷冷地瞅着他，淡淡地说：“你已经被派往去柬埔寨的部队了，不用再把我昨天要你写的报告交上来了。”

岩畔豪雄终于意识到，他的言论激怒了东条。8月28日，岩畔豪雄踏上了南下的火车。临行前，他对送行的亲友们说：“如果我能活着回来，恐怕东京车站只是一片废墟了。”

五

批准《帝国国策实施要领》

岩畔豪雄被流放到了柬埔寨，但东条英机也因此开始重新审视对美关系。岩畔豪雄说得不错，美国具有强大的工业生产能力，而日本则没有。

那么，应该怎么办呢？东条英机这个战争狂人想到的不是如何避免与美国直接爆发冲突，而是暂时稳住美国，尽快做好战争准备，对美开战。8月28日，东条英机向外务省表示，陆军原则上同意避免与美国开战，并建议在印度支那问题解决后，或东南亚已建立“正义的和平”后，日军可从印度支那撤回所有日军，并保证不向邻国用兵，如果苏联信守日苏中立条约，“不威胁日本和满洲国”，日本就不对苏联采取军事行动。

当天稍晚一些时候，近卫首相再次致电美国总统罗斯福，要求日美双

日苏中立条约的签订

方举行首脑会谈。应该说，这一次日本人表现出来的“诚意”比以往任何时候都要大，但令东条英机不解的是，直到9月3日上午11点在皇宫隔壁的宫内省召开联络会议时，美国方面都未对日本的请求作出回应。

就这样，近卫首相和东条英机等人陷入了进退两难的境地，个个忧心如焚。海军军司部总长永野修身打破了会场的沉默，他说：“我们在一天天弱下去，最终将无法支持。虽然，我觉得我们有把握在目前打一场胜仗，恐怕随着时间的推移，这个机会将会烟消云散。这样，我们的唯一出路只有加速前进！”

参谋总长杉山则说：“我们必须在10月10日之前争取达到我们的外交目的。否则，便毅然出兵。不能老拖个没完没了。”

结果，这次会议决定了这样一个基调：以和谈为烟幕，加紧进行战争准备，争取在初战中取得决定性胜利。从日美的实力对比来看，这也是日本击败美国的唯一可能。

9月5日，近卫首相进宫觐见天皇，将联席会议通过的《帝国国策施行要领》草案递了上去。天皇一口气看完这个草案，脸上渐渐露出了不安的神情。随着战争的深入，这个军国主义者头子也对日本帝国的未来产生了忧虑之情。

过了半晌，天皇幽幽地问：“计划中的事项前后顺序有点奇怪，为什么把战备放在第一位，而把外交谈判放在第二位呢？”

当天下午6点，近卫又带着永野修身和杉山元来到皇宫，向天皇解释《帝国国策施行要领》草案中的有关问题，会议持续了很长时间。

天皇的情绪不太好，他质问杉山：“万一日美两国间发生什么问题，陆军在多长时间内能解决？有把握吗？”

杉山元回答说：“在南洋方面，打算用3个月解决。”

天皇不耐烦地看了看杉山元一眼，厉声道：“杉山，支那事变爆发时，你是陆军大臣。别忘了，当时你就说过1个月左右解决问题。现在，4年都过去了，问题不是还没有解决吗？”

杉山元惶恐地解释说：“中国疆土辽阔，无法按预定的计划作战。”

天皇听了这话，更加愤怒了。他再次提高嗓门说：“你说中国疆土辽阔，那太平洋不是更辽阔吗？你有什么把握说3个月能解决问题？”

永野修身赶忙在一旁帮助杉山元解围说：“现在的日美关系非常微妙，犹如一个病入膏肓的病人。如果不动手术硬挺着，病人就可能要渐渐衰弱以致死亡；如果动手术，尽管要冒极大的危险，却不一定没有治愈的希望。我认为，目前的情况正处在是否毅然动手术的阶段。”

永野见天皇依然板着脸，在结束的时候又匆匆补上了一句：“当然外交谈判是首要的。”

第二天，天皇正式召开御前会议，审议《帝国国策施行要领》，进行最后的抉择。这份在东条英机领导下制定的文件说：帝国鉴于当前之紧张局势，特别是美、英、荷等国所采取之对日攻势与苏联情况，以及帝国国力之机动性等，决定对于适应局势变化之《帝国国策纲要》中有关对南方的对策按照下列各项原则加以执行：

一、帝国为了确保自存自卫，在不辞对美（英、荷）作战之决心下大体拟以10月下旬为期限，完成战争准备。

二、与此同时，帝国对美、英采取一切外交手段，努力贯彻帝国之要求。

三、通过前一项规定的外交谈判，至10月上旬左右倘若仍然没有希望实现我要求时，立即下决心对美（英、荷）开战。对南方以外之其他地区的政策，需根据既定国策加以执行，应特别努力，不使美苏结成对日联合阵线。

近卫、永野、杉山、东条、丰田和企划院总裁铃木贞一陆军中将等人依次就《帝国国策实施要领》表态。他们均对外交谈判不抱希望，认为日本必须做好战争准备，且越快越好。

最后，枢密院议长原嘉道男爵站了起来。作为枢密院议长和天皇的最高顾问，原嘉道在日本政界享有很高的声誉，所说的每一句话都具有强大的影响力。

原嘉道议长手举《帝国国策施行要领》草案，质问道：“这份草案是以战争为主，外交为辅。从草案的本意来看，尽管一再说要努力通过外交途径打开局面，可是在外交谈判失败的时候就必须打，不就是这个意思吗？”

杉山元听了这话，似乎有话要说，想要站起来。及川古志郎知道杉山在前一天已受到天皇的严厉斥责，想替同僚解围，便抢先站起来回答说：“拟定草案的意图与议长的意见是一致的。”

虽然杉山元和永野修身内心深处不能认同及川的解释，但他们均不愿忤逆天皇的意思，都保持了沉默。原嘉道以为陆军总参谋长和海军军令部总长的沉默表示同意，松了一口气，笑说："知道统帅部的意见也和海军大臣的意见一样就放心了。"

虽然遭到了天皇的质疑，但《帝国国策实施要领》最终还是获得了批准。一般情况下，御前会议到此就应该结束了。但这一次事关战与和的抉择，天皇终于打破常规，突然开口了。他从口袋里取出一张纸条，读道："四海本来皆兄弟，缘何世上起风波。"

在场的人都知道，这是昭和天皇的祖父明治天皇在日俄战争前夕写下的一首短诗。单纯从字面理解，这是一首反对战争、追求和平的诗。耐人寻味的是，日本人总是一边高喊着"和平"，一边却又举起了手中的屠刀。说到底，这不过是一首自我标榜的谎言而已。

读完诗，天皇对众人说："我很早以前就拜读过大帝的这首诗，我正奋力以继承先大帝爱好和平之精神。"

说完，天皇就离开了召开御前会议的千种厅，留下一帮权臣在那里猜测他的意思。

东条英机

第七章

当上首相，攫军政大权于一身

一

幸灾乐祸，静观美日时局发展

御前会议刚结束，近卫首相就在好友伊藤文吉伯爵（伊藤博文之子）家里会见了时任美国驻日大使格鲁及大使参赞杜曼。他急于向美国人表示，日本政府是爱好和平的政府，战争不会爆发。

为了说服格鲁和杜曼，近卫甚至越过权限，打算不通过天皇而直接和罗斯福接触。待到双方达成一致协议之后，再奏报天皇，由天皇下令陆军停止敌对行动。首相擅作主张，这是一个大胆的举动，在日本历史上还没有过。

在会谈临近结束的时候，近卫又补充说："不瞒你说，军方有一小撮人反对谈判，但由于得到海、陆两军参谋总长的全力支持，我有信心，定能制服一切反对派。我可能遭到暗杀，但如果和平能够实现，死也是值得的。对于个人的生死，我是不在乎的。"

东条英机

格鲁和杜曼被近卫大义凛然的言辞说服了。有那么一瞬间，他们甚至觉得这个身材矮小的首相十分可敬。

然而，光是说服美国大使还没有用，近卫必须设法说服主宰日本内外政策的东条英机。东条英机虽然同意和美国进行一次高级会谈，但热情并不高。在他心里，战争才是解决所有问题最直接、最有效的方法。在御前会议上，他始终一言不发，对天皇的责问也从不主动解释。可以说，东条英机他连天皇都没有放在眼里。

近卫知道，他本身没有能力说服东条，必须找一个帮手。他找的帮手是天皇的叔叔东久迩宫亲王。第二天清晨，东久迩宫在自己府邸召见东条，极为严肃地对他说："倾悉陛下对华盛顿谈判非常关注，并对近卫和罗斯福会晤寄予崇高希望。作为陆相，理应尊重圣意，对此次会晤以及日美关系问题应采取更为主动的态度才是。"

东条毕恭毕敬，但又强硬地回答说："臣对未向天皇陛下作充分的解释一事，深表遗憾。日后，臣自当注意，凡陆军禀奏之事，务使天皇陛下充分理解。陛下对日美谈判及近卫和罗斯福之会晤圣意，臣甚是明确。臣将尽陆相之所能，使会晤及时实现。但据臣个人认为，成功之机会不过百分之三十。尽管如此，只要还有极其微小之成功希望，臣认为仍要进行谈判。"

东久迩宫亲王听到这里，脸上的表情甚是疑惑。他不知道东条的这些外交辞令到底代表什么意思。而东条则越说越激动，竟发誓说："如外交结果对日本未来不利，臣将向天皇陛下进言，若天皇对吾忠告置若罔闻，臣将不得不辞职。此乃臣唯一能表明对陛下忠诚之举。"

东久迩宫这才明白东条的真实意图。他说："此时此刻，我们必须坚韧不拔，不能与美国开战。你是近卫内阁阁僚之一。在军中，必须服从命令。现在天皇以及首相都在设法实现谈判，你身为陆相，理应执行他们的政策路线，否则，就得辞职。"

东条唯唯诺诺地答应道："是，是，亲王陛下。"

然而，东条英机的心里却在说："你所说的辞职和我自己说的辞职完全是两回事，只有天皇听我的，我才不辞职；倘若天皇不听我的，辞职的只能是天皇，而不是我东条。"

御前会议结束后的第五天，即9月11日，200余名海军高级军官就齐聚海军大学，举行图上演习，研究占领菲律宾、马来亚和荷属东印度等南方地区的庞大计划。

联合舰队司令山本五十六带着联合舰队的军官们在海军大学东边，一间专门开辟的房间里设立了专供分析、研究袭击珍珠港作战方案的办公室。在这里，第一航空舰队将预演攻击珍珠港的计划。对一手炮制了偷袭珍珠港计划的山本来说，这是此次沙盘推演的重中之重。

但海军军令部显然希望将南进作战的推演作为重点。是故，在会议的前5天时间里，山本不得不耐着性子主持模拟演练南方作战计划。9月16

日，南方作战推演顺利结束了，结果对日本非常有利。

山本这才将30多名经过精心挑选出来的军官带到专设的秘密房间，进行“夏威夷特别作战图上演习”。演习中，“蓝军”代表着以第一航空舰队为基干的日军夏威夷作战机动部队；“红军”代表着以太平洋舰队为基干的夏威夷方面美军部队。“蓝军”的作战要领是：预定11月16日星期日为开战日，从北方航路接近珍珠港，在距珍珠港200海里的地方以突然袭击的作战方式进攻美国主力舰队。

“红军”每天对珍珠港进行3次（日出前、白天、日落后）400英里巡逻圈的空中巡逻。11月14日，“红军”在夏威夷南面发现了像是一艘潜艇的东西。15日，又看到了可能是从水下潜艇漏出来的油迹，因而他们把搜索圈扩大到600海里。当天傍晚，一架“红军”巡逻机发现了特遣舰队。不过，在它报告之前就被日军击落了。

16日清晨，联合舰队第一航空舰队（准备用于偷袭珍珠港的主力）在瓦胡岛以北200海里处派出了第一攻击波189架飞机。1个小时后，第二攻击梯队171架飞机起飞，轰鸣着飞到了珍珠港上空。轮番轰炸把整个珍珠港烧成了一片火海。

最后，裁判认定：“蓝军”击沉“红军”主力舰4艘，重创1艘；击沉“红军”航空母舰2艘，重创1艘；击沉3艘巡洋舰，重创3艘；击落击伤飞机180架。

当然，“蓝军”的损失也很大：战斗打响的第一天，“蓝军”方面就被击沉航空母舰2艘，受轻伤2艘，损失飞机127架。

第二天上午，参谋们再次来到秘密房间，对“蓝军”战术进行分析，听取各种报告，会议一直进行到下午，但并没有取得预期效果。与会之人既不表示反对，也不表示赞同。很明显，海军军令部也在等候近卫和东条之战的胜负，他们不决出胜负，一切针对美国的军事计划都毫无意义。

东条英机根本没有必要对近卫宣战，因为狂热的军国主义分子已经开始策划暗杀近卫首相了。9月18日，近卫在他的获洼别墅前遭到四名身份不明的歹徒的袭击，虽然有惊无险，但着实让他吓出了一身冷汗。不过，近卫对时局的关心远远超过了对自身安全的关心，因为留给他的时间已经不多了。

按照《帝国国策实施要领》的规定，谈判必须在10月上旬之前取得决定性的进展。然而，由于罗斯福对日本的态度和诚意颇为怀疑，认为他们言而无信，拒绝为会晤安排日期。这就使得局势变得愈发复杂起来。

一直静观时局发展的东条英机显得有些幸灾乐祸，他不止一次在心里嘀咕道："这下有好戏看了！"

二

向首相施压，热切希望开战

当美国方面拒绝为日美高级会晤安排日程之时，东条英机和军方（海军大臣及川古志郎的意见很大程度上被东条所左右着）也开始向近卫发起了进攻。9月25日，日本军政高层再次在皇宫东厅召开联络会议。会上，参谋总长杉山元和海军军令部总长永野修身向内阁发出了最后通牒，借口说："由于气候原因，战争必须在11月中旬以前开始。因此在10日15日以前要对或和或战的问题作出抉择。"

一筹莫展的近卫明白，这就意味着他必须在10月5日左右和罗斯福达成协议，否则摆在他面前的就只有发动战争这一条路了。近卫有些绝望了。他气呼呼地离开了皇宫，甚至连天皇赏赐的御膳都没有吃。

东条英机见近卫一筹莫展，心里有些得意，同时也有些担忧。得意是因为时局正朝着他期待的方向发展；担忧则是因为他对日军，尤其是联合舰队能否打败美国海军，信心不足。

几分钟后，东条英机等阁僚接到首相的通知，要他们马上去首相官邸，参加特别会议。一走进官邸，东条英机就受到了近卫的责难："关于变政治为战争的时间问题，陆海军两位总长提出了要求，他们的要求大概很强烈吧！"

东条英机反击道："要求当然强烈。不，这不是什么要求，只是再次重复9月6日御前会议的决定，这个决定就是根据'十月上旬左右'这一《帝国国策实施要领》的精神作出的。时至今日，它已无法再更改了。"

近卫看着态度强硬的东条，陷入了沉默。他知道，自己已经无法左右局势，心里已经做好了辞职的打算。第二天，他便向老朋友内大臣木户说："木户君，如果军部非要在10月15日前决定开战的话，那我是毫无信心的，还是辞职算了。"

木户沉思了片晌，回答说："御前会议已作出决定，首相要是什么事也不干就辞职，那是不负责任！如果首相提议更改决定而遭到反对，那时候提出辞职还说得过去，然而现在就逃之夭夭却是不行的啊！”

近卫微微闭了闭眼睛，脸上满是痛苦之状。木户见状，又补充说：“你一定要慎重！”

9月27日，近卫致电野村，要求他催促美国方面尽快做出明确答复。他在电报说：“我方已做好随时可以出发之准备，自然，内阁总理一行搭乘的‘新田丸’号轮船业已准备就绪，包括陆海军大将（陆军土肥原贤二，海军吉田善吾）在内之随行人员亦已内定。现帝国政府期望美国政府对首脑会谈之日期问题尽快作出答复。当前不论从国际或国内形势来看，时间是关系到一切方面之主要因素。我方所以要求美国方面作出迅速、诚挚的答复，其理由正在于此，如若能迅速得到美国之肯定答复，不胜荣幸之至。至于会谈日期，我方认为以10月10日至15日为宜。”

发完电报不久，近卫就以痔疮发作为由，请假离开东京，前往镰仓海边休养去了。近卫此举可以说明两个问题：其一，他害怕东条英机的诘难；其二，他把最后的希望都寄托在这封电报上了。

然而，美国人的回复彻底击碎了近卫的幻想。10月2日，美国国务卿赫尔召见了日本驻美大使野村，明确拒绝了日本方面举行日美两国首脑会谈的要求，并照会日本：日本必须坚持三项基本原则：确认赫尔四原则，撤走在中国和法属印度支那的驻军，表明日本对三国同盟的立场。除非在这些问题上达成一致，否则日美谈判必须后延。

东条英机于10月5日上午11点在办公室里召开了陆军各师团长的紧急会议。会上，东条和他的师团长们一致认为：已没有可能用外交谈判解决问题了，必须请求天皇召开御前会议，决定开战。

10月6日，东条英机的陆军省和参谋本部达成一致意见：第一，陆军认为日美会谈没有达成协议的希望，因此不得不开战；第二，在从中国撤军问题上不得后退半步；第三，让外务省继续以10月15日为期和华盛顿谈判。

近卫战战兢兢从海滨休假回来，心情更加沉重，更加心灰意冷，近卫左右的人对日本面临的局势也甚为担心。10月12日，近卫迎来了他的50大寿！他再次把陆军大臣东条英机、海军大臣及川、外长丰田和企划院总裁铃木召到他的别墅获洼官邸，就日美关系，特别是“和”与“战”的问题举行了最后会议。

会议进行得异常艰难，气氛也不甚友好。会议进行了4个小时，近卫和他的大臣们也整整吵了4个小时。外相丰田认为，如果在侵华问题上稍微退让一点，日、美之间的外交谈判还有妥协的余地。

东条马上站出来反对说："在日美谈判中，驻扎军队（指侵华军队）的问题绝对不能让步。如果打算向美国屈服，那是另一回事，但是，如果不是这样，那么谈判是没有希望的。"

海相及川则不愿海军独自承担发起太平洋战争的责任。他略一沉思，站出来说："现在我们正处于决心开战还是继续谈判的紧要关头。如果走谈判这条路，那就应该停止战争准备坚持走谈判这条道路。但是，我是说在谈判有希望的情况下。谈了两三个月，中途发生变化可不好办。总而言之，我们都在等待总理大臣的裁断。"

及川轻轻松松地把"球"踢给了近卫。在战争的压力下，这位发动全面侵华战争，又促使日本执行了南进政策，同时导致日美关系紧张的首相此时已经陷入深深的恐惧之中。

东条英机望着陷入困境的近卫，以"痛打落水狗"的精神喋喋不休地说："陆军无意改变那天御前会议的决议。如果在最高统帅部规定的期限以前有成功的希望，那就应该继续会谈。海相刚才说，是战是和，全由首相决定。本人决不同意。战争的决定应由政府与最高统帅部共同作出。在现阶段，我认为没有办法通过外交手段解决问题。"

近卫无奈地说："战争能否打胜，我没有把握，除了用外交谈判外，没有别的办法克服目前的困难。至于战争，我将让一位有取胜把握的人去打。"

近卫沉默了几秒钟，直勾勾地盯着东条说："如果你坚持战争，我不能对此负责。"

近卫这句饱含威胁味道的话激怒了东条，他用手指着近卫吼道："如果外交失败就开战，这不是已经定了吗？你不是出席了那次会议吗？我不明白，你为什么不能对战争承担责任！"

近卫争辩道："那次的决议只不过是'内定'而已，既然我对谈判信心较足，我为什么要负责？这就是我的意思。"

近卫的意思是，他认为9月6日的御前决定只不过是个内部秘密决定，如果天皇同意，可以重新考虑。

紧接着，近卫说出了他真正担忧的事情："我对中国战争负有重大责任。这场战争至今已打了四年，胜败未卜。我很难再下决心进行一场新的大战。目前，只有在没有进行谈判的前景时，开战的决议才算是具有约束力。现在还有成功的机会。”

东条寸步不让，继续争辩道：“哪怕只是为了维持军队的士气，也需要一场战争。”

东条的话让在场的大臣们想起了日俄战争前夕流传甚广的一句话：“只要战争打响了，枪声就会把国民团结起来。”

争论持续了整整一个下午，最后以双方妥协而告终。东条同意谈判延至10月15日。如果统帅部觉得有必要，还可再延长，但在中国驻军和同共产主义打仗这一点上，决不作任何让步。

气焰嚣张，咄咄逼人

从首相的获洼官邸返回东京的路上，东条英机默默地回想着会上的细节，突然觉得必须重新梳理一下自己的思路。海军大臣及川的发言表明，海军尚未做好对美开战的准备。如果海军不参与的话，单凭陆军的实力尚不足击败美军。东条就是再狂妄，也清楚日美之间的实力差距。

如果真是这样的话，贸然对美开战无疑是一个大的错误。回到陆军省后，他立刻召见了军务课长佐藤，对他说："海军好像仍在动摇。"

佐藤回答说："陆相，我愿为你与海相和两位参谋总长安排一次会面。在馆子（艺伎饭店）里开，作为一次私人会面不好吗？你可以问'海军对这次战争有没有信心？这样的战争，主角要由海军担任。如果你们海军真的没有信心，这仗就打不得。在这种情况下，我决不会说，仗打不成，是因为海军缺乏信心。相反，我负全责，就说是我这个陆军大臣不愿打。'"

东条的脸"腾"地一下子红了起来，唾沫横飞地说："你说，像海相和两位参谋总长那样的负责人物，有话在御前会议上不说，在馆子里就会说了吗？"

说到这里，东条摆了摆手，示意他不愿意安排私下会面。

而近卫首相在获洼别墅里同样彻夜难眠，他觉得在刚才的会议上自己作出的让步太多了。对美国方面而言，如果日本不同意从中国撤军，协议肯定无法达成。但撤不撤军，不是他这个首相能决定的，这主要看东条英机的意愿。因此，他决定再找东条英机好好谈一谈。

10月14日清晨，近卫打电话给东条，约好在10点整开内阁会议前作一次私下会谈。这次私下会谈的核心问题便是从中国撤军。近卫对东条英机说："除了你对中国驻军的立场外，其他我都同意。"

东条英机听了这话，马上阴沉着脸对首相喊道："如果我们让步，美国就会采取高压态度，而且会步步进逼。你的解决办法确实不能算解决办法。几年内战争必然再起。首相先生，我尊敬你。不过你的观点太悲观了，美国也有它的弱点！”

近卫缓缓道：“那不过是一种看法。1904年2月4日，明治天皇召见了伊藤公爵（即伊藤博文），问他，日本能否打败俄国。伊藤进言说，日军能在朝鲜边境上抵挡俄军一年，同时请美国出来调停。明治天皇这才批准向俄国宣战。”

近卫顿了顿，回到了现实中来：“在目前情况下，没有第三者出面调停。因此，必须谨慎行事，特别是美国在物资方面有巨大优势时，更应如此。”

东条英机不以为然地说：“谨慎，谨慎！有些时候，我们也要做点非凡的事情，像从清水庙（东京的一座寺院）的平台上往下跳一样，两眼一闭就行了。”

近卫依然不紧不慢地说：“作为个人来说是可以这样做，而身居要职的人可不能这样。作为肩负2600年的国体和一亿多国民的首相，不能那样轻率从事。即便被说成是因循守旧，自己也不能那样做。总之，安全第一，若不是百分之百有把握，就必须避免战争。”

东条提高了声音，几乎是吼叫着说：“印度支那的橡胶、锡、钨，煤和大米，就是丢在街上只等我们去拣拾的东西，为什么我们还要犹豫！帝国的资源早已殆尽，汽油只够维持18个月。在地球那一边，德国已拿到了整个西欧大陆，意大利也赶到了南欧和北非。现在正是我们动手的最好机会！”

近卫反击说：“进占东南亚，就等于是向美国宣战。而美国的飞机架数是我们的两倍，海军的吨位是我们的3倍，而钢铁的年产量是我们的10倍。我们应该以退为进，以柔克刚，应该继续和美国谈判，通过政治交易得到好处更划得来。”

近卫说完，意犹未尽，又阴笑着对东条英机说：“政治家带着脚盆就是看不见月亮。”

东条英机被近卫激怒了。他猛地站起来，用力向面前的桌子拍去，“嘭”一声，墨水瓶跳了起来，又重重地落到桌面上，侧翻了，墨水汩汩地流出，滴下桌面，溅了东条一皮鞋。

近卫一愣，眼神中闪过一丝恐惧。他完全没有料到东条会发脾气。

更让他没有想到的是，东条竟然开口骂道："八嘎（混蛋）！皇军无坚不摧，攻无不克，为什么不能向美国开战？就算你近卫掉进了肉锅里也只有喝汤的份！"

近卫尴尬地站在原地，一句话也说不出来。东条则不依不饶地说："所有这些都是我们之间个性不同而已，难道不是这样吗？"

说完，东条转身离开了近卫的会客厅。快走出大门的时候，他恶狠狠地抛下一句话："这个人太软弱，在这个时候不配当首相！"

东条英机和他代表的日本军国主义势力，把自己的利益凌架于国家和人民之上，认为战争的决策不过是冒险的睹博。他们为了获得战争资源，不惜孤注一掷地将整个国家作为赌注。可惜，此时的日本国内，已经没有政治力量能够压制住这群疯狂的赌徒。

上午10点整，内阁会议开始了。东条英机第一个站起来说："陆军将继续做好准备。我认为，这不一定会干扰谈判，我不愿意再考虑，多拖延一天！"

他一边弹着手中的小纸条，一边缓缓转身，对着坐在旁边的外务大臣丰田贞次郎说："外相先生，你认为与美国的谈判能否取得成功？"

丰田贞次郎解释说："争论的焦点在于撤军，美国对日本的答复不满意。如果在这个问题上，再次作出回答，我们必须采取明确的态度……美国越来越怀疑我们的态度，要是不拿出事实来，我们就不能满足他们。美国不能理解日本一边和谈一边备战的做法。"

东条吼道："关于撤军，我半点让步也不做！这意味着美国把日本打败了——这是大日本帝国历史上的污点！外交的方法，并不是老在让步；有时是进逼。我们如果让步，满洲和朝鲜就会丢失！"

说着，东条又向海军大臣及川发难道："身为大日本帝国的海军省大臣，不敢坦率地公开表态是否能打败美国，海军省没有打败美国人的信心，这根本不配做大日本帝国的海军，大日本帝国的海军不应该是这样。"

近卫和他的阁僚们默默地坐着，呆若木鸡。近卫完全不知道下面该怎么办了。到会议结束的时候，他含糊其词地说："现在要说究竟怎么干，只能靠外交来搞。对于战争我是没有自信的，只好请有自信的人来干。"

搞垮近卫，登上首相的宝座

东条英机意识到，近卫内阁已经无法支撑下去了。如今，整个日本已经被绑在了一辆无法停止的战车之上，如果近卫内阁垮台的话，下一任首相必将落在自己的肩上。

当晚10点30分，企划院总裁铃木在东条英机的指使下来到了首相官邸，对近卫说："陆相要我代为向您致意。他发觉总理的意见和他的完全相反，对总理大臣犹豫不定的态度甚感困惑。经调查才知是海军不想作战的缘故（海军军令部总长及川不愿让海军独自承担战争责任），果真如此的话，海军大臣应对陆军表明态度，以便陆军有机会可以重新考虑，然而海军却只说了一句'一切由总理来决定'，怎能让陆军心服呢？今天陆军省军务局长武藤章再度请海军表明其正式看法，可是海军的回答是：'未正式宣战只能按兵不动。海军的动向全凭总理的决定。'此种游移不定的态度，会使9月6日御前会议决议无效，列席人员将因未尽辅弼之责而引咎辞职。希望总理明察事态。"

近卫无可奈何地表示，他已经无法左右时局，对他来说，唯一的办法也许只有辞职了。当东条英机从铃木的口中得知近卫的想法后，便开始思考由谁来接任首相的问题了。虽然他十分清楚，在当前的情况下，这一重任十有八九会落到自己的肩上，但他还不想这么明目张胆地独揽军政大权。这个时候最好请出一名皇族成员来当傀儡。

深夜，铃木再次来到陆军省，试探着问东条英机："近卫公爵辞职后，陆相认为谁是首相的最佳人选？"

东条十分认真地说："我看，除了东久迩宫外，没别的人了，连近卫都解决不了这个问题，只有请皇室的成员出来了。"

铃木不安地问："亲王能顶得住吗？"

东条解释说："如果决定继续谈判，那么天皇的妻舅正是既能实现和谈又不致在陆军内引起反叛的少数几个人之一。只有他可以召见海军和海军的参谋总长，告诉他们，他反对现在开战。你知道，天皇却不能这样做，否则会违反习惯和宪法。而皇室的亲王就可以这样干，统帅部不得不服从他的意志。"

在铃木离开时，东条告诫他说："我不好再同近卫先生会面，否则，我很难控制自己，他太不像话了。"

铃木马不停蹄地赶到了荻洼别墅，把这一消息告诉了近卫。近卫略一沉思，缓缓道："我同意陆相的提名，东久迩宫这人好极了。我很了解他。他反战。明天进宫见驾时，我会向天皇奏明。"

第二天，铃木又按照东条和近卫的安排来到了宫内大臣木户的府邸，把东条等人推荐东久迩宫亲王继任首相的事情告诉了他。木户惊讶地说："这恐怕不合适，东久亲王是个天才，但他没有丰富的政治策略和作战经验，更为要紧的是，万一战争爆发，不能让皇室的成员承担战争的责任。"

下午，铃木又去试探东久迩宫的反应。他对亲王说："我本人相信你能控制局势，东条陆相觉得，只有你才能直接谒见天皇，摸清天皇的真正意图。到那时，不管是战争还是和平，你都能控制陆军。"

东久迩宫回答说："这是件严肃的事情，我需要一些时间仔细考虑。在下决心前，我想同陆相和海相谈谈。"

当晚，近卫秘密走访东久迩宫，希望亲王接受这一职务，他说："亲王，从目前形势看，除非陆军答应从中国撤出全部军队，否则，谈判不能取得成功，只有你领导下的新内阁才能解决这个问题，并使陆海两军团结一致。"

东久迩宫游移不定地说："太突然了，要当即决定很困难，我反对皇室成员当首相。不妨由你重新组阁，但要是仍不能和陆军取得一致意见，那时，我再出任首相，虽死不辞。"

东久迩宫反复鼓动近卫重新组阁，并把东条排除出内阁。近卫觉得这也是没有办法时的一种办法，决定一试。然而，他们太小看了东条的伎俩了。从铃木那里得知近卫和东久迩宫的打算后，东条决定马上采取行动，逼近卫下台。

10月16日下午，东条英机求见宫内大臣木户，要求他安排自己晋谒天皇。他还问木户："是按9月6日决议行事的时候了，由皇室成员重新组阁，你看怎么样？”

木户回答说：“让东久迩宫出任不合适，皇室成员只能在和平时期参政。”

东条英机面无表情地说：“我们必须按照9月6日的决议行事，这已经是天皇恩准的国策，谁也改变不了。”

木户很清楚东条的真实意图，不管东久迩宫上台后持何种意见，都会沦为掌握实权的陆军的傀儡。所以他极力反对东久迩宫接任首相。他看重的是东条英机，希望他接替近卫担任首相。

宫内大臣的责任之一就是帮助天皇挑选首相。木户之所以将目标锁定在东条的身上，主要原因是这种时局是东条一手造成的，应该由他负责。木户选择东条继任首相还有另外两个原因：其一，陆军控制着日本的军政大权，而只有东条才能控制陆军；其二，木户相信东条虽然性格激进，但是个直肠子，会按照天皇的旨意行事，不会乱来（他断定东条历来主张日美和谈）。

最后，连近卫都同意由东条出任首相了。他的理由和木户相近，并且认为东条近来狂躁的表现正是为了急于和美国进行谈判的表现。他对木户说：“我想他不至于一当上首相就推动战争。如果得到天皇的劝导，他将会更为谨慎。”

就这样，木户和近卫把避免战争的全部希望都押在了东条的身上。第二天，木户在皇宫主持了一次具有决定性意义的会议，商讨由谁出任首相。出席会议的全部是担任过首相的重臣，其中包括广田弘毅、林铣十郎、阿部信行、米内光政等。会上的争论虽然十分激烈，但众人很快就达成了一致意见，除了东条英机之外，再也无人能够控制陆军和那些狂热的法西斯军官了。

就这样，木户等人不但同意举荐东条为新任首相，还决定同时保留他陆军大臣的职务。枢密院议长原嘉道总结说：“木户大臣提出的人选并不十全十美，不过，除了他没有别的人，那就试试看。”

10月17日下午3点30分，东条英机正在官邸收拾东西，准备离开。这时，电话响了。东条抓起电话，那边响起了天皇侍从长的声音：“陆相，陛下召你觐见。”

东条英机放下电话，不禁流了一身冷汗，心想：“这肯定是作为倒阁的罪魁祸首受到天皇的苛责，不知道会被派往哪里去呢？”

岛田繁太郎（1883年9月24日—1976年6月7日）

他把一些可以支持自己意见的文件塞进公文包，就匆匆赶往皇宫去了。他已经做好了准备，如果天皇对其不敬，他就会把这些文件拿出来，说服天皇。令他没有想到的是，高高在上的天皇竟然对他说："我命令你组阁。要恪守宪法。我们觉得，国家正面临极其严重的局势。要牢记，在此时此刻，海、陆军尤应紧密合作。"

受宠若惊的东条英机马上表示："以吾皇为吾行动借鉴。"

1941年10月18日，57岁的东条英机晋升为陆军大将，以便与其新职务相称。出任新首相的东条，同时兼任陆军大臣、内务大臣等显赫职位。将各项大权集于一身，这是日本自明治维新以来绝无仅有的事情。

及川的海军大臣职务由岛田繁太郎大将接任。岛田之所以被选中，是因为他比前任更老实听话。东乡茂德则接替海军大将丰田任外相，对东条上台立过汗马功劳的铃木仍留任企划院总裁。

就职仪式结束后，东条英机立即召开了内阁与军界的联席会议，研究开战太平洋的计划。东条英机在会上宣布：侵占整个中国，并"建立大东亚共荣圈"是日本"帝国既定之国策"。喜不自胜的东条英机摇晃着油亮的光头，容光焕发地说："过去是时势造英雄，现在则开始了英雄造时势的时代。"

第二天，东条英机在记者招待会上发布了他的施政纲领："完成中国事变，确立大东亚共荣圈，以贡献于世界和平，为帝国既定的国策。而今政府面临空前严重的局势，务期对外愈益敦厚与盟邦之友谊，对内愈益完备国防国家体制，在皇威之下，举国一致，为完成圣业而迈进。"

从这一天开始，东条英机"确立大东亚共荣圈"的计划便随着日军的铁蹄传遍了中国、东南亚，乃至南太平洋诸岛。

东条英机

第八章

一步步迈向梦寐以求的战争

一

破坏拉姆扎，杀害左尔格

杀害左尔格是东条英机上台后干的第一件大事。里哈尔德·左尔格是日本当时最严密的间谍组织拉姆扎小组的领导人。他的公开身份是德国记者和德国驻东京大使奥特的“密友”。日本宪兵队在偶然间发现，这个左尔格实际上是苏联的谍报人员。

多年来，左尔格从前首相近卫的秘书尾崎秀实那里获得了许多有关日本军政界的机密，发往莫斯科。这对日苏外交的影响非常大。东条英机多次责令宪兵队将这个间谍网络端掉，但一直没有找到线索。

10月11日，即近卫辞职前夕，日本宪兵队逮捕了一位名叫宫城与德的画家。理由是宪兵队从一位日本女共产党员口供中得知，宫城是一名共产党员。宫城在警察局什么也没说，但却试图自杀，自杀未遂后又多次企图逃走。

宫城的异常行动受到日本反间谍局局长大阪的怀疑。他认为，单凭宫城是共产党一事还不足以让其自杀，其中肯定有其他问题。随后，宪兵队在警察的配合下对宫城的住处进行了全面搜查，果真发现了几封关于满洲铁路，关于日本煤炭、汽油和钢铁贮量的信件。

10月14日，即近卫辞职的同一天，日本宪兵队根据业已掌握的情报逮捕了近卫的顾问兼秘书尾崎秀实。随后，帝国元老西园寺的孙子犬养（时为公爵，在外务省任职）、路透社的英国记者吉姆·科克斯等也被逮捕。

结果，宪兵队顺藤摸瓜，遂将目标锁定在了左尔格的身上。不过，宪兵队还不敢立刻拘捕他，因为德国是日本的盟国，而左尔格是德国人，且又是德国驻日本大使馆的新闻专员。

法务大臣岩村遂向东条请示。东条问：“里哈尔德·左尔格为什么如此猖狂？”

岩村递上一份厚厚的卷宗，说：“总理阁下，这是有关左尔格的调查材料，请你审阅。”

东条打开卷宗，大致看了看。原来，左尔格虽然是德国人，但有一半俄国血统（他的母亲是俄国人），从28岁开始便定居苏联了。而且左尔格自幼受到共产主义思想的熏陶（他的祖父是马克思和恩格斯的好朋友），共产主义信念非常坚定，很快就成长为苏共中最出色的谍报人员。

他曾在中国工作过两年，后来被派往柏林，执行名为“拉姆扎行动”的谍报计划，即利用左尔格德国人的身份，打入纳粹内部，而后通过纳粹之手打进日本军政圈内部，收集情报。左尔格的工作做得非常出色，德国人很器重他，将其派到了老朋友日本人那里。日本侵华的绝密计划、诺门坎战役的军事部署、希特勒准备进攻苏联以及德、意、日三国军事同盟的谈判等机要情报都是由左尔格发往莫斯科的。

东条英机看完材料，怒不可遏，他觉得自己和所有的宪兵都受到了愚弄。曾当过关东军宪兵司令的东条英机对拉姆扎小组隐秘多年，深感震惊。向其他国家派遣间谍在国际社会并不罕见，日本政府和军方在世界各地都有自己的间谍网。但从来没有哪个间谍网能像拉姆扎小组这样隐秘。它隐藏多年，涉及广泛，又接近对方核心部门，连日本宪兵队和反间谍局都一直没能将其破获。

东条英机

东条英机默不作声地在批捕文件上签了字，递给法务大臣。这份由首相亲自签署的拘捕令等于向左尔格下达了死亡通知书。

有趣的是，直到左尔格被捕，德国驻日大使奥特上校都不相信左尔格是苏联的间谍。他先是要求日本方面放人，遭到拒绝后勃然大怒道：“他们想挑拨我们同日本政府的关系！那可以想别的办法，干吗东条英机来这么一手！简直是骇人听闻，想把左尔格打成苏联间谍！今天他们抓左尔格，明天就该抓到我头上了。这是有意侮辱德国。"

为了弄清真相，奥特大使决定和盖世太保头子毛森格一起去见日本反间谍局局长大阪。例行的寒暄过后，奥特质问道："贵国宪兵队为何无故逮捕左尔格博士？"

反间谍局局长大阪没有回答，而是递给他一叠有关左尔格的调查材料。奥特向毛森格使了一个眼色，毛格森上前一步，接过材料，看了起来。几分钟后，他把材料往桌子上一丢，怒不可遏地质问道："怎么？居然说左尔格是共产主义者，苏联共产党的干部，还是德国共产党首脑台尔曼的密友？这是从哪儿搞到的？"

大阪面无表情地回答说："在押犯左尔格的亲笔供词。"

毛格森两手一摊，放声大笑，愤然道："这可真叫绝了，左尔格竟然是德国共产党首脑的座上客，台尔曼的朋友！想想看，这是多么愚蠢，多么荒唐！好吧，我来查证。可是大佐先生，一旦收到德国秘密警察的答复，我可不会羡慕你们侦察员的本领！"

说完，奥特大使便和毛格森一起离开了反间谍局。毛格森一回到大使馆就迫不及待地给德国党卫军发了一封电报，要求查证左尔格的真实身份。

几天过后，毛森格接到了柏林的电报。他简直不敢相信自己的眼睛，党卫军已经确认，日本人掌握的资料完全属实：左尔格新闻专员一直在为苏联提供情报。

毛格森勃然大怒，大骂道："我们都上了他的当了，我们都上了他的当了！"

毛格森向日本宪队叫嚷着，说什么一定要把左尔格交给德国人处置。在东条英机的直接干涉下，宪兵队拒绝了毛格森的要求。东条认为，这一特大案件是对日本帝国和他本人的侮辱，左尔格必须死在日本人的手上。

不久，奥特大使要求会见左尔格。东条英机批准了这一请求。见面后，左尔格向奥特说明了自己的真实身份，最后说："大使先生，我们要永别了。请代我向尊夫人及孩子们问好。"

奥特这时才相信，左尔格是苏联的间谍。

这个特大国际间谍案查了两年，直到1943年才结案。最后送到东条案头的报告附着审讯记录：

左尔格："我取得情报的主要来源是德国驻东京的大使馆。这些情报是自愿向我们提供的。我们没有采取可以受到惩处的行动来取得这些情报。既没有进行威胁，也没有采用暴力……"

审讯员："据我们调查得到的证据，近10年来，你们向苏联中央发了大量的情报，仅最近3年中，就发出了65420组密码，也就是327100个数字！你承认这些数字吗？"

左尔格："我没有时间来做这样的统计。"

审讯员："我们掌握的材料已足够判你的死罪。"

左尔格："如果是为了判罪，那你们根本不需要知道那么多，只要几个事实就够了。我们向中央发出报告，几百万人就开始行动起来！"

审讯员："你们向苏联中央发出的情报包括：日本参谋本部决定按德国样式使军队现代化，日本军事工业的现状和关东军的部署情况；希特勒进攻苏联及德、意、日三国签订军事同盟的情况；最近密报有九个集团军在苏德边境集结的情况；日本的汽油储备量，内阁会议关于决定南进而不向苏联西伯利亚进军的重要情报……"

左尔格："我真没想到，我们居然干了这么多事情。"

1943年9月，在东条英机的直接过问下，左尔格和尾崎秀实被判处死刑，宫城等成员基本都被判处无期徒刑。

二

向梦寐以求的战争迈进一大步

10月23日，东条英机上任第5天便召开了新内阁和大本营之间的首次联席会议，商讨战争政策。在这次会议上，东条英机就像是一个出色的演员一样，完全把自己的真实意见隐藏在了虚伪的笑容之后。

为了取信于天皇和宫内大臣木户（天皇和木户天真地认为东条内阁乃是非战内阁），同时稳住军方，东条英机假惺惺地要求内阁和大本营重新考虑9月6日御前会议的决策。

海军军令部总长永野修身和陆军参谋总长杉山元似乎有意在配合东条演戏。永野修身在会议刚开始就气势汹汹地说："原定10月中旬左右要作出决定，可是现在还是这个样。海军每小时消耗400吨石油，每天要消耗9600吨，情况紧急，刻不容缓，我们必须立即作出决定。"

永野修身（1880年6月15日—1947年1月5日）

杉山元紧随其后，站起来说："根本就没有必要重新研究国策，现在就必须开战。陆军完全认同永野大将的提议。时间已经晚了一个月了，不能再花四五天去研究了。必须速决！"

东条英机故意做出一副慎重的样子，慢条斯理地说："我能理解最高统帅部为什么紧催，不过，政府还是要小心负责地把问题研究一下，因为海相、藏相和外相才上任，对政府和国策还不太熟悉。我们应该下决心或者接受9月6日的决议，或者用不同的观点来看待它。

最高统帅部是否反对？”

杉山元和永野修身同意了东条英机的意见。在接下来的7天里，东条英机领着众人召开了马拉松式的联席会议。东条英机明知道这样的会议毫无意义，但还是竭尽所能地把这出戏演得真实一些，以向天皇表示：看，我已经尽力了，日美开战并非我的责任。

在10月27日的会议上，杉山元建议说：“从统帅部的角度看来，时间万分紧迫，因而希望赶快研究。”

东条英机做出一副很为难的样子，推辞说：“我十分了解统帅部的急切心情，不过，政府是要充分加以研究之后负起责任来，所以请总长阁下予以谅解。”

外务大臣东乡茂德显然没有领会东条英机的真实意图，他建议从中国战场部分撤兵，以缓和同美国的关系。但他的建议还没有说完，就遭到了参谋总长杉山元的反对。杉山元说：“如果那样的话，日本不光会失去满洲和朝鲜，还会沦为三等国家。”

会开到这里，一切都已经明朗，东条英机和军方的意图也很明显了，即不顾一切地同美、英、荷开战。这时，有人提出了休会的建议。

东条以首相和陆军大臣的双重身份总结道：“不能再拖了，日本的资源和军事准备不容再拖而不决，要分秒必争，即使通宵达旦地开会，也必须作出决定，越快越好。”

东条提出了三个方案：一是极力避免战争，卧薪尝胆；二是立即下决心开战，并将政略和战略上的各种施策都集中到这一方针上来；三是在决心开战的前提下，一方面完成作战准备，另一方面继续采取外交措施，努力达成妥协。

为了争取天皇的同情，东条建议11月1日再召开联席会议，对上述三个方案作出选择。就这样，无休止的争论变成了相对简单的选择题。

11月1日的联席会议召开之前，东条英机单独会见了参谋总长杉山元。他说：“我赞成第三个方案，这个比较稳妥。”

杉山元立即反驳说：“统帅部的意见只能是第二个方案，只有开战才符合帝国国策。”

东条英机回答说：“我已经和阁僚们商讨过了，海相、藏相、企划院总裁都主张第三方案，外相意见不详。”

东条英机沉默了半晌，缓缓道：“请总长阁下理解，我有不得已的苦衷和难处。我们应该体念天皇的意旨。因为战争规模要比日俄战争大得多，所以天皇的担心完全可以理解。现在如果决心开战，我想天皇无论如何也不会批准。”

杉山元皱起了眉头，无奈地说：“如果现在要执行第三方案岂不是又重复9月6日御前会议的决定了吗？”

东条英机缓缓道：“在决心战争之下进行战争准备，在这一点上是有所不同的。我倒不是驳斥统帅部的主张，问题是请求陛下同意可不容易。”

杉山元依然坚持自己的观点，寸步不让地说：“我知道陛下不会轻易同意。不过，我认为第三方案是在万不得已情况下采用的一种方案。”

东条英机和杉山元的这次争论没有取得任何结果。不过，东条已经取得了多数阁僚的同意。也就是说，他已稳操胜券。

11月1日的联席会议依然开得很艰难，从上午9点一直开到第二天下午1点。军方的首脑们一再叫嚣立即开战。杉山元解释说：“作战开始的时期，已再三讲过，以12月初为宜。如果这样，剩下的时间就只有一个月了。鉴于过去的实际经验，我认为，在此期间通过外交谈判调整邦交几乎是不可能的。与其这样，不如现在就根据第二方案下决心开战，把整个外交谈判作为寻找开战的借口和掩护军事企图的工具倒较为合适。”

外务大臣东乡茂德不无忧虑地说：“在下这样的决心以前，我还是希望想方设法进行最后的谈判，这是一赌拥有2600年历史的日本国运的生死关头，我实在无法接受阻碍成功希望的限期或条件。”

参谋次长冢田攻说：“我们首先应该解决的两个重点问题是，立即下决心开战，并且在12月初发动战争，如果这两个问题不解决，统帅部就将无所适从。只有这两个问题解决以后，才能研究外交问题。”

经过激烈的争论，军方和外务大臣达成了一个妥协协议，即军方立即进行战争准备，东乡茂德进行外交努力，但外交谈判必须在11月30日结束。

东条英机见自己的目的已经达到，心里乐开了花，但为了表现他是热爱和平的，便建议道：“外交谈判延长到12月1日行不行？”

冢田攻决绝地说：“绝对不能超过11月30日！”

海军大臣岛田繁太郎问道：“冢田君，11月30日几点钟？我看到夜里12点，可以吧！”

“好吧，就到午夜为止，再不能越过。”冢田攻以无奈的语气说，似乎作出了很大的让步。

就这样，东京时间12月1日零时被确定为了或战或和的分水岭。不过，除了东乡茂德之外，已经没有人相信外交谈判能够取得成功了。1941年11月2日下午1点30分，东条战时内阁通过了《帝国国策实施要领》。该要领明确指出：一、帝国为摆脱目前的危险局面以实现自保并建立大东亚的新秩序，现在决心对美、英、荷开战，并采取以下措施：（1）发动武装进攻的时间定为12月初，陆海军要完成作战准备；（2）与美国的谈判根据附件规定的甲乙两个方案进行；设法加强与德意两国的合作。二、假如与美国的谈判在12月1日凌晨零时以前取得成功，即中止发动武装进攻。

当天下午5点，东条英机、参谋长杉山元和海军军令部总长永野修身觐见了天皇。东条声泪俱下地奏明天皇，他已经做了最大的努力，但联席会议已经作出决定。

天皇没有说话，默默地点了点头。东条英机带着两位军方首脑缓缓退出了皇宫。他的脸上露出了灿烂的笑容。对他来说，这是一次伟大的胜利，而这次胜利意味着他已经朝向他梦寐以求的战争迈出了一大步。

召开陆海空联合参谋官会议

11月4日，在东条英机的提议下，天皇特别恩准召开了陆海空联合军事参谋官会议。按照规定，军事参议院只为天皇提供军事资讯，并不参与政策的商讨和制定。因此，东条的提议起初遭到了两位总长的极力反对。

不过，东条设法说服了他们。他说："目前是非常时期，局势如此严重，有必要集中全体军事首脑一起研究。"

结果，伏见宫、朝香宫、东久迩宫等亲王，土肥原贤二、山田等各陆军大将，百武、加藤、吉田等海军大将，均以军事参议官的身份参加了会议。杉山、永野两位总长，陆军大臣东条，海军大臣岛田自然也在列。值得一提的是，天皇也参加了这次会议。这在日本历史上可是不多见的现象。

会议专门研究了《帝国国策实施要领中国防用兵方案》，并就对美、英、荷三国开战的问题向天皇做了解答。天皇象征性地咨询了一些问题，会议就算开完了。应该说，这样的会议对整个时局而言，并没有什么意义。不过，它却是东条推卸责任的手段之一。一旦战争爆发，他可以说：这不是我东条一个人决定的，也不是内阁单独决定的，你们都参加了会议。

土肥原贤二（1883年8月8日—1948年12月23日）

第二天上午10点30分，东条英机带着他的阁僚和两位总长，一共13人依次走进了御前会议专用的会议厅。所有的政策都已经确定下来了，这次会议只是一个过场。

当天皇出现在会场的时候，东条和他的阁僚们“唰”地站了起来，向天皇鞠躬行礼。天皇落座后，众人才“唰”地坐下去，动作整齐划一。

按照惯例，东条英机率先起身，向天皇鞠了一躬，然后开始陈述政府决策。他说：“9月6日的御前会议讨论了《帝国国策实施要领》。帝国为确保独立和生存，决心不惜对美（英、荷）一战，以10月下旬为期限完成战争准备。同时，对美英尽一切外交手段，努力实现帝国的各项要求。如果依靠外交谈判至10月上旬仍无实现我方要求的希望，则决心立即对美（英、荷）宣战。这一方针已承皇上批准。”

说到这里，东条稍稍顿了顿，想看看天皇的反应。天皇那苍白的脸上毫无血色，毫无表情，让人猜不透他的真实心思。东条继续道：“后来，在政略和战略两方面紧密配合之下，特为取得对美谈判的成功作了最大努力。此间，帝国一忍再忍，为使谈判达成妥协作出了努力，但仍未使美方有所醒悟。内阁竟在日美谈判中更迭了。”

东条英机忽然提高了声音：“政府和大本营陆海军部根据9月6日钦定的《帝国国策实施要领》，进一步作了广泛深入的研究，前后召开了8次联席会议，结果如下结论：取得一致赞同意见。目前坚决作战的决心，军事行动的时机定为12月初，据此一心一意做好战争准备。与此同时，要竭力通过外交途径解决问题。”

说完，东条坐了下去。外务大臣东乡茂德跟着站了起来，不无忧虑地说：“外交方面几乎没有回旋余地了，成功的希望极为渺茫。”

东条英机的得力助手企划院总裁铃木，则再次强调了日本目前所面临的资源短缺的危急情况。天皇对这些老生常谈已经厌烦了，明显不想再听下去。

东条英机见时机差不多了，就总结式地说：“简而言之，我们仍在和中国交战的同时，还将同美国、英国和荷兰打一场长期战争，任务是艰巨的。再加上万一发生天灾等不测事件，困难更加沉重。然而，在最初几个月取胜的希望还是光明的。因此，战争是解决问题的答案，这总比等待敌人向我们施加压力要好嘛！”

说到这里，东条的意见已经很明确了。海军军令部总长永野修身接过东条的话茬，直接道：“与会者应该严守作战计划秘密，日本的命运如何，全靠开战头几个月能否取得决定性胜利。”

参谋总长杉山元也强调说："开战日期不能再更改推迟了。就作战而论，如把开始敌对行动的时间推迟，那么随着时间的推移，日美之间的军备对比将对我们越来越下利。我对战争初期能取胜这点信心百倍。尽管如此，我们仍须面对要打一场长期战争的现实。不过，即使这样，我们也能建立自己坚不可摧的战略地区，并能把敌人挫败。"

这时，枢密院议长原嘉道似乎想到了什么，问道："谈判问题呢？"

东条回答说："美国政府在答复日本的提案时只有一些华丽的辞藻，没有作出一点儿让步，只向日本提出强硬要求。最严重的争论是中国的驻军问题。"

提到侵华战争，在场的人脸上无不现出一丝丝尴尬。狂妄的侵略者本计划在三个月内灭亡中国的，而今已经过去了四年，日军非但没能灭亡中国，还深陷其中，无法自拔。

东条说完，会场便陷入了沉默。天皇自始至终一句话也没有说，他知道，自己说什么都已经没用了。结果，在下午3点的时候，会议在东条英机的主持下通过了侵略战争方案。

散会的时候，东条英机脸上明显带着得意的神色。他高声对众人说，尤其是对天皇说："总之，我会小心行事。你们还有什么话说？如没有的话，那么，方案就这样按原来的决定通过。发动战争的时机定为12月初，陆海军做好作战准备，与美国谈判的最后期限定在12月1日午夜前零时。就这样。"

四

日本联合舰队起锚离港

就在日本政府和大本营由东条英机操纵，做出扩大侵略战争政策并得到天皇的批准之时，海军军令部总长永野修身已经向担任对美作战主力部队的联合舰队下达了“大海令第一号”命令。

联合舰队司令山本五十六在其旗舰“长门号”的指挥室中展开了电报，认真地看了起来。

兹奉敕命令山本联合舰队司令长官：

一、帝国为自存自卫计，预定于12月上旬对美、英、荷开战，并决定做好各项作战准备。

二、联合舰队司令长官应实施所需之作战准备。

三、有关具体事项由军令部总长下达指示。

另外一份是大本营海军部发来的第一号指示。该命令与军令部的命令大同小异，只是在具体的表述上则更加详细。电报的具体内容为：

一、联合舰队司令官务必以12月上旬对美国、英及荷兰开战为目标，及时指挥参战部队于战斗开始前进入待命地点。

二、联合舰队司令官务必高度警惕美、英、荷军队的突然袭击。

三、联合舰队司令官除可实施所需特殊侦察外，应秘密进行各项作战方面的准备。

四、联合舰队司令官务必派遣第四舰队按照其防御计划及时在南洋群岛方面布设水雷。

五、有关作为作战准则的作战方针和陆、海军中央协定见另件。

六、联合舰队司令官务必与有关方面陆军指挥官一起制定海陆军联合作战协定。

七、作战开始后根据地大致确定如下：横须贺，第四、第五及第六舰队；吴港，第一、第二舰队，第一航空舰队及联合舰队直属部队；佐世保，第三舰队、南遣舰队及第十一航空舰队。

山本五十六和他的同僚们早已就偷袭珍珠港事宜做了详尽的计划和充分的沙盘推演。偷袭珍珠港就是山本五十六和永野修身等人一再强调的“战争初期的决定性胜利”。山本五十六很快就向部队下达了早已起草好的“联合舰队绝密一号作战命令”。这份作战令长达数百页，包括上千个具体细节。

11月6日，山本为同陆军研究有关协同作战问题，偕同联合舰队参谋长宇垣缠等人飞往东京，在陆军大学和陆军签订了作战协定。

11月7日，山本发布联合舰队第二号作战密令，开始进行第一阶段开战准备。预定Y日为12月8日。

11月10日，山本又发布联合舰队第三号作战密令。X日为12月8日。偷袭珍珠港的舰队司令官由第一航空舰队司令长官南云忠一中将担任。

南云接到山本的任命后，立即命令第一航空舰队所属舰艇在11月20日之前完成所有的作战准备，集结在单冠湾，并保持无线电静默。

同时，日美间的秘密谈判仍在继续进行。为了迷惑美国人，东条英机和外务大臣东乡茂德又加派前驻德国大使来栖三郎作为日本政府特命全权代表前往华盛顿，协助驻美大使野村进行谈判。

谈判进行得很艰难，日本人提出的两个方案均被美国国务卿赫尔否决了。不过，为了防止日本人以此为借口退出谈判，赫尔答应野村将日本人提出的第二套方案送交总统罗斯福审阅。实际上，美国高层对日本的用心已经十分清楚——他们已经破获了日本政府发给驻美大使的电报。

当山本五十六有条不紊地调兵遣将之时，遥远的华盛顿已经嗅到了火药味。美国的情报机关截获了东乡茂德发给野村和来栖的电报。电报上说：“按所定方针尽力谈判，须在11月29日前完成签署和交换备忘录。东京希望谈判在25日结束，倘有收获，尚可等到29日，但以29日为期限，不能再延。如果不能达成签署和交换备忘录，情势必会自动进展（自动进展指战争爆发）。”

美国国务卿赫尔据此判断，日本将要对美国动手，并向罗斯福作了汇报。罗斯福对日本人的伎俩还不甚了然，因而显得有些焦虑。他对身边的人说：“我要是知道日本是否在打扑克就好了！我不能肯定日本是否在衣袖里藏着手枪。”

为了使美国避免卷入与日本的直接军事冲突之中，罗斯福建议同日本人和解，或者达成暂时解决办法，最少要让远东局势恢复到1941年7月之前的状况。如果能够达成这一目的，美国将取消石油禁运，至于中国问题，就由中国和日本通过外交手段来解决（赫尔等人对总统的这项建议不以为然）。作为对美国取消禁运的回报，日本必须承诺，不再向印度支那派遣部队，并同意即使在美国同德国和意大利交战的情况下也不执行三国轴心协定。

实际上，罗斯福并不相信日本会同意这项协议。11月24日，他曾在电报中对丘吉尔说："我不抱很大希望。我们都必须做好准备来应付不久就可能出现的真正麻烦。"

从这句话中可以看出，罗斯福已经开始着手准备应对即将来临的战争了。罗斯福这项解决与日本之间利益争端的协议并没有按照计划实施。一方面，中国政府对这项以牺牲中国利益为代价的妥协方案表示不满；另一方面，日本并没有从东南亚撤军的迹象，反倒肆意地扩大侵略的范围。

罗斯福对日本人的欺诈行为感到十分愤怒，他宣称："这改变了整个局势，因为这是证明日本人进行欺诈的证据，他们在为全面停战谈判时，不应该向印度支那派遣远征军。"

25日，罗斯福在白宫召开最高军事会议，国务卿赫尔、陆军部长史汀生、海军部长诺克斯、陆军参谋总长马歇尔以及海军作战部长斯塔克这些国务院、陆海军方面的显赫人物全部到会。赫尔首先在会上发言，他说："同日本签订协定是没有丝毫希望的。对准备继续举行的日美会谈我已经感到绝望了。日本随时随地都有可能以突然袭击的方式开始新的征服行动。保卫我们国家的安全问题，掌握在陆海军的手中。对不起，我想向军事首脑们提一下，日本也许要把突然袭击的原则作为其战略的着眼点，日本有可能同时对几个地方发动进攻。"

东条英机

随后罗斯福接着指出：

"因为日本人在不宣而战这点上本来就是臭名昭著的，东条英机所以美国有可能在下星期一，也就是12月1日前后遭到攻击。"

沉默了半晌之后，罗斯福又以他那富有魅力的声音说："诸位，如果战争爆发了，我们应当如何应对呢？"

遗憾的是，美国的陆海军将领们并没有意识到日本将直接拿美国开刀，反而以为日本会对东南亚发动攻击，可能会首先进攻马来亚或泰国。当天下午，海军作战部长斯塔克在给太平洋舰队司令金梅尔将军的信中还自信满满地宣称："我认为，日本向泰国、法属印度支那和滇缅三个方面采取行动的可能性最大。"

与此同时，似乎是为斯塔克的观点提供证据，史汀生收到了一份情报："日本陆军的大批部队从上海搭乘由四五十艘运兵船组成的一支船队正沿着中国海岸南下，驶往台湾南部……"

史汀生马上打电话把这一情报通知了总统和国务卿。这一情报加深了美国首脑们关于日军主要攻击方向是在东南亚的判断。他们谁也没有想到，就在这场会议结束4个小时后，即东京时间1941年11月26日清晨6点30分，南云麾下的攻击部队正从单冠湾拔锚起航，驶往珍珠港。这支庞大的舰队由空袭部队、警戒部队、支援部队、巡逻部队、破坏中途岛部队和补给部队6支部队组成，共有包括6艘航母在内的33艘舰艇。

在严格的无线电静默中，舰队悄无声息地驶入寒冷的北太平洋水域。一艘巡逻艇在港口亮起信号："祝一路顺风！"

深灰色的旗舰"赤城"回答："谢谢！"

山本五十六之所以选择千岛群岛的择捉岛（单冠湾所在地）为集结地点，是因为这里人口稀少，且距离美、英、荷等国在太平洋的基地较远，不易被巡逻机发现。只要日本对择捉岛实施戒严，就可防止机密外泄（日本对择捉岛的戒严从11月20日开始，直到12月8日才解除）。

不过，沿北太平洋航道驶向珍珠港也将面临着严峻的挑战，那就是冬季的大风和浓雾。连日来，一路均是浓雾，官兵的衣服全都带着极重的湿气，穿起来很不舒服。风速也达到了每秒20-24米（相当于8-9级大风），舰只颠簸得非常厉害。据说，士兵们要一只手按住桌子上的餐盘，防止其滑动，另一只手用汤匙把食物往嘴里送，才能勉强进餐。

五

东条内阁签署对美开战文件

11月26日，即南云的第一航空舰队驶出单冠湾的同一日，美国方面以《赫尔备忘录》的形式向野村等传达了正式拒绝接受日本谈判方案的意见。次日，野村将文件发往东京。

此时，东条英机正和他的阁僚们在皇宫举行联络会议。电报送到的时候，正值休会，众人正在进餐。东条英机放下碗筷，用低沉的声音把电文读了一遍。会场上立即死一般的沉寂。

突然，不知道谁说了一声："这是一份最后通牒！"

东条英机怔怔地站了半晌，结结巴巴地想说些什么，但什么也没有说出来。几秒钟后，他突然吼道："赫尔竟然要求从中国全境撤兵，真是岂有此理，满洲是用巨大的血汗代价得来的，失掉满洲就意味着经济上大难临头！"

说完，东条英机转向海军军令部总长永野修身，以近乎命令的口吻道："尽速实施'Z'作战计划（对美作战计划）。"

11月29日上午9点30分，在天皇的敦促下，东条英机召开了一次史无前例的会议——由已经退出政坛的前首相参加的质询会议。由于和军方的分歧越来越尖锐，天皇本希望让这些重臣参与制定政策的，但东条英机以宪法和重臣们不对政府负有责任为由，拒绝了天皇的要求，仅答应召开了一次象征性的质询会议。

即便如此，东条英机也觉得这种会议无异于审讯，乃是所谓的重臣们对他、海军大臣、外务大臣、贺屋藏大臣和企划院总裁五人的审讯。出席会议的重臣有若规礼次郎、平沼骐一郎、广田弘毅、近卫文麿、林铣十郎、阿部信行、冈田启介、米内光政8位前总理大臣和枢密院议长原嘉道。他们作为质询方坐在桌子的一端。五位主政大臣则坐另一边，严阵以待。

若规礼次郎首先发难："是不是说，再也没有进一步谈判的余地？等待我们的只有战争？"

东条英机不容置辩地回答说："外交谈判已毫无希望，从现在起，外交只能为战争服务，使作战有利。"

若规礼次郎继续问："是否放弃谈判后就要进行战争？"

东条英机回答道："直到今日，我们一直尽力求得外交解决，我们是极其谨慎的。但是，我们动员军事力量已问心无愧，已经尽了最大努力。"

若规礼次郎道："我认为，卧薪尝胆比现在就发动战争更为有利。"

东条英机不禁皱了皱眉，在他看来，若规礼次郎的意见乃是老生常谈，毫无新意。企划院总裁铃木见首相皱起了眉，代为发话道："如果采取卧薪尝胆的政策，结果还是战争，那该怎么办？那个时候恐怕连一线打赢的希望都没有了。"

若规男爵还想说什么，东条英机不耐烦地打断了他："请你相信我们的话。我们有能力占领这个圈（东南亚），并取得足够的石油……"

冈田启介（1868年2月13日—1952年10月17日）

冈田启介忍不住问："我不解所听到的这样一些说法，比方说，欧洲战局的情况如何？"

东条英机感觉冈田启介问出这样的话简直太愚蠢了。他回答说："我们与德、意紧密联系，同他们签订条约，这能满足帝国战略需要，使我们西进，与希特勒德军会师。我们必须击溃英国。印度是途中的一个目标。然后，我们将配合德苏战争，在近东采取联合行动。"

冈田启介被东条的战略构想吓了一跳，这简直就是不自量力。冈田启介并不是和平主义者，但他是一个比较现实的人，起码不会像东条英机那样做不自量力的春秋大梦。

紧接着，冈田启介又问了另一个问题："日本的海军是否有实力打败美国？"

这是一个很关键的问题，然而陆军出身的东条对此一无所知。他只是凭着直觉回答说："我们将逐个攻下各战略点，准备长期作战，但最后胜利必定是我们的。"

尽管重臣们大都反对对美开战，但东条仍一意孤行，决心把战争进行下去。在一旁作记录的木户感到，天皇的影响已不起作用，内阁会议也已经形同虚设，局面已经被东条和他的军方所控制，战争已不可避免，日本的兴衰全由神决定了。

从皇宫回到官邸，东条英机立即召开了大本营和内阁的联络会议。这是他组阁以来召开的第七十四次联络会议，也是日本对美开战之前具有决定性意义的一次会议。会上，东条英机以不容辩驳的口吻向众人通报了这样一个决定：立即向希特勒和墨索里尼通报，告诉这两位盟友，日美谈判即将破裂，日本政府已经决定对美开战。

散会后，外务大臣东乡茂德按照东条英机的指示草拟了致柏林和罗马的电报，并于当天深夜发了出去。电报中有这样一句话："日本与盎格鲁—撒克逊民族之间有通过某种武装冲突的方式突然爆发战争的极大危险，而且，这场战争的爆发时间可能比任何人想象的都要来得快。"

东京时间12月1日下午2点5分，东条英机促使天皇在皇宫东亭召开了开战前的最后一次御前会议。皇礼仪式结束后，东条高声宣布："日本不能屈服于美国提出的退出中国和废除三国同盟条约的要求，否则将危及日本自身的安全，使其陷入危险境地。为了保卫帝国，事态已发展到必须向美国、英国和荷兰开战的地步。"

天皇看着兴奋不已的东条，脸上闪过一丝不安，但马上就恢复了平静。敏锐的东条英机立即注意到了这一细节。为了安抚天皇，他假惺惺地宣称："中国事变已经四年多，而今又将毅然开始大规模战争，使陛下操心，臣等实在感到不安。"

紧接着，东乡茂德、永野修身等人相继表示，日本与美国之间的问题已经没有任何商量的余地，唯有以枪炮来定高低了。永野修身还以海军军令部总长的身份宣称："大日本帝国的皇军热切希望以一死报效天皇，尽忠报国。"

天皇坐在御座上，面无表情地点了点头。东条英机挺直了身子，双手僵硬地垂在身体的两边，声泪俱下地哀求道："日本帝国正处于光荣和败亡的十字路口，天皇陛下亲临会议，我们既惶恐又感激。事已至此，谈判已到了无可挽回的地步，如陛下决心开战，我们定将竭尽全力以报皇恩。政府与军方更紧密地团结，举国一体，确信必胜，不遗余力，实现国家目标，以慰圣虑。"

说完，东条向天皇深深鞠了一躬。东乡茂德、永野修身等人也默默地向天皇行礼。天皇面无表情，缓缓站了起来，转身离开了。东条等人明白，天皇不说话就代表他已经默认了既定事实，遂在开战文件上签了字。

东

第九章

偷袭珍珠港，对美开战

一 大战前夕的欺骗伎俩

12月1日深夜，御前会议的决定被送到了停泊在广岛湾柱岛的联合舰队旗舰“长门号”上。当夜，军令部次长发出机密电报指示：“将前送达之密件拆封。”

联合舰队参谋长宇垣缠代表司令官山本五十六（当时正赶往东京，准备接受天皇次日的召见）拆开了这个命名为“大海令第九号”的命令。命令大意为：帝国决定在12月上旬对美国、英国及荷兰开战。至于准确日期则仅谓“候最佳时机待命行动”。联合舰队司令部接到密电后，即对各舰队司令官发出“决定。待后令”的密电。

12月2日，永野和杉山两名总长一起上奏天皇，请求天皇向陆海军的第一线各军及舰队下达开战命令，并把开战日期定为12月8日（农历二十日）。他们之所以将开战日期选在这一天，主要有两个原因：其一，这天日出前的月夜有利于海军发动空袭；其二，这天是星期天（夏威夷时间比东京时间晚一天，为12月7日），是美国太平洋舰队的休息日，防御会相对松懈一些，且大部分舰艇都会停靠在珍珠港。

天皇毫不犹豫地批准了他们的计划。下午5点，军令部根据天皇的命令再次致电联合舰队司令部：“‘大海令第十二号’拆封。”

“大海令第十二号”只有短短的一行字：“X日是8日。”

山本五十六获悉，兴奋极了，马上向南云第一航空舰队发出密电：“攀登新高山1208”。

这段密电的意思是：“开战日期决定在12月8日零时，按计划偷袭珍珠港。”

当夜8点，“赤城号”的通信员接到这封电报。第一航空舰队参谋长草鹿龙之介看完后，又将其送呈南云。

12月3日，山本五十六进宫谒见天皇（天皇原计划2日接见山本，因故推迟）。天皇对山本说："朕兹下令出师，并委卿以统帅联合舰队之重任，惟联合舰队之责任极其重大，此战之成败，关系到国家兴废，民族存亡，望兵至必克。"

山本五十六回答天皇说："开战前夕，承蒙陛下敕命，不胜惶恐感激。谨奉圣上之命，我联合舰队全体将士，上下精诚团结，戮力同心，为贯彻圣上出师之旨，不畏粉身碎骨，肝脑涂地，以遂圣上之愿。"

12月4日，海军大臣在官邸秘密为山本举行了欢送会，前来参加欢送会的除天皇派来的侍从武官鲛岛具重中将、高松宫亲王和伏见宫元帅的特使细谷大佐之外，还有海军大臣、军令部总长和各省的有关人员。天皇还特意派人送来了葡萄酒。

欢送会结束后，山本便回到柱岛基地。他满心装着的只有一件事，即偷袭珍珠港是否能够成功。他把自己关在办公室里，静静地等待着，祈祷着……

山本担心的问题有三个，第一个是天气问题。根据天气部门的预报，机动舰队所在的北太平洋海域在12月份24天有暴风雨，只有7天是好天气。也就是说，机动舰队遇到恶劣天气的可能性非常大。届时，舰队的燃料补给将十分困难。幸运的是，舰队出发时，正好遇上了来自西伯利亚的高气压，直到12月3日，舰队没有遇到任何风浪。

12月6日，第二补给队顺利完成了为机动舰队加油的任务。山本高兴地说："上天赐我高气压，天助我也。"

山本担心的第二件事是在途中遇到别国的舰只，从而泄露舰队的行踪。为此山本在舰队出发前下达死命令：机动舰队一旦被别的船只发现，不准主动向对方实施攻击。

由于南云严格执行了无线电静默原则，机动舰队的行动一直很隐秘。但在12月6日，他们还是遇到了一艘商船。一个参谋建议将它击沉，但南云决定遵从山本的命令，没有轻举妄动。他下令各舰主炮瞄准商船，如果商船有用无线电报告的迹象就将它击沉。奇怪的是，这艘商船或许把南云舰队当成了演习的日本舰队，根本未予理睬，径自从南云舰队旁边驶过，并很快在舰队的视野中消失了。

现在只差第三个问题了，即12月8日美国太平洋舰队的主力舰是否集中停泊在珍珠港。这个问题到12月7日，由潜伏在夏威夷的日本间谍吉川解决了。这一天，他向国内发回了他间谍生涯中最后一份情报："5日进港的2艘航空母舰、10艘重型巡洋舰，已于6日午后全部出港。6日傍晚停泊在珍珠港的舰艇如下：战列舰9艘、轻巡洋舰3艘（另有4艘已入坞）、驱逐舰17艘（另有2艘已入坞）、潜艇领舰3艘，其他船只许多。舰队航空队没有进行航空侦察的征兆。”

如此一来，山本担忧的所有问题都已经不成问题了。更让他高兴的是，他从吉川的情报中得知：美国太平洋舰队根本不知道他们将在一天后遭遇毁灭性的打击。太平洋舰队司令赫斯本德·金梅尔上将认为，夏威夷眼下不会受到威胁，因而没有命令部队全部处于戒备状态，没有安装防鱼雷网，也没有开始进行空中搜索。除了把飞机集中在机场防破坏之外，金梅尔没有采取任何行动。实际上，如果他当时派出飞机搜索的话，很容易发现日军已经逼近夏威夷水域。

造成这一疏忽的很大一部分原因来源于美国对日本的轻视。他们认为，日本的军舰和飞机是模仿美国装备制造的，质量低劣；近视的日本飞行员不能击中目标。因此，他们绝不敢在谈判破裂之后进犯美国本土。就算是美日两国发生直接的军事冲突，战场也一定会在亚洲。一家小报甚至刊登了一篇文章，绘声绘色地描写了美国人如何在60天的时间战胜日本的假想。

罗斯福并不这样认为，他知道一旦爆发战争，日本将是一个十分可怕的对手。在国务卿赫尔与日本特使进行着毫无成果的会谈之时，罗斯福也要求国会领导人不要连续休会三天以上，以便应对随时可能发生的战事。

情报机构提供的关于日本军舰动向的报告不断送到罗斯福的手上。通过已经破译的密码可以得知，东京外务省已经通知它的驻外务使馆烧毁了外交密码。这表明日本即将与美国断交，但没有任何迹象表明日军即将袭击珍珠港。

实际上，美国军方在此时已经知道了日本军舰已经驶离港口，不知去向。但大部分人都判断，它在向南朝着新加坡的方向驶去。在内阁会议上，甚至有人乐观地宣称：“日本舰队出海也许是进行演习。”

联合舰队的行动很顺利，这让东条英机欣慰不已。为了实现战役的突然性，东条决定在开战前最后一刻向美国递交照会。起初，向美国递交照会的时间被定在华盛顿时间12月7日中午12点30分。后来，东乡茂德提议将时间向后推迟半个小时，以便更好地掩护军事行动。东条英机批准了这一建议。

与此同时，为了掩盖大量海军士兵突然消失的事实，东条还命令东京各军校组织3 000名学生打扮成海军的模样，在大街上招摇过市，欺骗美国派驻东京的间谍。

二

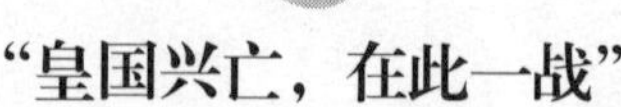

“皇国兴亡，在此一战”

时间一分一秒地过去了，东条和他那些罪恶的战友终于迎来了12月7日。当天早晨，南云和他的第一航空舰队驶入美国飞机的侦察范围之内。为应对随时可能出现的意外，舰上的所有官兵都进入了临战状态。联合舰队司令官山本五十六发出电令：“皇国兴废，在此一战，全军将士务须不惜粉身碎骨，完成己任。”

随后，第一航空舰队的桅杆上升起了“DG”信号旗。这面旗就是36年前对马海战时，由东乡联合舰队司令长官在“三笠号”上升起的“Z”字旗，其含义是：“皇国兴亡，在此一战，各员励精努力。”

当天深夜，东条英机站在办公室里，目光紧紧盯着地图上的一个小岛——夏威夷群岛瓦胡岛。美国太平洋舰队的军事基地就设在小岛的珍珠港。由于第一航空舰队保持着无线电静默，东条对前线的情况一无所知。他在静静地等待着开战的消息。

此时，夏威夷尚是12月7日的凌晨（夏威夷时间比东京时间晚19个小时，具体到珍珠港，时差为19小时20分钟）。三三两两的水兵刚从各种娱乐场所走出来，准备返回基地休息。许多军官的脸上甚至还带着约会时的口红残迹，醉眼惺忪，在街道上漫无目的地游逛着。

东京时间7日晚上11点30分（珍珠港时间7日凌晨4点10分），攻击舰队的所有各舰均响起了“全体起床”的号声。全体官兵迅速起床，不管是要出发的，还是要留在舰上的，都不约而同地换上新内衣，参拜了在舰上设立的神社。

内务整理妥当之后，各舰都为飞行员准备了丰盛的早餐，有过节吃的红小豆饭和整条鱼，还有象征着胜利的栗子。鱼雷军官出身的南云对飞行员出身的参谋长草鹿说：“我们已经把飞机安全带到了这里，下面就要看你们飞行员的了！”

8日零点40分（夏威夷时间7日早晨5点20分），渊田美津雄率领的第一批攻击队员开始整队准备出发。第一批攻击队包括水平轰炸机队4队、鱼雷轰炸机队4队、俯冲轰炸机队2队、战斗机2队，计189架飞机。攻击目标是停泊在珍珠港的太平洋舰队战舰、空中和地面的飞机、各岛屿的飞机基地设施。

渊田美津雄（1902年12月3日—1976年5月30日）

20分钟后（夏威夷时间早晨5点40分），两架零式水上飞机分别从巡洋舰“利根号”和“筑摩号”起飞，径直飞向瓦胡岛和拉海纳上空，做最后的侦察核实。

按照正常情况，夏威夷的日出时间应当是6点20分。也就是说，再过40分钟，夏威夷的太阳就要升起来了。不过，由于季风的关系，坦特拉斯山和奥林巴士山的山峰有浓雾，太阳出来后不会马上照射到夏威夷的甘蔗地和珍珠港两侧的绿草地。

不过，抬头仔细看还是能看到在天空中进行侦察的飞机的。遗憾的是，星期天的夏威夷到处都懒洋洋的，谁也没有注意到头顶上那两架印着太阳旗的日本侦察机。

此时，美军总参谋长马歇尔将军刚刚结束他在阿林顿公园的早晨散步，来到办公室。他对昨天晚上以来形势的发展还一无所知。实际上，陆军情报局远东科科长在一个多小时前就给他打了电话，想向他汇报，情报部门已经破译了日本给美国政府的“最后通牒”的最后一部分，也是最重要的一部分——第十四部分。

该电文说：“鉴于美国政府所采取的态度，帝国政府不能不认为，即使今后继续进行谈判，亦无法达成协议。特此通知美国政府，并深表遗憾。”

与此同时，情报机关还破译了东京命令野村将第十四部分于华盛顿时间“下午1时整（珍珠港时间早上7点30分）递交美国政府”的电文。美国人大吃一惊。这个时间意味着：当野村在华盛顿时间下午1点将最后通牒的第十四部分递交美国政府的时候，国务卿赫尔可能来不及拆开，夏威夷上空的炸弹就落下来了。

不幸的是，马歇尔因为星期天早晨散步的习惯错过了拯救珍珠港的大好机会。更加不幸的是，美海军作战部长斯塔克已经在前一天晚上就知道了日本最后通牒的前13部分内容，但他也有星期天早晨散步的习惯。结果，他来到海军部的办公室时已经是上午10点了。

华盛顿时间11点25分左右（东京时间凌晨0点55分，珍珠港早晨5点35分），马歇尔看到了陆军情报部门破译的电文。他大吃一惊，立即斩钉截铁地说：“各位，我确信：日本军队将在今天下午1点，或1点过后不久便开始发动攻击。我决定向全军司令发出紧急戒备的指令。”

5分钟后，马歇尔拟好了电文，内容为：“日本将于东部标准时间下午1点递交最后通牒。之后，他们将按照命令立即销毁密码机。我们不清楚该时间的含义所在，但必须酌情提高警惕。转告海军方面。马歇尔。”

悲剧的事情再次发生了。这份十万火急的电文没有使用马歇尔桌上的电话、隔壁房间的秘密电话或海军短波无线电发出。马歇尔的助手布莱顿将电文交给了陆军部信号中心，但当天的电磁干扰非常严重，无法和夏威夷方面建立联系。结果，发报处擅自决定通过商业通讯系统，由西部联合电信公司转发。

然而，西部联合电信公司要首先发往旧金山，再转给美国无线电公司，最后转给火奴鲁鲁，中间要转手三次。如此要紧的电文居然被人为地耽误了，从而葬送了太平洋舰队！当这封电报抵达火奴鲁鲁的时候，已经是珍珠港遭袭7个小时之后的事情了。

马歇尔的电文送达陆军部信号中心时，瓦胡岛以北230海里的海面上，6艘日本航母和护卫舰正在海浪中颠簸着。两架零式水上飞机刚刚起飞，各母舰上的飞行员头系写有“必胜”字样的白色的带子，正摇摇晃晃地爬进了座舱。

指挥官渊田坐进他那架标有红、黄识别色带的轰炸机，一位留在舰上做地勤工作的中尉，送给他一条特制的白色带子说：“这是地勤人员的一点心意，表示他们也很想跟你们飞往珍珠港。请务必收下。”

渊田鞠躬致谢，把这条带子紧紧地系在飞行帽上。

“出发！”指挥所发出的绿色信号灯，在黑暗中画了个大圆弧，各航空母舰上的一号飞机脱掉楔形轮档，向在甲板上跪拜的机械师抛出夹带汽油味的强劲气流，迅速离舰腾空。

由于装载的炸弹过重，飞机离开甲板的一瞬间不会直接升空，而会有一个下沉的过程，似乎要坠入海中似的。在这一瞬间，飞行员必须全力操作，稍有不慎就会一头扎进海里。第一批攻击队共有189架飞机，结果有4架因故障未能起飞，还有两架在离开甲板的瞬间跌入了大海。

起飞的183架飞机大弧度地绕航空母舰飞行一周，完成编队，然后掠过旗舰“赤城号”向瓦胡岛飞去。甲板上的海军官兵一边流着泪，一边挥舞着手中的帽子，目送一架架飞机离开母舰。

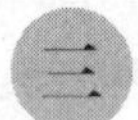

虎！虎！虎！

东条英机盯了几个小时的地图，目光终于移开了。他低头看了看手表，刚好是2点15分（珍珠港6点55分）。他小声嘀咕道："时间差不多了，夏威夷的太阳快升起来了吧！"

东条的判断没有错，日军的第二波次攻击队已经开始起飞。第二波次攻击队包括36架零式战斗机、54架高空轰炸机、81架俯冲轰炸机。就这样，渊田美津雄中佐指挥着由354架飞机组成的强大攻击力量，迎着正冉冉升起的太阳，飞向了瓦胡岛。

美军在瓦胡岛北端奥帕纳山上设有雷达站。按照规定，雷达站在白天应该关机，但两名新兵还想继续练习。约7点2分的时候，他们在雷达屏上发现了一堆堆闪闪发光的斑点。几经校核，他俩确认是一支庞大的机群正朝瓦胡岛的方向飞来。

他们将这一发现报告了泰勒中尉："有一大批飞机正从北面3度角方向飞来。"

很明显，泰勒中尉不相信两名新兵的技术和判断，只说了句："好了，别管它了吧。"

两名新兵眼睁睁地看着飞机逐渐临近：7点30分，47英里；7点39分，22英里。突然疾驶而来的机群一分为二，从雷达屏上消失了。

东京时间3点9分（珍珠港时间7点49分，华盛顿时间下午1点19分），渊田美津雄和他的飞行队已经飞临瓦胡岛北端的卡胡库角上空了。渊田飞在最前面，按照预定计划向右转向，沿岛的西海岸向南飞行。他身后的飞行编队也跟着转向，飞到了珍珠港上空。

"嗖"，一颗信号弹升空了。飞行队长渊田向等在后面的电信员水木德信兵曹喊道："水木兵曹，现在发攻击令！"

水木立即敲打电键，连续发出"脱，脱，脱"的攻击信号。这是日语

"突击"一词的第一个假名。攻击开始了。几秒钟后，一阵喧嚣打破了港湾的宁静！珍珠港里有六七艘战舰同时中弹爆炸。美国人这才注意到头顶上的飞机全部印着太阳旗，有的人立即高呼起来："是该死的日本人！"

警报响了起来，太平洋舰队司令部的值班参谋在刺耳的警报声和轰隆隆的爆炸声中给金梅尔上将打了一个电话。与此同时，他命令通讯兵马上向海军作战部部长斯塔克、美亚洲舰队司令哈特、美大西洋舰队司令金等拍发了一份特急电报："珍珠港遭受空袭，这不是演习。"

紧接着，巴特里克·比林卡少将从福特岛的司令部广播："敌机空袭珍珠港，不是演习。"

渊田得意地笑了，下令用甲种电波向联合舰队和东京同时发报："虎！虎！虎！"

东条英机收到信号，精神一下子松懈了。随后，情报部门接收到了美国方面发出的大量明码电报："SOS……attacked…by…Jap…bombers……（SOS……这里遭到日本轰炸机的攻击……）""Oahu…attacked…by…Jap.dive…bombers…from…carrier……（瓦胡岛遭到日本从航空母舰上起飞的俯冲轰炸机的攻击……）""Jap…——this…（is）the…real…thing（日本进攻这是真的）"

华盛顿时间下午1点47分（夏威夷时间8点17分），罗斯福正和私人顾问霍普金斯在白宫商讨未来的政策走向。电话员说海军部长诺克斯坚持要求和罗斯福通话。罗斯福示意电话员将电话转了进来。诺克斯焦急地说："总统先生，看样子日本人好像袭击了珍珠港！"

罗斯福显得很平静，他把这个消息告诉了身边的霍普金斯。霍普金斯大惊失色道："啊！不会！"

罗斯福说："这恰恰是日本人会采取的出乎意料的行动。就在他们谈论太平洋和平的时候，他们却密谋破坏和平。"

沉默了一阵之后，罗斯福又回顾了自己为使美国不介入战争所作的种种努力，然后又怀着沉重的心情说："如果这则消息属实的话，我将无法控制整个局势。"

到东京时间4点54分左右（珍珠港时间9点36分），除了零零星星的爆炸声外，日军对珍珠港的空袭行动已经结束。此役，日本仅仅用1小时45分钟的时间，便取得了重大的战果：共击毁美机188架，击伤159架，击沉或重创战舰18艘，美国太平洋舰队的主力基本被消灭了。此外，希卡姆、惠勒、福特岛、卡内欧黑和埃瓦等机场也遭到了毁灭性的打击。美军死亡2 403人，受伤1 178人。相对而言，日本人的损失要小得多，只损失了29架飞机、55名飞行员、1艘大型潜艇和5艘微型潜艇及其艇上人员。

东京时间12月8日上午6点，日本陆军报道部长大平和海军报道部的田代中佐在陆军记者招待俱乐部向早已等候在这里的记者们发布了大本营陆、海军部公报：帝国陆海军部队于本月8日黎明在西太平洋同美英军队进入作战状态。

整个新闻发布会只用了3分钟的时间。记者室立即喧腾了起来，所有的电话全被记者们占用了。随后，整个日本都知道了日本已经对美开战的消息。

11时45分，广播电台发布了天皇的“宣战大诏”：“朕兹对美国及英国宣战。帝国今为自存自卫，已蹶然奋起，必当摧毁一切障碍！”

接着，东条英机以“拜受大诏”为题，发表对全国的讲话：“胜利永存于皇威之下。”

1941年12月7日，美国太平洋舰队旗舰“宾夕法尼亚号”在珍珠港遭突袭时只受了轻伤

随后，东京广播电台播出了贝多芬的交响曲《命运》，并在播放过程中一再叫嚣：“帝国海军终于振奋起来了”，“帝国海军终于振奋起来了”。

而大洋彼岸的美国则笼罩着一种悲愤的氛围。华盛顿时间7日下午2点5分（东京时间8日凌晨3点55分，珍珠港时间7日上午8点35分），罗斯福打电话给国务卿赫尔，转达了日军偷袭珍珠港的消息。

赫尔告诉他，日本驻美大使野村吉三郎刚到国务院。情报机构截获的日本方面的情报显示，东京明确地告诉这两名日本大使，要他们在下午1点转达日本拒绝接受美国和平建议的照会。

这个照会显然是打算在袭击珍珠港前几分钟中断两国关系。但是，日本大使馆一片混乱，照会没有及时翻译出来。这就使得照会送到美国国务院的时间落在了袭击珍珠港之后。

罗斯福指示赫尔接见日本人，但是不要提袭击珍珠港的事，他应该对他们以礼相待，然后冷淡地把他们打发出去。

根据罗斯福的指示，赫尔拒绝同日本特使握手，也没有请他们坐下。他对日本特使送来的照会上的内容已经一清二楚了，但还是装模作样地浏览了一遍。还没有看完，他就把照会恶狠狠地摔在了桌子上，冷冰冰地说："我担任公职50年来从来没有看见过这样一份充满无耻谎言和歪曲事实的文件！无耻的谎言和歪曲的事实竟然如此之多，在今天以前，我从来没有想象过地球上会有任何政府能说出这种话来。"

日本特使想说些什么，但是赫尔没有给他机会，而是愤怒地挥手，示意他们出去。两名日本特使回到马萨诸塞大街的日本大使馆后才知道日本袭击珍珠港的消息。这时，海军部长诺克斯也已经将这一消息证实了，并立即向罗斯福作了汇报。

罗斯福把战时内阁召集在一起，研究对策。罗斯福设法同夏威夷驻军司令打通了电话，他在电话里一遍又一遍地说："该死的，竟有这样的事！"

丘吉尔从伦敦打来电话，想证实一下他在收音机里听到的消息。他问罗斯福："总统先生，关于日本，这是怎么回事？"

罗斯福回答说："十分确实，他们已经在珍珠港发动了袭击！现在我们大家是风雨同舟了。"

随后，罗斯福同陆军参谋长乔治·马歇尔将军讨论了部署部队的问题，指示国务卿赫尔随时向拉美国家介绍情况，使他们准备就绪，并命令史汀生和诺克斯在所有的国防工厂和关键的设施设置岗哨。

稍晚些时候，罗斯福把新任秘书格雷斯·塔利叫到他的书房，并示意其他人全部离开。当书房里只剩下他们两个人的时候，罗斯福说："请坐，格雷斯，明天我去国会发表讲话，我想口述我的讲稿，篇幅不长。"

说完，罗斯福点燃了一支香烟，深深地吸了一口，又把烟吐出来。他看了看塔利，开始以他通常口述信件的那种冷静的调子口述讲稿。他清晰地，慢慢地念出每一个字，小心谨慎地说出每一个标点符号和新的段落。

讲稿有500多字，罗斯福一口气口述完毕，中间没有犹豫，之后也没有进行修改。

第二天，罗斯福在长子詹姆斯的搀扶下走向众议院的讲台，以他那沉稳而富有魅力的语调发表了对日宣战演说："……我要向国会宣布：自1941年12月7日，日本进行无缘无故和卑鄙怯懦的进攻时起，合众国和日本帝国之间已处于战争状态。"

罗斯福的讲话结束后，参议院没有像往常一样展开辩论。在一个小时之内，参议院便以全票通过了罗斯福的请求。议案提交众议院时只有一人投了反对票。就这样，美国在1941年12月8日正式对日宣战了。与美国同时向日本宣战的还有另外一个强大的国家——英国。次日，中国政府在与日本实际交战多年之后，正式对日宣战。紧接着，对日宣战的国家增加到了20多个。

德意日三国同盟条约的第三款规定：任何一方遭受攻击，其他方会尽全力协助，包括政治、经济和军事等。根据这一规定，德国于12月11日对美国宣战，意大利也紧随其后。

美国直接介入到第二次世界大战中来，极大地改变了战争的格局。至此，第二次世界大战中的阵营最后形成。德国、意大利、日本三大轴心国及芬兰、匈牙利、罗马尼亚等国为一方，美国、英国、苏联、中国等反法西斯同盟和全世界反法西斯力量为另一方，在全球范围内进行了一场规模浩大的战争。

“前无古人的帝国英才”

在南云忠一指挥第一航空舰队突袭珍珠港之时，联合舰队其他部队，如驻守台湾的第十一航空舰队（陆基航空舰队，无航母），也配合陆军对泰国、马来亚、菲律宾、关岛、威克岛、吉尔伯特群岛、香港等地发起了攻击，正式实施“南进计划”。

到1942年2月15日，日军陆军第二十五军和海军第十一航空舰队等部队相互配合，以伤亡不足万人的轻微代价便占领了香港、泰国、新加坡、关岛、威克岛、吉尔伯特群岛和马来亚、菲律宾大部。

如果说突袭珍珠港是日本海军自成立以来取得的最大的战果，而占领东南亚则是日本陆军有史以来取得的最大胜利。陆军出身的东条英机十分得意，当即宣布：日本每个家庭发啤酒2瓶、赤豆1包、清酒3瓶，13岁以下儿童每人发食品1盒（里面装的是奶糖、水果糖和点心），以示庆祝。

日军之所以能在太平洋战争初期连战连捷，有诸多方面的原因。1942年初，英国首相丘吉尔和美国总统罗斯福在华盛顿召开了历史上著名的“阿卡迪亚会议”。会议进行得很顺利，几乎在所有的重大问题上达成了协议。罗斯福与丘吉尔重申了双方参谋人员早先作出的决定，采取“先欧后亚”的战略，先打败德国这个最主要的敌人，然后再着手对付日本。

这次会议确定成立英美联合参谋长委员会，在太平洋地区建立英、美、荷盟军联合司令部，成立军需品分配委员会等5个联合机构，统筹盟国在军火、船运和原料等方面的经济活动。

尽管盟军在东南亚海域尚有一定实力，但由于美、英、荷、澳等国之间互相钩心斗角，且又过于轻视亚洲战场（先欧后亚），这在客观上给了日军将其各个击破的机会。仅仅3个月的时间，日本联合舰队就扫荡了盟军在太平洋地区的海军力量，席卷了东自威克岛、马绍尔群岛，西自马来半岛、安达曼、尼科巴各岛，南自俾斯麦各岛的整个西太平洋地区。陆军占领的土地也几乎达到了顶峰。

据统计，日军强占的土地面积达380万平方公里，奴役的人口多达1.5亿。此外，还有100多万欧美平民和近15万战俘成了日本人的阶下囚。

一切迹象似乎都表明，帝国皇军不可战胜，东条英机提出的“大东亚共荣圈”很快就会实现。每次日军在前线获得胜利，东京的市民们就会排着长队，挥动着手中的太阳旗，踏着冬雪，来到皇宫的城门前举行庆祝大会。东条内阁和大本营均产生了骄敌之心。

但军队中还是有不少头脑清醒之人的，联合舰队司令长官山本五十六就是其中之一。他非常清楚，日军在太平洋战争初期的一系列胜利完全是凭借灵活的战术取得的（主要是偷袭）。从长远来看，日军在战术上的胜利根本无法持久。

太平洋战争爆发之后，日本的财力和后备兵员已经无法满足战争的需要。据统计，自1937年7月发动全面侵华战争到1941年12月太平洋战争爆发，4年半的时间，日军在中国战场消耗的军费就高达37758亿日元。除去通货膨胀的因素，将这一数据折成战前（1934—1936年）币值，合计为24481亿日元，相当于甲午战争以后5次大规模对外侵略战争（甲午战争、日俄战争，第一次世界大战、出兵西伯利亚和侵占中国东北）总支出的4.4倍。

兵力更是难以为继。日本乡村和城市几乎已经看不到青年男子。他们全部被疯狂的军国主义者征招到前线打仗去了。

为了勉强支撑，东条内阁不得不提出“以战养战”“以华制华”的战略方针，强制占领区的人民帮助日军从事生产，甚至修筑工事，并大量培养汉奸，维持对占领区的统治。不过，这些只是权宜之计，根本无法长久。

再则，英美等国在太平洋战争初期虽然损失惨重，但它们拥有强大的工业生产能力和足够的后备兵员，能够迅速地补充战争消耗。它们只不过忙于它们更加关心的欧洲战场，没腾出手对付日本罢了。

菲律宾战场便是一个典型的例子。1941年12月，驻台湾的第十一航空舰队用偷袭珍珠港的同一方式袭击了马尼拉机场，摧毁了美军驻菲律宾的远东航空大队，为陆军第十四军登陆创造了有利条件。

第十四军军长本间雅晴中将率领两个师团和一个混成旅的兵力顺利登陆，轻而易举地突破了麦克阿瑟将军宣称的“用100万军队100年也无法攻破”的甲米地要塞。在形势一片大好之际，本间雅晴居然没有使用空中优势阻止盟军撤退，直接导致麦克阿瑟将军从容不迫地把10万部队（其中包括1.8万美军）撤到了巴丹半岛进行防御。

本间雅晴（1887年11月27日—1946年4月3日）

本间雅晴不顾巴丹半岛酷热的气候条件，强行驱使部队进行追击。结果，还没到巴丹前线，第十四军已经有近万名士兵因为感染疟疾、痢疾和脚气等热带疾病而失去了战斗力。由于可用兵力较少，再加上本间雅晴对战争缺乏信心（他一直反对在彻底解决中国战事之前开辟新战场），第十四军在巴丹一战中损失了近7000人，但依然未能撼动麦克阿瑟布置的脆弱防线。

东条英机对菲律宾的战况非常不满，斥责本间雅晴说：“到处都在打胜仗，除了菲律宾。”

参谋总长杉山元上奏天皇，准备撤换第十四军指挥官。天皇考虑到战况紧张，临阵换将可能会导致失败，只撤掉了本间雅晴的参谋长，保留了他的职位。本间雅晴似乎也意识到了自己所处的地位非常尴尬，两次急电东京，要求大本营派兵增援。

杉山元和东条英机拒绝了他的要求。直到3月份，菲律宾的战事陷入僵局，东条英机才不得不给第十四军增派了两个步兵师团和两个炮兵团的兵力。

罗斯福总统意识到，菲律宾已经无法守住，遂电令麦克阿瑟上将将军队交给温赖特中将指挥，前往澳大利亚担任新成立的西南太平洋地区盟军总司令之职。罗斯福此举明显是为了保全美国人的颜面，如果美军上将成为日军俘虏的话，不但部队的士气会一落千丈，美国的国际形象也会受损。

3月11日晚，麦克阿瑟上将携带妻儿悄悄离开了菲律宾。临走之前，他发誓说："菲律宾，我还会回来的。"

东条英机得知美国驻菲总司令居然从日军眼皮底下逃走了，不禁勃然大怒。他认为，本间雅晴需要的根本不是援兵，而是士气和智谋，即使没有援兵，他也有能力迅速取胜。

4月2日，第十四军5万士兵在重炮支援下向盟军巴丹防线发动了猛烈攻击。结果，仅仅一个星期，防线就被突破了，7.6万名美军和菲律宾军成了日军的俘虏。本间雅晴这才相信，巴丹半岛的防线比他想象的要脆弱得多！随后，日军长驱直入，迅速占领了菲律宾各地，迫使温赖特将军于5月7日宣布无条件投降。这是后话。

控制菲律宾之后，东南亚的战局已经尽在日军的掌控之中了。东条英机野心勃勃地说："缅甸和菲律宾可允许其独立，但香港、马来亚、新加坡必须在日本的直接控制之下，作为保留大东亚共荣圈的据点。大东亚战争之目标，源于我帝国之基的远大理想，它将使大东亚各国家各民族各得其所，以日本为核心在道义的基础上确立共存共荣之新秩序。"

一时间，东条英机的声望也达到了历史最顶点。天皇授予了他"旭日重光"大勋章；各大媒体则宣称他是集乃木希典之勇与东乡平八郎之谋于一身的前无古人的帝国英才之一（另一个获此"殊荣"的人乃是联合舰队司令官山本五十六）。

东条英机自己也觉得他确实具有非凡的气魄和天才的领导能力。他竟然恬不知耻地宣称："我们的边疆向外拓展了3000海里，世界上已没有任何飞机能够飞到日本本土上。"

第十章

兵败中途岛，走上滑坡路

一 自己扇了自己一个耳光

从表面上看，东条英机和所谓的大日本帝国皇军十分强大，在短短的几个月之内就侵占了数百万平方公里的土地，似乎真的不可战胜。然而，一些有识之士已经意识到，日军的胜利只是战术上暂时的胜利，在战略上已经输了。甚至连东条英机自己也隐隐地感觉到，大日本帝国皇军战无不胜的重要因素乃是英美将主要精力都放在了欧洲方面，一旦英美缓过气来，定然会以优势兵力对日军实施大规模的反攻。

东条英机的判断没错。1942年4月14日，美军“大黄蜂号”航空母舰载着16架B–25轰炸机，与“企业号”航母在中途岛和阿留申群岛之间会合，全速驶向日本。已经升任美国海军舰队总司令的金海军上将准备以续航能力极强的B–25进行单程飞行，对东京、大阪和名古屋等地实施轰炸，而后飞往中国机场降落。金上将此举乃是为了警告日本，不要过于得意忘形，真正的战争还没有开始呢！

4月18日晨6点30分，联合舰队在海面上执行巡逻警戒任务的日本第二十三号“日东丸”渔船，在距东京720海里的警戒线上发现了美国的两艘航空母舰，并立即用电台向联合舰队报告了这一紧急情况。

本来，美军在战役开始前频繁的电报往来已经引起日军的焦虑和不安。山本五十六遂下令将海军航空部队全部集中到关东地区，以防万一。接到“日东丸”报急后，山本立即在联合舰队司令部采取了应急措施。

与此同时，山本下令采取“对美作战第三号战术方法”，命令刚刚从南线回到本土的第二舰队司令长官近藤海军中将立即率领横须贺地区的所有水面部队出击。

另外，高须四郎海军中将的第一战列舰战队的4艘战列舰也从广岛湾火速起航，支援近藤作战。在印度洋上作战后返航的、尚位于台湾南端巴士海峡的南云海军中将的机动部队，也被分派了战斗任务。

但勇敢的美军飞行员依然克服了种种困难，始终保持无线电静默，巧妙地躲过了日军的搜索。4月18日上午8点15分，美军王牌飞行员杜立特第一个起飞。起飞相当困难，“大黄蜂号”在汹涌的狂涛里沉下去又升上来，就在航空母舰甲板抬起头来的一刹那，杜立特的战机迎着狂风，满载着两吨重的炸弹腾空而起。随后美机一架接一架地飞离航空母舰，分成几个编队，直奔日本本土而去。

18日下午1点，东条英机缓缓登上了皇宫城楼，准备向正在庆祝“东亚大捷”的人群发表演说。广场上人头攒动，“万岁”之声不绝于耳。

突然，皇宫城楼上的空袭警报发出了凄厉的尖叫声。几秒钟后，全东京的警报器都嚎叫了起来。猛然间，大地一震，远处一个个黑色烟柱从银座和浅草方向腾空升起，巨大的爆炸声不绝于耳。广场上人群顿时乱作一团，他们完全不明白发生了什么事情。或者说，他们不愿相信有飞机能对日本本土实施轰炸，因为几个月之前，他们的首相曾向他们宣告：“世界上已经没有任何飞机能够飞到日本本土上。”

美军飞行员杜立特和他的战友们用英勇的行动向世界宣告：“东条英机错了！”

杜立特和他的飞行员们飞临目标上空后，机组人员便打开了机腹弹舱门，投弹指示灯红光闪烁，一枚枚225公斤重的炸弹呼啸着纷纷直坠而下。从第一枚炸弹投下去，一直到俯冲完毕为止，美军的整个轰炸过程所用时间不超过30秒。惊恐不已的日本人刚开始组织反击，美机已安然飞远了。

人群中惊恐地叫嚷着：“美国人来空袭了！”“东京遭劫难了！”

在几秒钟之前还满脸笑容的东条英机也被这突如其来的灾难吓傻了。他刚刚扬起准备向人群打招呼的手僵在了半空，想说什么，但终究什么都没有说出来。紧接着，又一声巨响，东条的眼镜被震落，楼檐上的尘土纷纷扬扬地撒下来。

东条两腿一软，几乎站立不住。两名副官冲上前去，一边一个，搀住东条，急匆匆地奔下楼去。三人钻进一辆轿车，夺命地逃向大本营的地下指挥所。

到了地下指挥所，东条脸上的惊恐才转化为愤怒。他冲着惊疑不定的将军们，怒吼道：“哪里来的美国飞机？简直不可思议！”

这时，首相办公室电话铃声大作，东条操起话筒，电话那边传来急切的报告声，称名古屋、横滨、川崎、横须贺、神户都遭到了敌机空袭。东条摔下话筒，对着满屋将领破口大骂："巴嘎牙鲁！一群饭桶！"

忽然，一名陆军中将道："会不会是从库页岛起飞的苏联飞机？"

东条瞪了他一眼，没有说话，而是指了指放在一张桌子上的地图。众人摊开地图，研究起来。

众人研究了半晌，什么也没有发现。联合舰队司令官山本五十六明白，来的确实是从航母上起飞的美国飞机。东条英机也清楚这一点。当天早晨，他乘坐专机外出视察时，飞行员曾发现过美国的B-25轰炸编队，但这并没有引起东条的重视。

美军对日本本土短暂的空袭所造成的损失并不大，但在心理上却震动了这个世世代代以为日本本土绝不会遭受攻击的民族，给岛国人们的精神以沉重打击，也给东条那称霸世界的野心蒙上不祥的阴云。

按照惯例，东条和他的同党们捏造了许多所谓证据确凿的事实，宣称美军的空袭"遭到彻底失败"，杜立特和他的飞行员对日本"鬼鬼祟祟地进行了非人道的、嗜杀的狂轰滥炸"，残酷地对居民和非战斗人员进行扫射，表现出了十足的"魔鬼行径"。

事后，联合舰队报告说，美军的"大黄蜂号"和"企业号"两艘航母是从中途岛起航的。东条英机扶了扶眼镜，望了望地图。

一名副官立即领会了他的意思，在地图上找到了中途岛所在的位置。东条英机眼里充满了愤怒——他不久前才宣布"没有任何飞机能够飞到日本本土上"，现在连东京都挨了轰炸，这简直是自己扇自己的耳光。忽然，东条英机指着地图，恶狠狠地说："小小中途岛，应该把它从地图上抹掉！"

东条英机的这句话预示着中途岛将发生一场史无前例的海战。但谁也没有想到，这场海战将是看似战无不胜的日本军队走向失败的转折点。

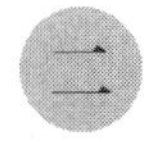

被胜利冲昏头脑，押错赌注

中途岛位于夏威夷首府檀香山（火奴鲁鲁）西北约1900公里，由沙岛和东岛两个主要岛屿组成，因恰在亚洲大陆与美洲大陆中间而得名。小岛在日军的作战地图上只有针尖大小，不仔细留意的话，根本不会发现在茫茫大洋上还有两个面积不足5平方公里的陆地。

然而，就是这样一个小岛，战略地位却极为重要。1867年，美国人占领了当时荒无人烟的中途岛，1903年成为海军基地和夏威夷、菲律宾之间的海底电缆站，第二次世界大战爆发后被改造为海空军基地。它不仅是美国海军接近日本本土的重要巡逻基地，还是唯一一个能以重型轰炸机直接攻击侵占威克岛的日军的基地。

当东南亚的战事接近尾声之时，东条内阁和大本营就将目光锁定在了中途岛上。在日本大本营的地图上，中途岛被标上了醒目的“AF”字样。1942年3—4月，日军开始就第二阶段的作战计划展开讨论。联合舰队司令山本五十六坚决主张占领中途岛，将其改造为日本空军基地和攻打夏威夷的出发点。如果可能的话，再进攻阿留申群岛，把日本的空中和海上的防卫范围向东扩展2000海里。而后，将美国的太平洋舰队引诱出来，在其尚未恢复元气之前，一举将其消灭在茫茫的太平洋上。

很明显，山本想像袭击珍珠港一样，再赌一把。遗憾的是，他下错了赌注。太平洋战争已经打得难分难舍，再想像袭击珍珠港那样，发动一次神不知鬼不觉的偷袭，已经是不可能的事情了。在这种情况下，以少量兵力去进攻战略要地，就必须考虑两个因素：其一是后勤补给，其二是增援部队和兵员补充。

就攻占中途岛而言，这两个因素对日军都十分不利。一方面，中途岛难以补给供应，而且会经常受到美远程飞机的袭击。另一方面，海军要守备整个西太平洋地区，再也无法集中一支像偷袭珍珠港时那样强大的机动舰队了。

海军军令部作战部作战课课长富同定俊大佐和他的航空专家三代辰吉中佐一致对山本五十六袭击中途岛的计划提出了反对意见。富同说：“关于中途岛作战计划问题，不是我傲慢不逊，我认为，山本根本就没有战略眼光，没从大局上着想。第二阶段的作战，首要的也是最关键的，应该是切断美国与澳大利亚的联系，防止美国把澳大利亚作为前进基地。即使到现在我也这样认为。”

三代中佐则主张攻打新喀里多尼亚，以切断同盟国的交通线，迫敌于靠近日本基地而远离美国海区进行决战。他说：“山本想没想过，以中途岛为基地进行防卫和空中侦察，究竟能有多大作用。然而，维持这一远离本土的孤岛上的必要补给却是相当困难的。为了维持我军在该岛上正常活动，就不得不投入大量的人力和物力，这势必会削弱我军其他方向的空中力量，给舰队作战也会带来很大负担。山本认真地考虑过这些吗？”

海军军令部总长永野修身和次长伊藤整一等人对山本五十六的计划也持怀疑态度。不过，山本五十六派往东京的代表则一再坚持说：“长官的决心已定，不能再改变了。”

曾经担任过山本参谋长的作战部长福留繁知道攻击中途岛已经势在必行，否则的话，山本五十六一旦撂下挑子，将没人能够挑起联合舰队这个重担。他转向同样曾在山本手下工作过的伊藤次长，用请示的口吻说道：“既然山本长官这样说了，那么，我们就依从他的意见吧！”

伊藤盯着福留繁，愣了几秒钟，点了点头。就这样，攻击中途岛的作战计划在海军军令部获得了通过。突然，一名年轻的军官趴在桌子上失声痛哭起来。是三代中佐。

陆军并不同意海军的计划。与联合舰队相比，日本陆军在太平洋战场上所取得的战绩并不逊色，但没有一场战役足以和具有传奇性的珍珠港事件相媲美。对此，不少陆军将领颇不服气，但又不得不接受眼前的事实。

立功心切的陆军希望海军按照既定战略，每占领一处地盘即将其改造为适合长期驻军的基地。等这一基地强大到足以迫使美国最终接受日本提出的和平要求时，陆军将是最后的胜利者。因此，陆军省和陆军参谋总部都希望稳扎稳打，不要轻举妄动。

海军方面则希望通过几场像偷袭珍珠港那样具有冒险性的决定性战役尽快结束战争。山本五十六策划中途岛战役的目的即在于此。应该说，从战略层面上讲，陆军的战略相对正确一些（这里之所以用“相对”一词，是因为无论是陆军提出的战略，还是海军提出的战略，最终都必将走向灭亡，发动太平洋战争对日本而言本身就是一个错误）。

被胜利冲昏头脑的东条英机对形势认识不清，再加上完全不懂海战策略，当然支持海军的意见。在东条的纵容下，永野修身等海军决策者们更加有恃无恐，继续对陆军施加压力，提出了一系列扩大侵略战线的作战计划，其中包括发动中途岛战役和占领澳大利亚、印度等地。

正当海陆军就第二阶段的作战计划争论不休之际，杜立特轰炸了东京等地。从某种意义上来讲，美军此举帮了东条和山本一个大忙。当东条英机打算把中途岛从地图上抹掉之时，海军军令部的作战室中正在进行着一场气氛相当诡异的会议。

军令部总长永野修身绕着会议桌踱来踱去，嘴里不停地唠叨着：“这怎么能行！这怎么能行！”

山本五十六趁机提出尽快执行他的中途岛攻击计划，迅速击垮美国舰队。他说：“如不迅速夺取中途岛，加强对东方正面的警戒，将不可能防止美军对帝国首都的灾难性空袭。”

山本的话打动了永野修身。在4月20日召开的陆海军联席会议上，永野修身执意要求延期执行攻占萨摩亚、斐济和新喀里多尼亚以切断澳大利亚生命线的计划，以便尽快实行进攻中途岛计划。

陆军虽然反对，但由于永野修身态度坚决，又有首相兼陆军大臣东条英机在背后撑腰，也只好勉强同意了。

会后，作战方案被送到了东条的办公桌上。东条仔细看了一遍，问他的秘书：“海军山本大将的方案也许应执行？”

秘书回答说：“既然陆军都答应了，海军又非打不可，首相不好再说了。”

东条英机缓缓道：“是这样，不妨试一试，马上就开战，像珍珠港那样奇袭取胜。”

决策失误，美军抓住机会

攻击中途岛的作战计划确定之后，联合舰队就紧锣密鼓地展开了作战演习。5月1日至4日，联合舰队参谋长宇垣缠奉命主持了进攻中途岛的图上演习。他深信根本不会存在日本不能完全控制的局势，他也不允许出现任何可能严重影响演习顺利达到预期结论的情况，他毫不顾忌地对其他演习裁判作出的不利裁决予以否定。

图上演习结束的时候，他甚至擅自将4艘航空母舰被击沉的结果改成1艘被击沉，3艘受创，而后才送呈司令官山本五十六和军令部总长永野修身。这一小小的细节变动对海军的决策影响巨大，对日美之战的未来亦影响深远。

当进攻中途岛的准备工作正在进行之时，珊瑚海海战爆发了。美军新任太平洋舰队司令尼米兹海军上将以第十七特混舰队为主力，以逸待劳，击沉驱日本海军逐舰1艘、航母1艘（“祥凤号”）、小型舰艇数艘，重创“翔鹤号”和“瑞鹤号”航母，击落飞机约100架。美军付出的代价也不小，“列克星敦号”航母被击沉，“约克城号”航母受到重创，被击落的飞机约70架。

珊瑚海海战对日军来说有得亦有失，但损失明显大于所得。从战术得失来看，日本海军取得了珊瑚海海战的胜利，但在战略上却失败了。日本海军由于损失的飞机和飞行员无法立即得到补充，日军的武力扩张第一次遭到遏制，被迫中止对莫尔兹比港的进攻。

英国首相丘吉尔后来在他的《第二次世界大战回忆录》中写道：“这次遭遇战所产生的影响与其战术上的重要性不成比例，就战略上而言，这是美国与日本交战以来第一次可喜的胜利。像这样的海战，从前是没有见过的，这是水面舰只没有互相开炮的第一次海战……这个消息传遍了全世界，产生了振奋人心的影响，给澳大利亚、新西兰与美国带来了莫大的安慰和鼓舞。以重大代价换来的战术教训，不久就在中途岛战役中得到应用，获得很好的战果。中途岛战役的序幕拉开了。”

东条英机

对于中途岛战役，山本五十六的作战计划是：联合舰队的全部兵力纳入他的指挥下，执行在北方及中太平洋广大海域的大规模作战计划。他把日本联合舰队大致分成北、中、南3个集团。首先由第五舰队司令长官细萱戊子郎海军中将率领的北方部队，在攻击中途岛的前一日，攻占阿留申群岛中的阿图岛和基斯卡岛，以阻止美军由北方南下攻击，起到牵制敌人的目的。

北方部队又称阿留申攻击部队，其具体任务与编成是：大森海军少将率领的阿图岛登陆部队，兵力有巡洋舰1艘、驱逐舰4艘、扫雷艇1艘、运输舰2艘（载陆军登陆部队1 200人），任务是在6月6日进攻阿留申群岛西部的阿达克岛，破坏岛上的军事设施，6月12日在阿图岛登陆并予以占领；大野海军大佐率领的基斯卡岛登陆部队，由2艘巡洋舰、5艘辅助巡洋舰、3艘驱逐舰、3艘扫雷艇、2艘运输舰（载海军陆战队1 200人）组成，任务是在6月6日占领基斯卡岛；角田海军少将率领的第二机动部队，拥有航空母舰2艘（战斗机40架，鱼雷机21架，俯冲轰炸机21架）、重巡洋舰2艘和驱逐舰3艘，任务是6月4日轰炸荷兰港，进行牵制攻击；此外还有细萱中将直属的1艘重巡洋舰、2艘驱逐舰、2艘油船和3艘货船。在战略上，北方部队是一支佯攻兵力，山本的设想是希望由他们在主作战发起之前的佯攻，能把美国航空母舰引诱到错误的方向。

坐镇中央的是攻击中途岛的主力部队。南云忠一中将指挥第一航空舰队，肩负着对中途岛进行登陆前的空袭并将给予美舰队以致命打击的重任。其兵力有“赤城号”、“加贺号”、“飞龙号”和“苍龙号”4艘大型航空母舰，其中“赤城号”和“加贺号”共载有42架战斗机、42架俯冲轰炸机、51架鱼雷轰炸机。“苍龙号”和“飞龙号”也有同样数目的战斗机和俯冲轰炸机，还有42架鱼雷轰炸机。原计划参加中途岛作战的“翔鹤号”和“瑞鹤号”由于在珊瑚海海战中负伤，未能赶上参加此战。

南云的飞行员经验丰富，胆大艺高，基本上是偷袭珍珠港的原班人马。此外还有阿部弘毅海军少将指挥的支援部队和木村进海军少将指挥的警戒部队，拥有战列舰“榛名号”和“雾岛号”、重巡洋舰“利根号”和“筑摩号”、轻巡洋舰“长良号”，以及11艘驱逐舰。

在南云部队的后方，是山本亲自坐镇的舰队主力，称主力部队，它包括由山本亲率的主力部队和高须四郎海军中将指挥的阿留申警戒部队。山本的主力部队拥有“大和”“长门”“陆奥”3艘大型战列舰、1艘轻型航空母舰“凤翔号”、2艘水上母舰“千代田号”和“日进号”以及1艘轻巡洋舰、9艘驱逐舰、2艘油轮。这支兵力预计布置在中途岛西北600海里处，准备随时与出动的美国太平洋舰队主力进行决战。

由“日向号”、“伊势号”、“扶桑号”、“山城号”4艘战列舰、2艘巡洋舰和12艘驱逐舰组成的高须四郎中将指挥的警戒部队，位于山本以北500海里处，为进攻阿留申群岛的细萱中将的部队担任警戒与支援任务。

南方部队是“中途岛攻击部队”，总指挥为第二舰队司令长官近藤信竹中将，分别由占领部队、支援部队和攻击部队组成。其具体作战计划是：第二联合特别陆战队司令官太田实大佐率领海军特别陆战队两个大队（2800人），陆军部队指挥官一木支队长率领陆军一个联队（3000人）及其他支援部队，分乘12艘运输舰，在第十一航空战队和拥有1艘轻巡洋舰、11艘驱逐舰的第二水雷战队的护航下，从塞班岛出发，于N日，即6月7日，在中途岛登陆，占领桑德岛与伊斯特岛。指挥官为第二水雷战队司令长官田中赖三少将。

从关岛开来的栗田健男海军中将的重巡洋舰“熊野号”、“三隈号”、“铃谷号”、“最上号”以及2艘驱逐舰，将于N日为登陆部队提供近距离支援。近藤的主力包括第四战队的重巡洋舰“爱宕号”、“鸟海号”，第五战队的“妙高号”、“羽黑号”重巡洋舰，第三战队的“金刚号”、“比睿号”高速战列舰，第四水雷战队的“由良号”轻巡洋舰和8艘驱逐舰，以及载有12架战斗机和12架鱼雷轰炸机的小型航空母舰“瑞凤号”，它们留在中途岛西稍微偏南处，掩护登陆部队的侧翼。

除此而外，还有潜艇部队在北美沿岸、阿留申群岛海域、夏威夷四周，监视敌舰队动向，实施牵制，协助主力作战。

这是一个浩大无比的作战计划。如果一切顺利，这支庞大的舰队将分散在中太平洋北部1000海里的水面上。每支部队都将等待着N日后的某个时候，当美国太平洋舰队出现在他们眼前时，便给予其毁灭性的打击。

不说对海战毫无认识的东条英机，就连联合舰队司令官山本五十六也对中途岛之战充满了信心。联合舰队参谋渡边后来就曾说："美国舰队大部分在大西洋。据此我们相信在太平洋上日本海军居于优势。如果指挥得当，不可能不取胜。"

但这一切只不过是假象罢了！一方面，这个庞大的作战计划本身存在着许多缺陷（其中最严重的是没有为航空母舰提供足够数量的护航驱逐舰和战列舰），为后来的失败埋下了隐患。另一方面，山本五十六忙于统筹中途岛战役计划（这是开战以来日本海军进行的规模最大的战役，远比偷袭珍珠港要复杂得多），而将更换通讯密码的工作向后顺延了一个月。

对战争来说，任何一个小小的疏忽都将是致命的。尼米兹将军就是利用山本的这一疏忽，打赢了一场硬仗。

四

兵败中途岛，损失惨重

战争期间，美日双方都设有密码破译小组，以侦听对方的情报。美国海军的密码破译小组设在珍珠港一个阴暗的地下室里，由约瑟夫·杰米·罗奇福特少校领导。

1942年四、五月间，罗奇福特突然发现日本联合舰队的电台活动异常频繁。他立即向尼米兹将军作了汇报。

尼米兹将军问："少校，你认为这意味着什么？"

罗奇福特根据业已掌握的大量无线电密码通信，判断说："无线电密码通信显示，日本海军近期很可能会在太平洋中部采取一次大规模军事行动。"

尼米兹又问："日军的攻击目标将会是什么地方？"

罗奇福特沉思了半晌，回答说："尚不清楚。"

正准备对"三隈号"进行第三波攻击的无畏式俯冲轰炸机

不久，罗奇福特在截获的一系列日本人的来往电报中发现日军经常提到一个代号为"AF"的地名。经过初步分析，情报人员认定"AF"就是中途岛。

尼米兹得知这一消息，立即打开地图，盯着

中途岛正准备对“三隈号”进行第三波攻击的无畏式俯冲轰炸机的位置，问道：“你们会不会搞错？”

罗奇福特少校回答说：“将军阁下，我们会对自己的判断负责。”

然而，美国海军因珍珠港事件对日军产生的恐惧心理尚未完全消退。不少人都不大相信这一判断。他们认为，万一判断失误，将直接导致美国海军的作战部署落空，从而产生更大的损失。

当时，华盛顿方面估计日军的进攻目标是阿拉斯加或美国西海岸；金上将则认为可能是夏威夷；而美陆军方面则担心日军空袭旧金山。

罗奇福特陷入了沉思，自言自语道：“最好的办法是让日本人自己来帮助核实。”

5月10日，即珊瑚海海战最后一日，罗奇福特来到太平洋舰队司令部，与情报参谋莱顿进行了商谈：“能否指示中途岛基地指挥官西马德海军中校，要他拍发明码电报，就说淡水蒸馏设备发生故障，不能使用……”

站在一旁的尼米兹咧嘴一笑，他很满意罗奇福特的这个小小的圈套。于是中途岛遵命用浅显的明码发出了这份诱饵电报。

设在倚玉县平林寺附近的大和田海军通信队，是日本海军的侦听中心。他们截听到美国的这份电报后，信以为真，认定“AF”上缺乏淡水，并把这一情况用密码电报通报给了准备参加中途岛作战的各舰队。为此，日本海军为攻击中途岛的机动舰队特意增派了淡水供应船。

罗奇福特破译小组毫不费力地截获了大和田海军通信队的密码通讯，从而证实了“AF”就是中途岛。接下来，美国人以此为突破口，乘机追踪，顺利地破译了反映日本舰队计划全貌的日方通信。到5月中旬，美国情报机构不仅弄清了日本正在计划夺取中途岛，而且还清楚地查明了日本的参战兵力、数量，甚至连部队单位、各舰舰长、舰只的航线都了如指掌。

尼米兹紧急调兵遣将，不但中途岛布置了强大的防御力量，还设置了一个伏击圈，只等着日本人往里面钻。虽然尼米兹能够调用的部队只有3艘航空母舰、3艘巡洋舰和14艘驱逐舰，与日军庞大的舰队实力相差悬殊，但山本五十六的兵力布置相对分散，无法在短时间内对美军发动集中攻击。尼米兹的兵力部署与山本相反，他把有限的兵力都集中到了一点，便于快速、机动突击。

东条英机、山本五十六等人对美国人的计划一无所知，他们不知道他们精心谋划的第二个珍珠港将成为日军的第一个珍珠港。时间很快就来到了5月27日。这天是对马海战37周年纪念日，也是日本的海军节。人们身着盛装，纷纷涌到街头，庆祝日本海军在过去几个月里取得的辉煌胜利。

一家报纸如是吹嘘说："今年的海军节不只是个纪念性的日子、回忆性的日子，还是个大功告成的日子。日本海军不仅在37年前战果赫赫，而且，此后它又一次次地立下了令人难以置信的更大的军功……这是达到顶峰的时刻，是大功告成的时刻。"

在人们的吹嘘中，东条英机对联合舰队下达了作战命令。他在打给山本五十六的电话中命令道："现在我代表大本营和司令部发布命令，帝国海军舰队立即向'AF'作战目标出发！"

随后，山本五十六根据东条英机的指示对联合舰队下达了起锚的命令。日本人之所以把出发的时间选在这一天，就是希望中途岛作战能成为第二个对马海战。

日军的队伍十分壮观，轻巡洋舰"长良号"所率领的第十战队的12艘驱逐舰以一字纵队在前开道；紧跟在后面的是第八战队的"利根号"和"筑摩号"重巡洋舰；随后是第三战队的战列舰"榛名号"和"雾岛号"；最后的高潮是第一航空战队和第二航空战队的4艘大型航空母舰——"赤城号"、"加贺号"、"飞龙号"和"苍龙号"。

在主力舰队出发的前一天，担任进攻阿留申群岛的角田海军少将的第二机动部队已自本州北部的大凑先行出发，驶向珍珠港海域。

同一天，日军细萱海军中将的阿留申登陆部队也自大凑起航。当天晚上，远在南方马里亚纳群岛由田中海军少将指挥的运输中途岛登陆部队的船队，也在巡洋舰、驱逐舰护航下，从塞班岛出发。

5月29日，第二舰队司令长官近藤信竹中将率领一支由16艘战舰组成的大型舰队离开了广岛。随后，山本五十六直接指挥的由37艘大型战舰组成的舰队也起航了。就这样，日本联合舰队的全部力量就都出海了，全部舰只总计达350艘之多，总吨位达150万，飞机1 000多架，它们的锅炉房消耗的燃料比帝国海军平时一年烧掉的燃料还要多。

山本出发的同一天（中途岛时间5月28日），斯普鲁恩斯少将也指挥美军第十六特混舰队离开了珍珠港。第十六特混舰队拥有"大黄蜂号"和"企业号"2艘航空母舰、5艘重巡洋舰、1艘轻巡洋舰、11艘驱逐舰，但就装备而言，在美国海军的特混舰队中实力处于中等偏上。

不过，山本对美军的动向毫不知情。在海上，山本五十六遇到了太平洋上非常常见的坏天气。狂风卷起巨浪，不停地拍打着疾驰的舰队，使大海中的战舰就像漂浮在浪涛中的叶片一样。看着翻卷起伏的波浪，山本的心情也十分复杂。或许是对战争天生的敏感，山本五十六心中总有一种挥之不去的隐忧。此次海战的前途会怎么样？会像对马海战那样，取得决定性的胜利吗？

山本的忧虑很快就成了现实。庞大的联合舰队尚未抵达预定海域，就遇到了不小的麻烦。

5月31日（中途岛时间30日），弗莱彻将军的第十七特混舰队也出发了。第十七特混舰队的装备和实力比第十六特混舰队稍差，包括“约克城号”航空母舰，2艘重巡洋舰和6艘驱逐舰，但战斗力也不容小觑。

不过，与日本联合舰队相比，第十六和第十七特混舰队的战斗力明显处于劣势。如果不是尼米兹首先掌握了日军的动向，他绝对不敢如冒险。

5月31日，奉命前去珍珠港侦察美太平洋主力舰队动向的一式水上飞机，因为在预定加油地点发现美军，不得已取消了这次侦察任务。接着，山本派出的潜艇警戒部队也因为潜艇的行动延迟了两天，而错过了发现美军第十六和第十七特混舰队的最佳时机（日军潜艇抵达预定地点时，美军的两支特混舰队已经通过多时了）。就这样，山本费尽心机在中途岛与夏威夷中间设置的三道潜艇警戒线都成了摆设。

在攻击日本航空母舰“加贺号”之后返航的无畏式轰炸机，图中可见机身上受创的弹孔

6月2日，山本的情绪愈发不安了。无线电侦察发现，从夏威夷发出的电讯有明显的增加，在过去两天中所截收到的电报多达180份，而且有72份是急电。这说明珍珠港方向的局势异常紧张，说不定已经发

现了日军行踪。

稍晚些时候，旗舰“大和号”上的无线电甚至截听到了显然表明美国航空母舰在夏威夷海域的信号。然而，求战心切的山本似乎更愿意相信大本营的判断：美国航空母舰还在所罗门群岛附近活动。

令人诧异的是，山本为继续保持无线电静默，以实现战役的突然性，竟然没有向大本营求证。直到6月4日凌晨零点，山本一直驱使舰队在绝对的无线电静默中全速前进。而且，没有任何明显的证据可以证明美军已经发现了日军的行动。因此，自山本以下，每一个舰员都对此次战役充满了信心。

俗话说“期望越高，失望就越大”，用这句话来形容山本五十六一手策划的中途岛战役最合适不过了。6月4日，联合舰队进入了美军预先设定的埋伏圈。激烈的海战开始了。战役刚打响就打乱了山本的作战部署。面对突发状况，南云等一线指挥官毫无准备，接连犯错，给美军创造了可乘之机。

结果，一战下来，联合舰队被击沉航母4艘、重巡洋舰1艘，损失作战飞机322架，阵亡官兵3500人，其中包括100多名不可多得的一流飞行员。相比之下，美国的损失要小得多，仅有1艘航空母舰和1艘驱逐舰被击沉，另有147架飞机被击落，阵亡307人。

而此时距山本五十六选定的N日尚有三天之久。山本五十六不得不在6月5日下令：“取消（进攻）中途岛计划。”

“赤城号”航空母舰是日本在中途岛海战中重要的损失

联合舰队出发之后，东条英机一直密切关注着前线的战况。当他接到海军方面发来的战报时，就像遭到了雷击一样，一屁股跌坐在沙发上，瘫成了一堆烂泥。他怎么也想不明白，美军是如何在短时间内集结如此强大的兵力的。但这一切都已经不重要了。

中途岛海战是太平洋战争的转折点，日军丧失了在战争初期夺取的海空控制权，战略主动权转移到了美军一方。

对中途岛海战的失利，东条英机的心里充满了恐惧。尽管他对海战一窍不通，但也知道此战对日本而言意味着什么。不过，这个狡猾的战争贩子并没有把内心的恐惧表现出来。当天晚上，他还若无其事地参加了内阁为德国和意大利的使馆人员举行的晚宴。

在宴会上，陆军参谋次长田边盛武中将瞅着一个空隙，悄声对东条英机说："海军犯了一个大错误。"

东条英机一惊，缓缓道："在中途岛？"

田边盛武回答道："是的，他们丢了4艘航空母舰，还有……"

没等田边说完，东条英机就打断了他的话，免得被别人听见。他强忍怒气，极力控制住自己，小声说："这都是因为海军不听陆军的劝告，硬要打这一仗。"

在要承担责任的时候，东条英机一下子将其推得一干二净，仿佛中途岛海战的失利完全与他无关似的。紧接着，东条又低声吩咐田边盛武："切不可把这一消息泄露出去，要绝对保密。"

东条英机这才意识到，应该严密封锁中途岛作战失利的消息，以防民心震动，军队哗变。深夜，他向大本营透露了自己的想法。杉山元、永野修身等统帅部高层表示同意。当时，天皇的侍从武官和大本营有一条专线，24小时保持通畅，以便大本营随时向天皇通告战况。但这一次，这条专线始终保持静默状况。

第二天，东条英机觐见天皇，禀报战争进展。他对中途岛失败之事只字不提，而是大言不惭地说，前线的战况对日军非常有利，大日本帝国皇军无往而不利。

东条英机不但欺骗了天皇，还欺骗了正在各条战线上指挥作战的陆海军将官。为了封锁消息，海军甚至将那些从沉没船上死里逃生的海军士兵集中隔离，不准外出，随舰记者也遭禁闭。东京电台还大肆吹嘘占领阿留申、击沉美舰2艘，击落美机120架的"赫赫战果"。

但世界上没有不透风的墙，纸包不住火，中途岛惨败的小道消息很快就传遍了东京的街头巷尾。东京派驻美国的谍报机构也频频向国内发报，美国人正在庆祝中途岛海战的伟大胜利。

为转移朝野上下对海军溃败的注意力，东条英机建议海军公布阿留申作战计划。这一计划虽然颇具意义，但那是针对中途岛战役而言的。如今，中途岛作战计划已经取消，再实施这一计划，在军事上已经毫无意义了。

6月7日，日军兵不血刃地占领了阿留申群岛的阿图和基斯长两岛。6月10日，大本营宣布，“日本终于确保了在太平洋上的皇威”，这场战争“确系一战而成定局”。在东条英机等人的精心策划下，阿留申作战成功转移了东京民众的注意力。当晚，成千上万的民众为了庆祝“胜利”，纷纷上街举行彩旗游行和提灯游行。

第十一章
日美鏖战瓜达尔卡纳尔

一
"一定要阻止住敌人的进攻"

东条以为厄运已经过去，其实厄运才刚刚开始。因为中途岛作战失利，日本大本营不得不取消了原定于1942年7月侵占新喀里多尼亚、斐济、萨摩亚等岛屿的狂妄计划。为巩固南方资源地区，大本营开始调整防卫态势，准备在南方长期作战。

不过，大本营相信美国在1943年春天之前不会在太平洋地区发动反攻（联合舰队虽然遭受重创，但实力依然十分强大，差不多是美国太平洋舰队的两倍）。也就是说，在美国发动反攻之前，日本尚有时间在南太平洋地区建立连锁空军基地，加固岛屿的防御工事，形成一道抵抗盟军攻势的环形防线。

当然，要实现这一目标的话，就必须夺取盟军仍据守的莫尔兹比港。这一次该陆军唱主角了。自开战以来从未打过败仗的陆军计划从新几内亚岛的北部登陆，翻越欧文斯坦利山脉，从陆路攻占莫尔兹比港。

为了使这一作战顺利进行，必须在这一攻势的侧翼修建机场，以掩护陆军的攻击行动。1942年6月，日军着手在所罗门群岛的瓜达尔卡纳尔岛修建机场。瓜达尔卡纳尔位于所罗门群岛的南部，北面离腊包尔550英里。该岛长92英里，宽33英里，地形复杂作战难度很大。

不过，这里却是美国与澳大利亚之间海上交通线上重要的一环。也就是说，一旦日军在瓜达尔卡纳尔岛上站稳了脚跟，不但可以为莫尔兹比战役提供侧翼掩护，又可以切断盟军的海上交通线，可谓一举两得。

已经从最初的混乱中走出来的美军当然不会让日军的美梦得逞。当美国人获知岛上的简易机场将于8月初完工时即决定先下手为强，攻下瓜达尔卡纳尔，具体战役计划由南太平洋司令罗伯特·戈姆利将军负责。

8月7日凌晨，罗伯特令海军陆战队第一师师长范德格里夫特率领1.9万名官兵在海、空军的掩护下对瓜达尔卡纳尔发起了反攻。财大气粗的美国人对瓜达尔卡纳尔进行了整整一天的炮火准备和空袭，炸得日本警卫队和工程兵躲在掩体内不敢出来。

第二天，美军登陆部队以猛烈的火力压制了岛上日军的象征性抵抗，顺利登陆。1.1万名海军陆战队员竟无一伤亡。等待他们的反而是堆满海滩的给养和弹药。随后，美军开始向简易机场方向搜索作战，日军纷纷后退。到9日黄昏时分，美军就占领了日军刚刚修好的简易机场。

日军驻防部队大部逃入腹地的丛林地带，他们既没有来得及破坏设施和各种物资，也没有来得及炸毁跑道，整个机场完完整整留给了美国人。除此之外，日军还留下了许多武器装备和作战物资。附近已建起两座大型发电机，一座机械修理厂，一座组装鱼雷的精巧的空气压缩机和一个制冰厂。陆战队队员恶作剧般地在制冰厂门上换了新招牌，上面写道："东条制冰厂——新的老板"。

美军登陆瓜达尔卡纳尔的消息传到东京后，东条英机犹如掉进了冰窟窿一般，浑身打战，不停地说："美国人开始反攻了！美国军队反攻所罗门群岛！"

然而，大本营却固执地认为，美军登陆瓜达尔卡纳尔只是一个意外。他们更愿意相信这只是美军的一次试探性行动，而不愿相信这是反攻的开始。海陆军高级将领们向东条英机保证说："美国最早可能会在1943年下半年开始反攻，而目前瓜岛登陆只不过是一次侦察性进攻。"

东条英机气急败坏地吼道："现在，他们确实是在反攻了，中途岛一

1942年7月日本人和征募的韩国工人正在建造日军位于瓜达尔卡纳尔岛连接点的机场

1942年8月7日，美国海军陆战队前进至瓜达尔卡纳尔岛海岸

战已使皇军遭受一次打击，这次决不能使瓜岛成为皇军走下坡路的开始，一定要阻止住敌人的进攻。”

天皇获知这一消息，立即通知大本营，他要结束休假（当时他正在日光避暑），赶回东京。东条英机和海军军令部总长惶恐不已，赶快商议对策。最后，东条决定，由永野修身前往日光谒见天皇，奏上统帅部的看法，稳住天皇，而后再想办法尽快夺回瓜达尔卡纳尔。

东条英机之所以会有这种想法，主要是受到了海军将领，尤其是永野修身的影响。日军虽然丢掉了瓜达尔卡纳尔，但海军在外围战场上却取得了骄人的战绩。总部设在腊包尔、以三川军一中将为司令官的第八舰队（新组建的部队，隶属海军东南方面军）获悉美军强攻瓜达尔卡纳尔的消息，立即前往增援。

8月8日凌晨2点，第八舰队在萨沃岛海域与美军太平洋舰队主力部队遭遇。一战下来，日军共击沉美巡洋舰4艘，重创美巡洋舰1艘、驱逐舰1艘，击毙、击伤美军1 700余人，而日舰除“加古号”在返航时被美潜艇击沉而外，无一重伤，日军死亡仅58人，伤53人。

美海军不敢恋战，仓皇向努美阿方向逃去。要知道，像瓜达尔卡纳尔这样的小岛，所有的补给都依赖于海上运输。海军逃走了，留在瓜达尔卡纳尔岛上的美国海军陆战队变成了一支孤军。日军估计，该部队的给养和弹药只能维持一个月左右。

换句话说，即使陆军不对瓜达尔卡尔纳发动攻击，只要海军在外围守住各条通道一个月，就可以把岛上的美军困死。更何况，山本五十六闻知美军在瓜达尔卡尔纳登陆，正率领联合舰队主力部队（其中包括第二、第三舰队）赶往腊包尔。届时，日军的实力必将大增（驻守提安尼岛的第十一航空舰队也正赶往腊包尔）。

不过，一个月左右的时间对日军，尤其是对海军而言，实在太长了。永野修身认为，夺回这个战略小岛很简单，只不过需要陆军的支援和配合罢了。在前往日光之前，永野修身派他的部下来到陆军参谋本部，通过私人关系，向作战参谋询问是否愿意把这个岛上的美军消灭。

陆军参谋们问："这个行动需要多少陆军？"

海军代表回答说："不用大多，美国人登陆只用了2000多名海军陆战队员（情报严重失实，此时登陆瓜达尔卡纳尔和附近的图拉吉等岛的美军已达1.6万之多）。"

由于海军代表信誓旦旦，陆军的作战参谋答应向陆军大臣东条英机推荐这一方案。东条英机实际上和海军"穿着一条裤子"，所以这一方案的实施便成了程序问题。

8月13日，首相兼陆军大臣即要求大本营向联合舰队司令官和陆军第十七军司令官百武晴吉中将发出指示，动用陆军第十七军、以第八舰队和第十一航空舰队大部为主的海军东南方面部队，外加第二舰队和第三舰队大部为主的联合舰队主力部队，实施东新几内亚及所罗门群岛战役，消灭据守瓜达尔卡纳尔的美军，夺回岛上的重要据点，尤其是新修建的简易机场，而后迅速攻占图拉吉岛。

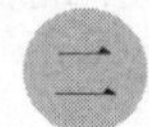

瓜达尔卡纳尔战事陷入胶着

按照东条英机的指示，陆军参谋本部向第十七军发出命令，要求百武晴吉速派6 000名精兵扫荡瓜达尔卡纳尔岛。海军军令部亦向联合舰队司令官山本五十六下达了作战命令。

8月16日，恶贯满盈的一木清直大佐（正是他的部队挑起了“七七事变”，手上沾满了中国人民的血）奉命率先遣队1 000人分乘6艘驱逐舰从特鲁克海军基地出发。8月21日凌晨1点30分，一木支队的第一批500名士兵向守卫在特纳鲁河口的美军发起了猛烈的攻击。

美军依托防御工事进行了坚决抗击。如潮水一般涌来的日军像稻草一样，一片片倒地。一木吓坏了，不是说美国大兵不堪一击吗？怎么会这样呢？不甘心失败的一木又组织了第二波攻击。这一次又和上一次一样，仍然没有一个士兵能冲到美军阵地的铁丝网前。

美航空母舰“企业号”在东所罗门海战中遭受空中攻击

这时，惨绝人寰的悲剧发生了。几名美军医疗队队员企图上前救护日本伤兵，却惨遭伤兵的杀害。范德格里夫特少将勃然大怒，下令赶尽杀绝，一个不留。

一战下来，一木先遣队全部

被歼，恐惧而绝望的一木烧掉队旗后开枪自杀了。

日军在陆战中全军覆没，海战也没占到便宜。在8月24日的空战中，日军击毁了美军“企业号”航母，但自身的损失则远比美军惨重，除大部分作战飞机被击落外，轻型航母“龙骧号”亦被美军击沉。

1942年8月底或9月初，从亨德森机场起飞的美国海军F4F战斗机攻击前来的日军飞机

为了掩盖事实，回到基地的日军飞行员信口开河地夸大了战果，称击沉了2艘美军航母。三川中将信以为真，立即向增援瓜岛的田中运输船队发出了警报解除的信号，命令他们继续前进。结果，田中运输队于8月25日在瓜达尔卡纳尔岛以北不到100海里地方遭遇了美军强大的“无畏”式俯冲轰炸机群。

毫无防备的日军运输队被打得措手不及，舰上的火炮甚至没有来得及装上炮弹，就有1艘大型运兵船和1艘驱逐舰被击沉了。日本舰队掉头驶离现场，向北逃窜而去。

8月28日下午，山本的旗舰“大和号”抵达特鲁克岛。了解了当前的战局之后，他脸上的神色显得很凝重，一副心事重重的样子。他意识到，东条英机的判断也许是正确的，美军的反攻已经开始，瓜达尔卡纳尔之战很可能就是这种大规模反攻的起点。

山本五十六和大本营进行了沟通，并建议将瓜达尔卡纳尔岛作为南太平洋的首要作战目标，与美军展开针锋相对的斗争。永野修身立即向东条英机作了汇报。两人为了在天皇面前挽回颜面，决定孤注一掷，不惜一切代价拿下瓜达尔卡纳尔。8月31日，东条英机指示大本营向陆军第十七军和海军联合舰队、东南方面军下令，停止莫尔兹比港方面的作战，集中力量对付瓜达尔卡纳尔岛上的美军。如此一来，实力雄厚的第八舰队和整个东南亚地区航空队都能够抽调出来参加瓜达尔卡纳尔之战了。

当晚，8艘驱逐舰载着川口少将和他手下的1000多人，悄悄靠近瓜达尔卡纳尔岛。日军要发挥擅长夜战的优势，在夜间登陆，让美军防不胜防。深夜，士兵们踉踉跄跄地走上了沙滩和岛上幸存的士兵合兵一处。

川口清点了一下，手下共有3100名士兵。按照计划，他应该在9月13日之前夺下机场，掌握战役主动权。为此，川口设计了一个看似万无一失的三面进攻计划：主力猛攻美国海军陆战队环形防线的后卫，第二支队伍从西面直逼机场，帝国海军陆战队的一支队伍则从东面对亨德森机场实施协同进攻。

但川口犯了一个严重的错误，他忘记了在向美军发起决定性的全力攻击之前，日军必须穿过泥泞不堪、充满腐臭的热带沼泽。在黑夜中，3000余名士兵摸索着前进，很快就被大量蜇人的昆虫和吸血的水蛭围攻了，筋疲力尽。

而美军早已在日军企图突破的那座陡峭的山岭上挖壕设垒，以逸待劳地等着他们了。川口和他的士兵们在沼泽和丛林中艰苦地穿行了一个星期之久，于9月12日晚抵达预定地点。结果，他们一边高呼着“万岁”，一边冲向美军阵地的时候，山坡上突然响起了“隆隆”的炮声，随后是“轰轰”的爆炸声。

在泰纳鲁河战役后，瓜达尔卡纳尔岛鳄鱼河口的沙洲上的日军士兵尸体

日军被炸得晕头转向，无处可躲。一夜下来，山坡上就堆满了日军的尸体。这个小小的山岭也因此得了一个令人恐惧的名字——“血岭”。

川口的自尊心受到了严重的打击，不得不带着尸体又从丛林撤退而去。由于太过自信，他将大部分食品都留在了后方（打赢了就可以吃美国供应的食品了），士兵们不得不在极其恶劣的环境下，以草根、树皮为食，在丛林小道中忍饥挨饿地步行了一个星期。

至此，瓜达尔卡纳尔岛成了日军的“死亡岛”。幸运的士兵也因缺乏食物和淡水，变得骨瘦如柴、羸弱不堪，失去了战斗力。

东条英机接到战报后，心里充满了深深的恐惧，绝对不能让美军在瓜达尔卡纳尔站稳脚跟，否则的话，日军在整个南太平洋都将陷入极大的被动之中。他立即以首相和陆军大臣的身份召集参谋总长杉山元和军令部总长永野修身等人，召开内阁和大本营的联合会议，商议对策。

疯狂的战争分子们最后决定将预定用于东部新几内亚方面的第二师团、驻荷属东印度方面的第三十八师团悉数调往东南太平洋，同时从关东军、中国派遣军、南方军和国内调去部分精锐力量，以加强第十七军的战斗力，企图于10月中旬一举夺回瓜达尔卡纳尔。

从1942年10月起，交战双方都不停地向瓜达尔卡纳尔增兵，小小的岛上最多时曾驻进了近10万作战部队。战争打到这个份上，拼得已经不再是战术了，而是综合国力。美国在这方面的优势太明显了，日本显然不是对手。

策划成立“大东亚省”

在瓜达尔卡纳尔打得一塌糊涂之时，东条英机又陷入了另一场战争。对他而言，1942年的秋季可谓喜忧参半。忧的是种种迹象表明，美军已经开始发动反攻了，中国战场的形势也不容乐观；喜的是，日军已经牢牢控制了整个东南亚地区。为了掠夺东南亚的石油、橡胶等战略物资，同时提高自己的政治地位，东条英机企图设置大东亚省，以加强对该地区的政治控制。

在一次内阁会议上，东条英机宣称：“使有关大东亚地区的政治、经济、文化等各种政务实施一元化，并为提高日本完成战争的力量，进而为建设大东亚共荣做出更大贡献。”

随后，企划院总裁铃木在东条的指示下开始拟订“大东亚省”成立方案，其核心是建立由东条直接控制下的一元化综合机构，将东亚地区悉数纳入东条英机的管辖之内。

8月下旬，东条英机又授意内阁书记官长星野向阁僚征求意见。慑服于东条英机的淫威，除外务大臣东乡茂德以外，其他人均赞成建立所谓的“大东亚省”。长星野如实向东条英机作了汇报。

东条英机面无表情地坐着，心里默默筹划着对付东乡茂德的办法。东乡茂德虽然比他的前任松冈洋右温和一些，但也不是一个甘愿受制于人的主儿。卢沟桥事变之后，日本内阁向中国派出了“兴亚院”和外务省的双层机构，各部队也在占领区设立了临时管理机关。这就造成了政出多门，无法统一管理的弊病。

对于这种现象，东条英机早就有所不满了，并将责任推到了外务省身上。

佐藤大佐见东条英机一直默不作声，建议说：“来自外务省的压力很大，如果东乡外相坚决不同意的话，这事恐怕不好办！”

东条英机阴沉着脸，从牙缝里挤出一句话："怕什么！这事不能再拖，决不能让其他地方变成像在中国那样乱七八糟。"

佐藤试探性地问了一句："首相阁下有什么两全之策？"

东条英机沉默了半晌，突然道："不需要考虑太多，阻力就是外相东乡，他必须服从内阁的决定，我相信这个方案会在内阁会议中获得通过。这件事不能再拖，不能再等外相回心转意，要提交9月1日的内阁会议讨论。"

为了避免不必要的争论，佐藤建议说："是不是我亲自到外相官邸跑一趟，也许能得到肯定的回答。"

东条英机决绝地说："没有必要！9月1日的会议一定要通过，如果那时东乡外相还坚持不同意的话，那就改组政府，请东乡自动退出内阁。我决心已定，不要再说什么了。"

9月1日，东条英机召开了内阁会议，商议建立大东亚省的有关事宜。果然不出佐藤所料，会议一开始，东乡茂德就暴跳如雷地吼道："外务省坚决不同意这个大东亚省方案，除非我不再担任外相。"

东乡茂德反对成立大东亚省是可以理解的，毕竟这个机构将分去外务省很大一部分的职能。东条英机的目的也正在于此。他高声反问道："本方案已经过多方充分酝酿和协商，所有阁员都同意，唯独外务大臣表示反对，不知道理由所在？"

东乡茂德反驳说："大东亚省方案是多余的，没有必要单独建立这样一个庞大机构，占领区的政务完全放心给外务省和当地亲日政府担负，本外相坚信外务省有这个能力。"

东条英机厉声道："中国占领区的情况已经表明，外务省不可能单独负起此责，这件事必须由政府、军方统一管理。"

东乡茂德解释说："中国占领区的混乱状况并不是外务省一方造成的，而是由多方带来的，责任不在外

东乡茂德（1882年12月10日—1950年7月23日）

务省，最初外务省独当一面时，政府的政策得到了极好的贯彻。”

东条冷笑道：“你能说外务省没有责任吗？”

东乡茂德突然站了起来，吼道：“搞乱中国占领区，政府和军方都有责任！正是军方的部属无拘无束地在那里乱搞一通，才会出现这种局面！”

东条英机心里“咯噔”一下，隐隐有些作痛。东乡茂德所说的确实是实情，日本对中国占领区的混乱统治很大程度上是由于军方胡作非为造成的。他沉默了半晌，缓缓道：“大东亚的其他国家对于日本有着一种特殊的血统关系，因此，有必要建立这样一个新的省来同他们打交道，它也可以除掉在中国占领造成的弊端。”

东乡茂德摇了摇头，反对说：“从这些国家本身来说，多半会对这一方案的创建感到气愤，他们会在这个草案中明显看到自己在政治上从属于日本。”

东条英机坚持道：“我们可以事先做些解释工作。”

东乡茂德厌恶地皱了皱眉，冷冷地说：“从结局看，如果新省与中国事务局相类似，那么其后果肯定是不利的，中国事务局除了激起中国人的敌对情绪之外，什么事也没有做成。”

东条英机趁机道：“所以我们才要重起炉灶。”

东乡茂德对东条英机的狡辩极其不满，但自知不是他的对手，只能以近乎悲凉的语气说：“分别建立两个外交机构，在日本外交政策上还会造成更大的混乱和分裂。”

过了一会，东乡又说：“到目前为止，日本帝国尚未赢得战争，假如内阁把精力集中在军事作战上，而把日本对于占领区的永久关系留待以后去考虑，这样将会更明智些……”

东条英机不等他说完，就反驳道：“军事占领和外交工作必须同时展开，军队开进之后，就不能再光依靠武力，而必须使用各种手段，经济的、政治的、文化的等。这些事情给现在的任何一个省都干不了，所以，建立新大东亚省势在必行。我决心已定。”

东乡怒吼道：“照这样说外务省都是吃干饭的？”

东条英机依然面不改色，冷冷地说：“这是一个综合性的问题，光靠外务省不行。”

东乡打定主意要一条路走到黑，实在不行就赖在外务大臣的位子上不下来，迫使内阁倒台。他阴阳怪气、不紧不慢地说：“我看，军方（东条英机兼任陆军大臣）存心不与外务省合作。”

东条英机被激怒了，他“噌”地站起来，指着东乡的鼻子，大声道：“是外务省不与军方合作！我是首相兼陆军大臣，有权说服在坐的诸君同意这一方案，如果谁反对，就请自动退出内阁好了。”

东乡没有被东条的威胁吓倒，他也亮出了手中的“王牌”：“外相将请求天皇陛下解散内阁。”

东条英机冷笑了几声，心想：“凭你一个小小的东乡茂德就想迫使内阁倒台？简直是痴人说梦！”

东条英机有军方的支持，又控制了大部分阁僚，天皇绝不会因为东乡茂德一个人的反对而解散内阁的。两人的争吵持续了好几个小时，一直到下午休会时才暂时结束。

政府首脑们见东条英机已经铁了心要设置大东亚省，而东乡茂德又寸步不让，担心双方的冲突可能会导致政府改组。于是，他们便联合起来向东乡施压，迫使他主动提出辞职。东乡茂德见自己已经成了孤家寡人，再和东条英机斗下去也不会有什么结果，便在当天下午6点答应了单独辞职的要求。

如此一来，东条英机不但如愿以偿地使他的方案得以通过，而且还临时兼任了外务大臣一职。9月17日，东条英机才任命他忠实而听话的奴仆谷正之为外务大臣。

1942年11月1日，东条战胜所有对手，迫使天皇勉强同意发表敕令，正式成立了大东亚省，下设四个局：总务局、满洲事务局、中国事务局和南方事务局。青木一男被东条英机选为了第一任“大东亚大臣”。从此之后，“大东亚省”便成为了东条英机直接统治和掠夺被占领国人民的又一罪恶工具。

四 “东条英机吃屎！”

东条英机在政治上战胜了东乡茂德等人，但在军事上却输给了美国人。在他和东乡茂德等人争论的时候，日军在瓜达尔卡纳尔外围的海战中损失了数艘大型航母和几十艘战列舰、巡洋舰和驱逐舰，飞机损失更是数以百计，运输船舶的损失也都很大。为了弥补损失，同时加强对瓜达尔卡纳尔的物资补给，工业生产能力明显落后一筹的日本只能再次大规模地征用商船。

当军方把大规模征用商船的计划递交企划院时，立即遭到了强烈的反对。自太平洋战争爆发以来，日本资源匮乏的弊病日益凸显。占领东南亚之后，日军虽然获得了大量的石油资源，但却没有足够的油船将其运回国内。陆军和海军之间因为油船分配的问题曾爆发多次激烈的争吵。

对此，东条英机除了表示努力协调之外，别无良策。东条英机也曾想过向他们的盟友希特勒求援。在一次联席会议上，东条英机说：“为了增强帝国物资方面的战斗力，内阁要求德国供应帝国急需的船舶及重要资料，为了落实这个办法，对供应德方所需物资及其他事宜采取特别措施。”

东条英机想从希特勒那里取得50万吨船舶和100万吨钢材。然而，希特勒也正在为日益吃紧的后勤供应发愁，急得犹如热锅上的蚂蚁。结果，日本方面和德国交涉了一个月，电报发了不知多少封，得到的答复竟然是：“除了一万吨特殊钢材外，其他物资和船舶都不能提供。”

听到这一消息，东条英机气得破口大骂道：“岂有此理！希特勒实在不够意思，给一万吨钢材还不如什么都不给，这哪里还是轴心国同盟！狗屁都不如！真是岂有此理！”

希特勒靠不住了，只能想办法从内部解决。1942年10月22日，在东条英机的努力下，海陆两军达成共识：海军立即解除征用9万吨船舶，陆军

在10月25日－26日的最后总攻后，日军第二师团士兵的尸体布满战场

则在所罗门方面的战事结束后解除征用13万吨。

东条英机扬扬得意，以为问题已经得到解决。但三天后从瓜达尔卡纳尔方向传来的消息又让他掉进了冰窟窿。10月25日，以第二师团为主力的第十七军对瓜达尔卡纳尔发起的第二次总攻再次遭到惨败。这就意味着，陆军非但不能解除征用船舶，还得追加征用的数额。

为了政治上的需要，东条英机毅然决定组织第三次总攻。参谋本部依照东条英机的指示，命今村中将统一指挥第十七军和第十八军，百武的第十七军全力对付所罗门群岛，今村的第十八军则接替第十七军在新几内亚的防务。

今村深受东条英机的赏识。他能够在危急时刻出面，也主要得益于东条英机的推荐。按照惯例，今村受命后要在参谋总长杉山元的陪同下前往皇宫听候天皇的训诫。当今村鞠躬退出时，天皇说："今村！我知道我官兵在瓜达尔卡纳尔备受苦难，火速前往解救他们。"

今村唯唯诺诺地说："末将定当严守陛下的训诫。"

嘴上虽然这样说，但他的心里却一点底也没有。百武将军早已从前线发来电报，告诉他：瓜达尔卡纳尔的陆军因后勤供应不上，每天饿死的人数多达百余人，而且有增无减。"待你增援的两个师团抵达，本人怀疑还能有几人幸存。"

百武此言有吓唬今村的意思，但并没有夸大战场上的情况。由于药物和食品极度匮乏，饥饿和疟疾已成为瓜达尔卡纳尔岛上的日军最大的敌人。在光秃秃的海滩上，堆着大量臭气冲天的尸体。尸体的后面就是挤作一团的日军士兵。他们瘦骨嶙峋，活像一具具骷髅，很多人已经不能站立，甚至连说话的力气都没有了。根据以往的经验，那些躺在地上小便的人最多还能活三天，不能说话者最多还能活两天，至于那些不能眨眼者，则随时会死去。如果美国人发起冲锋的话，几个人就能要了他们数千人的性命。

然而，这些日军官兵却极其顽强。他们会在夜幕降临时一次一次地组织冲锋，企图冲上美军的阵地。一次，那须大佐拄着指挥刀，率领两个中队的兵力发动进攻。他好不容易一拐一瘸地穿过美军的铁丝网线，黑暗中突然一阵枪响，一颗子弹从他的胸膛穿了过去。几分钟后，两个中队的士兵自中队长以下全部倒了下去。这种自杀式的冲锋一个晚上会重复好几次。

战斗的间隙，双方士兵还会互相骂阵。日本兵高喊："为天皇讨还血债！"美国大兵回敬道："为罗斯福和埃莉诺（罗斯福夫人）讨还血债！"美国大兵大骂："东条英机吃屎！"日本兵则回敬道："贝比·鲁（美国著名棒球运动员）吃屎！"

面对瓜达尔卡纳尔岛上的惨况，陆军省和参谋本部就行动方针产生了严重的分歧。参谋本部主张继续打下去，直到夺回该岛。为此，他们提出了要追加37万吨船舶吨位的要求，同时补充兵员和物资。不久，海军部也提出了加征25万吨船舶吨位的要求。

东条英机

海陆军的要求加在一起足足有62万吨，已经远远超出了日本国力所能承受的极限。陆军省军务局长兼东条英机的顾问佐藤贤了看着海陆军提出的计划，勃然大怒，骂道："帝国早晚会毁在这帮混蛋的手上。当前最好的办法就是撤军，撤军！”

一次，东条英机等人一边用晚餐一边讨论前线的战事。佐藤少将气呼呼地对东条说：“参谋总部应该放弃夺回瓜达尔卡纳尔的打算。”

东条英机突然提高声音反问道：“你的意思是说撤退？”

佐藤解释说：“我们已经没有别的选择了。即便是现在就撤，可能也已经晚了，我们已经尽了最大努力。如果再这样消耗下去，我们就不会有取得战争胜利的机会。由于制空权和制海权都握在敌人手里，皇军在瓜达尔卡纳尔的阵地是难以守住的，假如我们这样拖下去，（瓜达尔卡纳尔）将成为消耗兵力和运输舰的消耗战。”

东条英机长长叹了口气。从军事上讲，佐藤的意见是正确的。但东条英机还要考虑政治因素，天皇已经下达命令，要求军方夺回瓜达尔卡纳尔，他也向天皇作了保证。如果这个时候撤退，无异等于向天皇承认：日本人输了。那么，战败的责任由谁来负呢？除了他东条英机之外，不会有第二个人！

最好的办法是什么呢？那就是让参谋本部自己下达撤退的命令。他对佐藤说：“即使我们要夺取该岛，也不能答应参谋本部要求的全部船只。如果如数给他，我们年产400多万吨的钢就得削减一半，仗就打不下去了。把船只数量减少是否能使参谋本部不得不决定撤退？”

佐藤语气坚定地回答说：“不会立刻决定。”

东条英机沉默了半晌，突然叹了一口气。这时，佐藤突然提议说：“目前可暂不提撤退一事，但是只部分地满足陆军提出的吨位。”

当东条英机按照佐藤的建议和参谋本部交涉的时候，双方立即陷入了激烈的争吵之中。杉山元一再向东条英机解释瓜达尔卡纳尔战略地位的重要性，并说：“以第十七军司令官为首的3万皇军正在实施登陆作战，命令这支部队撤下来比继续进攻还要困难。”

东条英机则解释说：“现阶段最重要的是迅速提高国力和战斗力，追加征用势必将导致国力迅速下降，对未来决战极为不利，绝不能答应。”

佐藤等人干脆提出，现在就立即从瓜达尔卡纳尔撤退，据守后方战略防线，恢复作战态势。双方各执一词，没有任何一方妥协。

五

被迫取消瓜达尔卡纳尔战役

无休止的争吵并不能解决问题，当前最重要的是找到妥协的办法。11月20日，东条英机在内阁会议上按照佐藤的建议，宣布说：“暂时答应陆海军总加征29万吨；但必须分批拨给，首批于21日拨17.5万吨，其中陆军为14.5万吨，海军3万吨，第二批于12月5日拨给陆军9.5万吨。”

第二天，东条英机在内阁和大本营的联席会议上宣布了这一决定。他诉苦说：“关于船舶征用的影响问题，即便只是目前的征用量，就将使昭和十八年（1943年）度的钢材生产从本年度的427万吨下降到300万吨（总生产力有限，难免顾此失彼），如果满足统帅部的全部要求，就将下降到200万吨，这将给进行战争带来严重后果。”

然而，参谋本部对东条英机的安排并不买账。激烈的争吵一直持续到12月5日，双方依然未能取得一致意见。当天晚上8点，焦头烂额的东条不得不临时召开紧急内阁会议，商讨解决办法。否则的话，内阁就有倒台的可能。

经过激烈的讨论，东条内阁决定将第二批拨付的吨位提高到11.5万吨。不过，1943年度第一季度的补给只能拨付8.5万吨（正常损耗应该在16.5万吨），同时要求陆军在1943年4月以后解除征用18万吨的要求。

结果，这一方案遭到的反对更为强烈。为了安抚参谋本部的情绪，佐藤少将出面为东条辩护，并威胁说瓜达尔卡纳尔的作战必须“暂停”。佐藤威胁性的言语使得双方的矛盾更加尖锐了。

深夜，参谋次长田边盛武中将打电话叫佐藤去他的官邸解释内阁的决定。佐藤先和东条英机通了气，然后才提心吊胆地去田边家。刚走到田边的家门口，佐藤就听到屋内传出愤怒的喊叫声。他听出那是作战部长田中新一中将的声音，田中新一是一个易于冲动、性情暴烈的少壮派军官。

佐藤刚走进客厅，就有七八个参谋厉声问道：“佐藤君，请你说说这是怎么回事？”

佐藤还没有来得及开口，田中新一把手中的酒杯一摔，大骂道：“八嘎！”

佐藤见势不妙，转身就走。他还没有走出两步，田中就站了起来，顺手抽出指挥刀拦住他的去路。

众人见势不妙，赶忙上前拉住田中，夺下他手中的刀。两眼通红、满脸杀气腾腾的田中用力挣脱开来，朝佐藤猛扑过去，上去就是一耳光。佐藤也不示弱，立即还了田中一巴掌。

“打死他！”几名正在喝酒的参谋为田中助威道。

田中回头看了一眼，“哈哈”大笑起来。佐藤趁势逃了出去。田中望着他的背影，恶狠狠地骂道：“我早晚要杀了东条的这条狗！”

第二天一大早，醒了酒的田中仍然窝着一肚子火，他从被窝里爬起来便奔企划院总裁铃木贞一的官邸而去。刚刚起床的铃木被田中的举动气坏了，两人立即争吵起来。最后还是铃木的秘书将田中拉走了事。

或许担心陆军方面会做出更出格的事情，田中刚走，铃木就把参谋次长田边盛武叫到了官邸，答应将陆军次年填补损耗量增加到12万吨。不过，企划院总裁并不能完全做主，这件事还需要身为陆军大臣的东条英机批准。

田中的“无理取闹”让东条英机十分不满。他认为，必须采取强硬措施，否则的话，陆军会更加嚣张的。他让佐藤通知统帅部：“不管怎样，陆军只能得到内阁决定的吨位数。”

杉山元和他的部长们面面相觑，陷入了深深的绝望之中。按照东条英机的计划，他们将不得不取消瓜达尔卡纳尔的作战计划，全面收缩东南太平洋上战线。抱着最后一次希望，杉山元决定再和东条英机交涉一次。

当晚，杉山元领着参谋本部各部长，驱车来到了首相官邸。众人走到大厅门口的时候，杉山元似乎想起了什么，把负责撰写大本营机密日志的中村大佐拉到一旁，小声对他说：“记住，我们不是来吵架的。如果再吵架，你就把田中立刻带出来。”

众人走进客厅，只见佐藤和另外两个人早已坐在地板上。田中朝佐藤瞪了两眼，刚想伸拳示威，立刻被中村给按住了。秘书听说众人要见首相，不安地说："首相已经休息了，还是等明天吧！"

杉山元怒吼道："此事事关帝国的命运，岂能等到明天。"

秘书磕磕巴巴地说："可是，可是……"

没等他"可是"完，杉山元一边伸手向腰间摸去，一边骂道："再可是，我就毙了你！"

秘书无奈，只得去请东条出来了。到了午夜时分，东条英机才身穿和服走了进来，坐在榻榻米上。田中横眉冷对，大声道："请求首相重新考虑参谋本部的要求。"

东条慢条斯理地说："内阁已经作出决定，只能这样办。"

两人你一言我一语，争论了半个小时，嗓门越来越大，调子越来越高。田中终于控制不住了，他高声吼道："你准备怎样对待这场战争？这样下去我们要失败的！你真他妈的混蛋！"

东条英机也提高了声音，怒道："你这是用的什么骂人话！"

中村大佐见势不妙，赶紧上前把田中往外拖，一边拉还一边说："这是参谋总长的命令。"

第二天，东条英机重新召见杉山元，严厉斥责道："一个作战部长（田中）竟敢谩骂陆军大臣，真是岂有此理！"

杉山元默不作声。东条英机又说："参谋本部不能容许有这样的人存在。"

杉山元依然默不作声。过了一会儿，东条英机消了气，又用缓和的口气说："内阁准备重新考虑船舶的征用问题。"

东条英机之所以作出妥协，主要是为了内阁的稳定。如果陆军存心倒阁的话，他东条英机也非对手。当天晚些时候，东条英机和杉山元达成妥协：参谋本部将田中调到南方军总司令部任职，内阁答应次年1月至3月的船舶损耗量如超过了预定量，由大本营和内阁协商决定。

12月10日，经东条英机提议，为研究解决陆海军加征船舶问题，内阁和大本营专门召开了由天皇出席的御前大本营政府联席会议。由于天皇倾向于夺回瓜达尔卡纳尔，东条英机最后不得不在加征船舶的问题上作出让步。

但这对大势已去的日军来说已经没有什么意义了。离那场闹剧还不到一个月的时间，1943年1月4日，大本营鉴于损失过于惨重，且美澳部队在新几内亚方向的攻势又有所加强，不得不下达了取消瓜达尔卡纳尔战役的命令。就这样，持续半年的瓜达尔卡纳尔战役以日军的惨败而告终。从此，日军在太平洋战场上开始全面收缩，战略主动权完全转移到了盟军一方。

第十二章 罪恶生涯中最后的疯狂

“山本死了……”

瓜达尔卡纳尔惨败让东条英机陷入了深深的恐惧之中，而一个月后从苏德战场传来的消息更是让他对战争的未来产生了恐惧。1943年2月2日，德国陆军元帅保卢斯在寒冷、饥饿和死亡恐惧的折磨下在斯大林格勒率第六集团军向苏军缴械投降，成了苏军的俘虏。从此，不可一世的德国陆军走上了下坡路。

这时，时任外务大臣谷正之（东乡茂德于1942年9月下台，东条英机兼任17天的外相，而后由谷正之接任）送来了两封日本驻德大使大岛浩发来的电报。电报上说，由于德军在苏联前线接连失利、处处败退，看来大有逆转之势，德国统帅部要求日本进攻苏联的呼声又起，里宾特洛甫部长多次当面要求本大使致电政府，配合希特勒消灭斯大林。

太平洋和中国战场已经让东条英机头疼不已了，他无论如何也不愿意在这个时候和苏联人结怨。更何况，心胸狭窄的东条英机一直对希特勒拒绝为日本提供物资和船舶援助而耿耿于怀，伺机报复。现在，他怎么会白白浪费这一大好机会呢？

当然，作为一国首相，东条也不愿惹恼德国人。1943年2月20日和24日，东条两次召集大本营和内阁的联席会议，商讨派驻德意联络使节的名单，以及如何拒绝德国的要求。这两次会议没有分歧，也没有争论，众人一致同意拒绝德国进攻苏联的要求，并通过了一份以外务大臣谷正之的名义起草的复电。

电报实际上是由东条内阁和大本营的军政首脑们共同起草润色的。电报上说，在目前形势下，德国政府衷心希望日本对苏开战，对此，日本方面不难理解，但日方只能坚持以往的对苏态度，电报指示大岛浩，要他当面向希特勒和里宾特洛甫解释日方的态度和立场，请德方谅解。

2月26日，东条英机又专门召集陆军、海军和外务省首脑，研究商讨轴心国合作事宜。东条英机指示联络使节们说：德、日、意三国应采取一切强有力的战争手段，“首先迅速在大东亚和欧洲确立自强不败的态势；同时尽速加强通过印度洋和西亚的军事及经济的合作”，“在进一步加强太平洋、印度洋、大西洋及地中海作战的同时，最大限度地加强海上交通破袭战”，同时，“相互间应尽量通融和满足另一方所需要的原料、资材和技术。”

东条英机的这些指示只是老生常谈罢了。但除此之外，他已经想不出更好的措施了。1943年对德意日法西斯而言注定是走向灭亡的起点。在盟军的反攻下，侵略者的命运已罩上了穷途末路的阴影，轴心国三方都是自身难保，各自为战，根本谈不上完成所谓的“共同战争”了。

日军在战场上的接连惨败很能说明问题。3月3日，孤注一掷的“81号作战”在澳大利亚丹皮尔以悲惨结局收场：7艘运输船和4艘驱逐舰在熊熊大火中葬身海底，运输船满载的军需品和武器全部沉入海底，6900名官兵中有3700名“为天皇捐躯”，仅800人徒手逃到莱城，其他全部成了美军的俘虏！

东条英机从军令部总长永野修身的手中接过战报，草草扫了一眼，突然大发雷霆，指着永野的鼻子骂道：“海军部实在无能，瓜岛的失败已经向我们敲响了警钟，海军为什么不能打一场胜仗？”

永野修身没有回答，他还能说什么呢？或许正是东条英机的痛斥让永野下定决心全力支持联合舰队司令官山本五十六提出的“伊号作战”计划，打一个漂亮仗，以振士气。4月7日到12日，山本五十六指挥海军在图拉吉、瓜达尔卡纳尔、新几内亚广大海域和美军展开激战，炸沉美军驱逐舰、油船、护卫舰各1艘，运输船数艘，飞机数十架（日军损失了60余架作战飞机和精英飞行员）。

但日军飞行员却向他们的司令官撒了一个弥天大谎。他们声称炸沉了美军1艘巡洋舰、2艘驱逐舰、25艘运输船，击落了200架飞机，并把敌人的简易机场炸了个稀巴烂。

东条英机接到的战报便是掺了水分的那一份。几个月以来的阴霾一扫而散，他的脸上又露出了笑容，似乎胜利已经在望了。他怎么也不会想到，这些“辉煌战果”只是日军飞行员信口编造出来的数字罢了。

东条英机还没有高兴几天，一个更大的噩耗又从南太平洋传来了。4月18日，东京收到急电，称联合舰队司令官山本五十六和他的参谋长一行在乘飞机到前线视察的时候遭遇美军埋伏，坠落在了茫茫密林之中，除已获悉参谋长宇垣缠和会计长负伤获救外，其他人生死不明。

军令部次长和第一部长福留繁在当天晚上拿到了这份沉甸甸的电报。当时，东条英机正在家中用餐。他听说山本出事了，先是一愣，随后便放下碗筷，吩咐佐藤说："马上去海军省打听一下详情，务必搞清楚前方的情况。"

佐藤走了，东条望了望桌子上的饭菜，想再吃几口，但似乎想到了什么事，马上向办公室赶去。他给海军省打电话，问："派搜救部队了吗？"

海军省的官员告诉他，海军已经和陆军方面沟通，正在搜救。东条放下电话，又以陆军大臣的身份向陆军第十七军和第十八军下令：无论如何，务必要尽快弄清真相。

东条英机和山本五十六并没有什么交情，甚至可能不喜欢他。不过，东条的心里很清楚，日本海军不能没有山本五十六，要是没有他，联合舰队绝对没办法取得珍珠港和后来一系列的胜利。

4月20日上午，东条英机获悉搜救队已经找到了山本五十六的尸体。他颓然地跌坐在沙发上，双目无光地盯着前方，右手还紧紧抓着话筒。佐

山本五十六阵亡前最后一张照片，1943年4月18日

藤轻声唤了两声："首相阁下，首相阁下。"

东条英机放下话筒，抬头朝佐藤看了一眼，两眼里尽是泪水。过了几秒钟，他索性"呜呜"地哭出了声。佐藤想说几句安慰的话，但看着"呜呜"哭泣的首相兼陆军大臣，什么话也说不出来。他觉得，这个时候也许该退出去，让东条一个人待一会儿。

佐藤刚想退出去，东条英机突然站了起来，号啕着对佐藤吼道："山本大将不能死！不！他没有死！快，快去派飞机把他从前线接来，我要亲自禀报天皇陛下嘉奖他！"

佐藤怔怔地站在原地，大声道："是，首相阁下。"

闹了好一会，东条英机才安静下来。他一边抽搐着，一边命令前线舰队长官：一定要保存好山本大将的遗物，将他的尸体立即就地火化，封锁山本战死的消息，以免影响部队的士气。

5月21日，载着山本骨灰的"武藏号"战列舰抵达东京湾。直到这时，日本政府才按照东条的指令，向民众公布了山本的死讯："联合舰队司令长官海军大将山本五十六，本年4月于前线，在作战的飞机上指挥战斗，不幸遭遇敌机轰炸，壮烈牺牲，遵圣上亲命，接替他职务的是海军大将古贺峰一，已前往联合舰队就任。"

两天后，山本的骨灰由专列送至东京车站。东条英机率领岛田、永野等军政要员早已列队恭候在月台上。天皇的侍从武官诚英一郎、各宫室（亲王）的代表也在列。仪式简单而肃穆，许多人都在呜咽。东条英机脸上毫无表情，心里不停地嘀咕着："山本死了，山本死了……"

二 受到天皇的质疑和埋怨

山本五十六的死让日本民众感受到了战败的阴影。在大部分日本民众的心中，山本五十六乃是战神，有了他，日军无往不利；少了他，日军还拿什么打胜仗呢？5月11日，即“武藏号”驶往东京湾的时候，美军向阿留申群岛的阿图岛发动了进攻。

当时，驻守阿图岛的日军为2 500人，并筑有预备工事。相对日军在南太平洋上的一些岛屿的防守力量而言，这里的防守相对要薄弱一些。美国一个整编师的兵力在54艘作战舰只和250架飞机的支援下，强行登陆阿图岛。岛上的日军负隅顽抗，非常顽强。

惨烈的战斗打了近20天，美军终于在5月30日凭借优势火力突破了日军的阵地。岛上2 500名日军官兵死亡2 351人，其余全部负伤，成了美军的俘虏。

当阿图岛惨败的消息传到东京时，日本举国上下正在准备为山本

日军在1943年于阿图岛进行火炮试射

五十六举行国葬。日本民众不禁叹道："看来，山本元帅（死后追认）的英魂带走了帝国皇军的好运！"

东条英机比普通民众更为惊慌，一战死亡2 351人，这在日本陆军作战史上极为罕见。如果处理不好，此事将对陆军的士气和战斗力产生极大的负面影响。为了鼓舞人心，东条英机决定将阿图岛战役描绘成日本陆军的"史诗"，使其成为"提高全体国民战斗精神的刺激剂"。

然而，越来越多的日本人已经从最初的战争狂热和胜利的喜悦中冷静下来，开始重新审视这场罪恶的侵略战争了。东条的宣传没能降低巨大的伤亡对民众心理的冲击力度。甚至连天皇也对战争和帝国的命运产生了怀疑。

当天黄昏时分，参谋总长杉山元前往皇宫向天皇汇报阿图岛战况。天皇不无埋怨地说："将来，你一定要事前有成功的把握才能行。"

杉山元听出了天皇的言外之意，怔怔地站着，不知道该如何回答。天皇又用缓慢的语速和低沉的声音说道："海陆军参谋长本来就应该预见到会出现这种局面。敌军5月12日登陆后，他们整整过了一个星期才研究对策……海陆两军是否赤诚相见？似乎是一方提出一个办不到的要求，另一方则不负责任地答应实现。双方不管怎么商定的，都必须执行。如果他们不能实现彼此作出的承诺，这比当初作出承诺更糟。假如海陆两军之间有摩擦，这场战争就不能胜利结束。在制订计划时，彼此应该完全公开。"

天皇平日里的话不多，直接对战场或大本营的指挥发表的意见更是少之又少。然而，这一次他打破了以往的惯例，不但说得很多，而且意见很尖锐。

杉山元诚惶诚恐地答道："臣谨记陛下的教导！"

深夜时分，杉山元驱车来到了首相官邸，求见东条英机。东条英机正坐在书桌前对着一堆文件发呆。那是各条战线送来的战报和海陆两军追加物资、飞机和船舶的申请。随着战争的深入和作战物资的极度匮乏，海陆两军的分歧越来越大，协调作战已经成了各自为战。海军认为，陆军出身的东条英机在分配作战物资，尤其是飞机的时候，明显偏向陆军（事实情况也是如此）。陆军则认为，东条英机偏向陆军，那是不忘本的表现，是理所当然的事情。结果，两个军种之间的摩擦日益公开。双方都试图控制自己所需要的每一种物资的生产而不给予对方。

在物资分配上如此，在作战的时候更是如此。这也是天皇抱怨海陆两军在作战过程中配合不紧密的主要原因。

杉山元向东条英机转述了天皇的意见。东条英机听完很是烦躁。海陆两军的摩擦本来就让他心烦不已，再加上天皇的指责，他甚至有些不知所措了。

随着盟军攻势的加强，日军的损失越来越大，而日本的资源极其有限（各占领区的物资倒是极其丰富，但一方面无法充分开发，另一方面由于缺乏船只和盟军的袭击，开发出来的部分也无法悉数运到国内），甚至连正常的战争损耗都无法及时补充了。

与此同时，美国等盟国的战争力量增长速度却远远超过了日本。战后统计的数据表明，战争爆发之后，美国的工业生产能力和产品增加了三分之二，而日本只增加了不到四分之一；美国的国民生产总值增加了36%，而日本只增加了2%。

美国的工业生产能力和经济规模在战前就远较日本为强（基数比较大），增长的速度又是日本的数倍，乃至数十倍，两者相比，孰强孰弱，显而易见。

但战争还要继续下去。东条英机决定收缩战线，秘密撤走阿图岛附近基斯卡岛上的防守力量，同时加强千岛群岛的防御，以防盟军下一步可能对日本本土发动进攻。但如此一来，日军在南太平洋上的力量就会相应减弱，尤其是运输能力。因为在一定时间内，总的运输船只是有限的，要增加对千岛群岛的物资运输，对南太平洋的物资运输自然而然就会减少。

东条英机的这一计划引起了正在南太平洋作战的海军的不满。他们不敢公开谴责东条，只能把一腔怒火射向陆军。海军大将丰田副武就多次痛骂陆军为“马粪”，是“饭桶”，甚至公开声称：“宁愿把女儿嫁给乞丐，也不愿把她嫁给陆军军人。”

千岛群岛的防御体系还没有建起来，南方的所罗门群岛又出事了。6月以来，美军采取蛙跳战术，开进新乔治亚岛、仑多伐岛和厄古努岛三岛的夹缝，直逼所罗门群岛的中心——新乔治亚岛。6月30日，美军在新乔治亚岛建立了登陆场，站稳了脚跟。

东条英机和一大帮陆军将领心急如焚。按照这个速度发展下去，所罗门群岛很快就会划入盟军的防区。届时，盟军便会以所罗门群岛为基地，直接威逼新几内亚、马来亚、菲律宾、关岛等地。换句话说，美国人一旦占领了所罗门群岛，就等于站到了东条英机和天皇的家门口。

天皇似乎比东条英机更着急。他一接到战报就紧急召见了东条，忧虑地说："我对目前的局势严重关切！"

然后，天皇发表了很多对战局的看法。他对战局的把握非常精准，让东条英机不禁暗暗吃惊。虽然他曾经轻视过天皇，但随着战争的深入，他越来越为曾经的想法感到恐惧，也越来越意识到，在日本唯一能左右局势的人只有天皇，他东条英机只不过是天皇手上的一颗棋子罢了。

从皇宫回到首相官邸，东条英机立即派人将佐藤贤了叫到了办公室。佐藤贤进来的时候，东条正低着光秃秃的脑袋，背着手，来回踱步，似乎在思考着什么。佐藤贤了叫了一声："首相。"

东条英机抬起头，吩咐道："去问问参谋本部，他们打算在哪里堵住敌人。"

佐藤站在原地，沉默了几秒，缓缓道："我们休想得到答复。无论是海军还是陆军，都不可能制订出堵住敌人的计划。"

东条英机又低下了头，脸上现出苦恼的神色。佐藤问："宫里怎么样？"

东条喃喃地说："天皇对这一切非常担忧。"

两人你看看我，我看看你，都陷入了沉默。过了好几分钟，佐藤才又问道："天皇究竟是怎么说的？"

东条英机仿佛受到了什么刺激，突然抬起了头，大声道："给你直说了吧，天皇说，'你们老说皇军是不可战胜的，但是敌人一登陆，你们就打败仗。你们从来也没有挫败过敌人的登陆。难道你们不能在什么地方做到这点吗？这场战争的结局将如何呢？'"

说完，东条无可奈何地耸了耸肩膀，似乎表示他刚泄露的秘密是无所谓的。过了几秒，他又补充道："噢，他的话大意是如此。"

佐藤惊呼道："这可是件严重的事情，天皇之所以向首相阁下说这样的话，那一定是他不能从陆海军参谋总长那里得到直截了当的回答。"

东条又像泄了气的皮球，脑袋再次耷拉下来。佐藤见状，又说："那可能就是他最后只能向你提出这个问题的原因。如果真是这样，我再说一遍，那可是件严重的事情。他一定是正在对军方失去信心……"

东条英机不耐烦地说："好了，不要再说了。我刚才说的并不是天皇的原话。他并没有表示对军方失去信心。但我承认天皇心情是痛苦的。我要去跟杉山参谋总长谈谈，你去找作战部长谈谈，然后我们必须采取某种措施。事情极其紧迫。我们不要说这是陛下的命令，必须坚持要他们订一个明确的战略计划，明确说明我们能在什么地方挡住敌人的反攻，我们最后一道防线在什么地方。”

佐藤立即回答说：“我同意。我们在贯彻政治策略时，也要牢记这一点。”

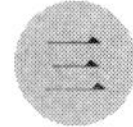

在政治上陷入孤立之境

日军在太平洋战场上节节失利，他们的盟友希特勒和墨索里尼的日子也不好过。1943年7月5日，疯狂的希特勒为了夺回苏德战场上的战略主动权，集结了90万兵力，调集了2700辆坦克、1万门火炮和2000多架飞机，全力进攻苏军在库尔斯克以西的阵地。

东条英机闻讯大惊，怒骂希特勒："简直是个白痴，太不自量力了。现在的苏军已经不是战争初期的苏军了，就像美军已经不是战争初期的美军一样。"

东条英机的判断没有错，苏军凭借优势兵力率先对德军阵地实施炮火打击，迫使德军不得不提前三个小时发动攻势。在库尔斯克地区，苏军的兵力和装备都占有绝对优势。战役爆发之初，苏军集结了130万人的兵力，2万多门火炮，3400辆坦克和2100余架飞机。

从7月9日起，蓄势已久的苏军投入了大批的预备队，使得库尔斯克一带的苏军累计兵力多达264万人、火炮52500门、坦克8200辆，飞机也多达6950架。

德军也不得不紧急向库尔斯克方向增援，共投入兵力154万人、火炮16000门、坦克5000辆、飞机5000架。

双方数百万人在库尔斯克广袤的草原上展开了激战，打得天昏地暗，日月无光。草原上到处都是坦克和飞机的残骸，尸体和枪械更是随处可见。

就在这时，于1942年11月登陆北非的盟军开始实施西西里作战计划，登陆西西里岛，威逼意大利本土。希特勒赶紧把党卫装甲军从库尔斯克抽调到意大利和巴尔干半岛，阻止盟军的攻势。苏军趁机向德军发起了大规模反攻。

7月25日，控制意大利政局达20年之久的独裁者墨索里尼在众叛亲离中黯然下台，被国王下令解除所有职务，关押了起来。随后，意大利巴多里奥政府开始频繁和盟军接触，企盼尽快将意大利从死亡的深渊中解救出来。

8月23日，库尔斯克战役以苏军的全面胜利结束了。在此战中，德军损失近50万人，坦克1500多辆，作战飞机3500多架，火炮3000余门。尽管苏军损失也很惨重，但苏德战场的主动权还是完全转移到了苏军手中。斯大林在评价库尔斯克战役的意义时曾说，“如果说斯大林格勒会战预示着德国法西斯的衰落，那么库尔斯克会战则使它面临灭顶之灾”。

库尔斯克战役的结局不仅对希特勒是一个沉重的打击，对东条英机来说同样是一个极坏的消息。日本人在欧洲的两个盟友每失败一次，所谓的大日本皇军便向失败更近一步。

9月3日，盟军在意大利南端的勒佐加拉勃利亚地区登陆。五天后，巴多里奥政府在没有通报日德两国的情况下宣布无条件投降，并倒向了盟军的阵营。不管是对希特勒，还是东条英机来说，这都不是什么好事。

虽然东条英机早就从情报部门得知意大利巴多里奥政府有可能单独和盟军媾和，但等盟军和巴多里奥政府正式发布声明的时候，东条英机仍然极为震惊和恐惧。第二天，他便召开了内阁和大本营的紧急联席会议，决定迅速与希特勒德国协商，解除在东亚各地的意大利部队的武装，接收意大利在东亚的势力范围，扣留意大利舰船。

希特勒则在欧洲对意大利部队采取了同样的措施，以防意大利部队为盟军所用。9月15日，东条英机和希特勒这两个疯狂的独裁者发表了所谓的《日德共同声明》，声称：“巴多里奥政府的背信弃义对三国条约毫无影响，该条约的效力没有任何变化，继续存在。大日本帝国政府及德国政府决心共同尽一切手段继续进行这次战争，直到取得最后的胜利。”

9月23日，在希特勒的支持下，墨索里尼（被希特勒从监狱里抢了出来）宣布成立新的“法西斯共和国政府”，并将首都从罗马迁往意大利北部的一个小城。四天后，东条英机内阁宣布：“承认以墨索里尼为首的法西斯共和政府为意大利国的合法政府。”

一系列的事件让东条英机和日本政府在政治上越来越孤立无援了。而前线不断传来失败的消息，则让东条内阁随时面临着倒台的危险。

在中太平洋战场上，美军航母编队和陆基航空兵自9月中旬以来，不断出动，对日军占领的威克岛、南鸟岛、马尔五斯岛、马绍尔群岛和吉尔伯特群岛的机场进行了大规模轰炸。到该年年底，美军海军陆战队便攻占了整个吉尔伯特群岛，岛上4600名日军除250余人重伤被俘之外，其他的全部战死。

在东南太平洋上，历时三个多月的新乔治亚群岛战役也于10月以日军的失败而告终。据日方统计，在新乔治亚群岛战役中，日军伤亡约2500人（水分很大，实际数字应远不止这些），损失舰艇19艘、飞机790余架。日军被迫向布根维尔岛南端的布因岛收缩。

随后，盟军以新乔治亚群岛为航空基地，在东南太平洋上同日军展开了空前激烈的海战和空战。日军损失惨重，22艘舰只被击沉（其中包括6艘作战舰），损失飞机121架，还丢掉了6个大型机场。至此，美军在东南太平洋上的兵力已达4.4万人，完全掌控了战略主动权。

在西南太平洋上，盟军已经在新几内亚展开全面反攻。那索湾、吴德拉克岛、基里怀纳岛、萨拉莫阿市、莱城和芬奇哈芬等地先后被美军占领。到1943年年底，日军在太平洋上重要的堡垒腊包尔已完全处于盟军的海、空力量控制之下。

更为重要的是，盟军从西南和东南太平洋上进军菲律宾的通道已被打通。麦克阿瑟随时可以沿着新几内亚北部的海岸线，直逼菲律宾了。

在中国战场上，国民党军队和中国共产党领导的抗日武装也趁着日军节节败退之际逐渐转入反攻。所谓的“大日本帝国”已经走到了黄昏。

东条英机不得不重新审视他的战争政策了。为了拉拢南京汪伪政权和东南亚各地傀儡政府，东条英机在国会大耍两面派手法，大讲什么“亚洲是亚洲人民的亚洲”，要把亚洲“解放”出来，给予“政治自由”，大力推行所谓“亲善睦邻”政策。

东条内阁还同汪伪政权签署了一个所谓的同盟条约，声称将“采取一切可能的合作与援助措施来建立大东亚”。日本政府情报局在公布新条约的声明中宣称，自从大东亚战争爆发以来，中国的形势经历了根本的变化。声明提到了汪伪政权对美英的宣战，说“这场战争终于扫除了英美在中国的势力”。

然而，实际情况是，东条英机为了补充战争损耗，依然不遗余力地从占领区，尤其是中国掠夺战略物资。1943年夏秋时节，中国汪统区的物价暴涨，经济即将陷入崩溃。日本人仍然强制收购中国市场上的粮食、棉布，源源不断地运回国内。东条政府还支持和纵容日军在中国沦陷区贩卖鸦片。

四

罪恶生涯中最后的疯狂

东条英机的鬼蜮伎俩欺骗了很多人，但也有一些明知道被骗也心存感激的人，汪精卫、张景惠等汉奸即是如此。他们靠出卖国家和民族的利益攀上了日本主子，爬上了高位，怎能不感激呢？

1943年冬季，为了彰显大东亚“亲善睦邻”，东条英机导演了一场大东亚会议。按照东条英机自己的说法，这场会议的召开是他一生中最满意的时刻。实际上，这不过是东条英机罪恶生涯中最后的疯狂罢了。

11月5日，泰国的温依、菲律宾的洛雷尔、缅甸的巴莫、印度的鲍斯、南京的汪精卫、“伪满洲国”的张景惠等人齐聚东京，受到了东条英机的“热情”招待。

汪精卫等奴才们欣喜若狂，纷纷表示要和日本并肩血战，共同抵抗英美的侵略，以保卫亚洲的“自由与和平”。

参加大东亚会议的代表合影。从左至右依序：巴莫、张景惠、汪精卫、东条英机、蒙嘉欧亲王、劳威尔、钱德拉·鲍斯

东条英机安排的记者们听到汪精卫等人的信誓旦旦的发言，将相机对准他们，不停地按快门。东条英机别提多高兴了，他神魂颠倒地对记者们宣称：“这是骨肉兄弟的激动灵魂的团聚，是世界历史上一次最大的盛会！”

汪精卫与东条英机

随后，东条英机走在最前面，引着他的一帮奴才走进了国会大厦议事堂。会场布置得庄严肃穆，中间的会议桌上铺着蓝色的纯毛哔叽，桌子摆成方马蹄形，仿佛代表大日本帝国要踏遍全世界，两旁是三棵盆栽树。

作为会议的主席和东道主，东条英机领着日本代表团坐在马蹄的前端。坐在他右边的是缅甸、伪满洲国和汪伪政权的代表团，左边是泰国、菲律宾和印度的代表团。

会议开始了，东条英机缓缓站起来，用他那低沉的声音道：“大东亚各国，由于不可分的关系而在各方面都紧密结合在一起，这是一个颠扑不破的事实。本人坚信，在这种情况下，我们的任务是确保大东亚的稳定，建设共存共荣新秩序。”

东条英机刚说完，汪精卫就忙不迭地表示：“在大东亚战争中，我们要胜利；在建设大东亚方面，我们要共荣。东亚各国应该热爱自己的国家，热爱邻邦，热爱东亚，我们的口号是：再兴中华，保卫东亚。”

接着，泰国的旺·威泰那康亲王、伪满洲国总理张景惠和菲律宾的洛雷尔相继发言。洛雷尔看上去非常激动，他说：“只要我们紧紧地、坚如磐石地团结在一起，那就再也没有什么力量能阻止或拖延10亿东方人获得自由和受限制的权利，以及缔造自己命运的机会。拥有无限智慧的上帝不会抛弃日本，不会抛弃大东亚各国人民。上帝将会降临人间，与我们一起流泪，为我们人民的勇气和英勇行为增添光辉，使我们能够解放自己，使我们的子孙后代自由昌盛。”

缅甸的巴莫被安排在最后发言。他激动地说：“这样一个时刻所产生的感情怎么说也不为过。多年来，我在缅甸做的是亚洲梦。我的亚洲血液常常向其他亚洲人发出召唤。无论是梦是醒，我都听见亚洲向她的孩子们召唤的声音。”

巴莫如诗歌朗诵一般的发言赢得了与会者的阵阵掌声。巴莫一直在追求缅甸的独立，他一厢情愿地以为日军可以赶走英国人，但他忘了，在日军的占领下，缅甸人民仍然没有摆脱被奴役的境况。此时，巴莫越说越激动，提高了声音继续道：“今天……我又听见亚洲的声音在召唤，这次却不是在梦中……我以最深厚的感情倾听了围绕这张桌子所发表的演讲。所有这些讲话都是动人的，值得铭刻心头的，而我——我可能言过其实，如果是这样的话，请诸位原谅——我好像从这些发言中听见了同样的亚洲的声音，把她的孩子们召唤到一起。这是亚洲的热血在召唤。现在并不是用我们的头脑思考的时刻，正是这种热血思考把我从缅甸带到日本……”

巴莫的奉承让东条英机听起来非常受用，他满脸堆笑，眼镜后面的一双小眼滴溜溜地扫视着会场上的每一个人，仿佛在说：“看，我的功劳多大啊！”

巴莫继续说：“仅仅在几年前，亚洲人民好像是生活在另一个世界里，甚至是生活在被分隔开的彼此疏远的几个不同世界里，互不相识，甚至不想相识。作为家园的亚洲在几年前是不存在的。那时的亚洲不止一个，而是许多，多得像使她分裂的敌人一样多，许多地区像影子似的跟着这个或那个敌国。

“我们重新发现我们是亚洲人，发现了我们的亚洲热血，也正是这股亚洲热血将拯救我们，把亚洲归还给我们。因此，让我们前进，走完我们的路程，让10亿东亚人朝着东亚人将永远自由繁荣并将最终找到他们归宿的新世界前进。”

巴莫的发言结束了。东条英机带头鼓起掌来，与会者纷纷起立，一边鼓掌，一边喝彩道：“说得太好了，说得太好了！”

几个月以来，东条英机从来没有像今天这么高兴过。有那么一瞬间，他甚至真的被奴才们的奉承陶醉了，甚至觉得他的“大东亚共荣圈”美梦已经实现了。

第二天，与会者在东条英机起草的《大东亚共同宣言》上签了字。该宣言声称：“在正义与互相尊重独立、主权和传统的基础上，建立共存共荣新秩序；在互惠基础上，努力加速发展经济；结束任何形式的种族歧视。”

再美好的谎言也无法掩盖东条英机发起《大东亚共同宣言》的卑劣目的。他只不过想把汪伪政权、缅甸、菲律宾和伪满洲国绑在日本的战车上，共同抵抗盟军的反攻罢了。

然而，东条英机的诡计对整个战局而言已经没有多大的影响了。11月28日，即东条英机导演的大东亚会议结束22天后，苏、美、英三国首脑为协调作战，召开了著名的德黑兰会议。会上，三国首脑经过反复争论，最终达成了一致协议，在1944年5月实行“霸王行动”并进攻法国的南部，在欧洲开辟第二战场。斯大林也答应同时发动攻势，阻止东线德军西调。

德黑兰会议还决定，在击溃德国法西斯12个月内，击败日本。斯大林表示：“我们欢迎你们在太平洋取得的成功，遗憾的是，因我们东线需要军队太多，目前苏联还不能发起对日战争。但是，一旦把德国打败，三个月后，苏联即向西伯利亚增兵，然后我们将能联合起来，打击日本。”

12月1日，德黑兰会议结束了，三国首脑发表了《德黑兰宣言》。德黑兰会议和《德黑兰宣言》是反法西斯联盟主要国家在战争后期建立有效军事合作的重要步骤，对加强盟国团结、加快第二次世界大战结束的进程、彻底打败德意日法西斯产生了重大作用和影响。后来，罗斯福曾如是评价这次会议：“我认为这次会议是很成功的，我并且确信它是一件历史性的事件。它表明，我们有能力共同战斗，更能在融洽气氛中为和平而工作。”

第十三章

垂死挣扎，妄图顽抗到底

一

别再提“和平攻势”了

英、美、苏三国首脑签订《德黑兰宣言》的消息传到东京后，东条英机的第一反应就是：“完了，一切都完了！”

东条英机对苏联有一种莫名的恐惧，这种恐惧可能来自张鼓峰和诺门坎两场战役的惨败。随着日军在太平洋和中国战场全面转入防御，东条英机就更不敢惹苏联了。他曾多次向天皇建议，改善日苏关系，以防步德国的后尘。

但现在一切都晚了。一旦苏军出兵中国东北，关东军（此时的关东军在装备和单兵素质上已明显落后于战争初期了）如论如何也挡不住他们的攻势。斯大林的话对东条英机打击很大。在接下来的日子里，他只要想起这件事就会浑身打战，汗流浃背，可谓惶惶不可终日。

就在这时，1944年度的物资分配问题又摆到了东条的办公桌上。对东条英机来说，这已经是困扰他的老问题了。早在1943年10月，为了统筹物资分配，东条英机不得不亲自兼任军需大臣和工商大臣。但这并没有改变日本物资紧缺的状况，也没能缓和海陆军之间因争夺战略物资而引发的矛盾。

1944年1月，东条英机和海军军令部总长永野修身举行了多次会谈，商讨如何应对日益恶化的战局。东条英机认为，日本海军的战斗力正在下降，在这种情况下，制止美英进攻和一举改变局势的唯一办法，就是集中兵力，伺机进行决战。

永野修身非常赞同东条的观点。随后，他向联合舰队下达命令，要求各部队做好准备，集中兵力，与敌人进行决战。

很明显，此时的东条英机依然将海军视为与敌决战的主力。所以，他虽然在心理上偏向陆军，但在分配作战物资的时候，又不得不照顾海军的要求。1944年，日本计划生产4.5万架飞机。海陆两军原本同意平均分配这些飞机。但是，一个月后，海军要求把他们应得的数量增加到了2.6万架。

在永野修身的鼓动下，东条英机默认了海军统帅部的要求。当陆军军务局长佐藤贤了知道这件事情之后，立即来到首相官邸，气呼呼地对东条说："这个问题太大，不宜过早决定。"

东条英机没好气地反问道："理由？"

佐藤显然是有备而来，他缓缓道："到目前为止，首相似乎一直想依赖海军在海上打胜仗并与美国决战。但是，这个想法已经无法实现了。今后，陆军要起主要作用，位于正在挺进的盟军与日本本土之间的各个小岛，要成为不沉的航空母舰，要成为未来的陆战基地。因此，大部分飞机应该拨给从事这些战斗的陆军。"

东条陷入了沉思。几分钟后，他抬起头，对佐藤说："看来你的想法是对的，我们必须依靠陆军，你去通知海军统帅部，就说总理大臣已经改变了轻重缓急的次序，让他们有个思想准备。"

佐藤马上离开了首相官邸，到军令部去见永野修身。因为说服了首相，佐藤的情绪高涨，满脸笑容。但永野修身就没那么开心了。他对正处在兴头上的佐藤咆哮道："海军拒不接受修改过的决定。"

佐藤贤了碰了一鼻子灰，又酸溜溜地跑回首相官邸去向东条英机告状。东条有些生气，但总算忍住了，没有发作。

2月10日，东条英机在皇宫召开了两军参谋总长及顾问会议，专门讨论物资分配问题。会议刚开始，海陆军的高级首脑们就吵了起来，而且声音越来越大，态度越来越恶劣，就差动手了。

永野修身坚持说："同敌人的关键性战役还是靠海上打，离开海军，就谈不上打赢战争。"

陆军参谋总长杉山元元帅针锋相对地质问道："如果把你要的飞机如数给你，你能否改变战争形势？"

永野修身被杉山元问住了，支支吾吾地说："关键性战役要靠海军打，但单靠海军恐怕难以赢得战争。"

杉山元冷笑道："你这是在玩文字游戏。"

眼看着海陆两军将领们越吵越凶，东条英机不禁皱了皱眉。佐藤贤了见状，别出心裁地提出一个折中的办法：集中生产战斗机，不生产轰炸机。这样便能多生产5000架飞机，使总数达到5万架，双方各分得一半。如此一来，海军比原来的2.6万架只少得了1000架。为了弥补这个差额，军需省可拨给海军3500吨铝。永野修身在心里盘算了一下，接受了这一方案。就这样，由佐藤贤了挑起的风波最终由他自己平息了。物资分配问题暂时告一段落，东条英机马上开始敦促海军省和军令部着手组建中太平洋舰队，以期尽快与美国人决战，取得最后的胜利。

中太平洋是美军战略计划中打败日本的突破口。美军太平洋舰队司令尼米兹将军亲自坐镇指挥，频频向日军发动猛烈的攻势。1944年2月7日，美军占领马绍尔群岛的中心夸加连。美军向这片巨大的珊瑚岛上倾泻了大量的重磅炸弹，整个岛链仿佛被翻了个过。岛上8500名日军大部在战斗中阵亡了，其余部分或逃或伤或被美军俘虏，结局非常悲惨。

2月16日至18日，美军中太平洋部队司令官斯普鲁恩斯又率他的快速航空母舰突击队拿下了特鲁克岛。在短短的两天之内，美军出动大批飞机，炸沉了日军9艘战舰、14艘运输舰，总计23万多吨，炸毁飞机270架，炸伤炸死日军1700余人。

特鲁克是日本所有委任统治地中最好的军港，曾被誉为“太平洋上的直布罗陀”。该岛被珊瑚环抱着，很难从海上进攻，但从空中攻击就比较容易了。现在，美军在太平洋上已经掌握制空权，要对特鲁克实施轰炸，是非常容易的事情。

东条英机

2月23日，斯普鲁恩斯的部队继续向前挺进，完全占领了马绍尔群岛最西端的埃尼威托克岛。如此一来，美军就从东、南两面对马里亚纳群岛、菲律宾等地形成了半包围之势。

面对美军咄咄逼人的攻势，佐藤主动向东条英机建议：“我们应该撤到菲律宾，在那里与敌人决一雌雄。”

疲惫不堪的东条英机阴沉着脸问：“你跟参谋本部商量过吗？”

东条英机佐藤回答说：“问题就在这里，参谋本部肯定会反对这样一个计划。我认为应该说服他们。首先要做的，就是放弃卡罗林群岛（在马里亚纳群岛和马绍尔群岛之间）和马里亚纳群岛，退到菲律宾。”

东条英机没好气地反问道：“去年，在一次御前会议上，我们把最后防线定在马里亚纳群岛和卡罗林群岛！你的意思是说，半年以后不打一仗就把它们放弃！”

佐藤固执地解释说：“在那个地区只有7个机场，美国人很容易在发动入侵以前就使这些机场失去作用。但在菲律宾，有几百个岛屿可以用作基地。”

东条英机似乎想说什么，但还没来得及说，佐藤就指着地图上的菲律宾，抢先道：“最后的战场应该在这里，因为如果那一仗打输，我们就没有能力再打了。这就是为什么我们要集中力量打最后一仗的原因——然后展开和平攻势，求得体面的解决。”

佐藤所谓的“和平攻势”其实就是在承认失败的基础上，以外交手段停止战争或有条件地投降。随着太平洋战场日益恶化，不少军政大员均持这种论调。但东条英机一直强烈反对所谓的“和平攻势”，他认为大日本帝国皇军之所以屡战屡败，是因为日本像他这样杰出的军事家太少，而庸才太多了。

东条英机气呼呼地瞪着佐藤，突然大声道：“别再提‘和平攻势’了，如果你我一提‘和平’，整个部队的士气就垮了。”

二

垂死挣扎，兼任参谋总长

佐藤走后，东条英机独自在办公室坐到很晚，始终没说一句话。突然，他站起来，拿起电话，打给参谋本部。电话接通了，他用平日里难得一见的温和语气说道："我是东条，请总长到官邸来一趟，有要事相商。"

大约一个小时，杉山元来到了首相官邸。东条英机迎出客厅，满脸堆笑地问候道："元帅辛苦了！"

杉山元不知东条英机葫芦里卖的什么药，向他鞠了一躬，回答道："首相辛苦，不知首相找我有何事要商量？"

东条英机把杉山元让到座位上坐定，缓缓道："是这样，在目前这种严重局势下，我建议你辞掉参谋总长的职务，最好由我兼任陆相和参谋总长。"

一直死心塌地为东条卖命的杉山元听说他要剥夺自己的军权，顿时火冒三丈，怒道："什么？要我辞职，在这样的紧要关头，这是违反我国长期以来的传统的，不应一个人既作出政治决定，又作出军事决定。斯大林格勒的灾难就是希特勒集军政大权于一身的结果。"

杉山元一口气说了一大段话，脸涨得通红，不知道是因为生气，还是来不及换气憋的。东条英机满不在乎地说："希特勒元首是士兵出身，而我，是堂堂的帝国大将。"

东条英机停顿了几秒，又接着说："请元帅放心，对于军务和政务，我会给予同等注意。这点你不必担心。"

杉山元摇了摇头，说道："说起来容易，但是，如果一个人负责两项工作，在两者利益发生冲突时，试问，你将重视哪一项？另外，这也会给将来创下一个危险的先例。"

东条英机提高了声调，恶狠狠地说："在这样一场史无前例的大战中，必须采取一切措施，即使打破先例也要采取，我决心已定，不得不亲自兼任陆相和参谋总长的职务。”

说完，他把一只胳膊放在桌子上支撑着身子，一只手叉着腰，冷冰冰地盯着杉山元，仿佛逼他就范似的。

杉山元毫不示弱，针锋相对地指出：“如果你这样干，陆军内部的秩序就必然大乱，无法维持！”

东条英机“哼”了一声，不屑地说：“如果有谁反对，我就立即撤换他！”

杉山元无奈地摇了摇头，回到了参谋本部。他知道自己斗不过身兼首相、陆军大臣和军需大臣等要职的东条，连夜写了辞呈。与此同时，东条英机则将此事通报了海军大臣岛田繁太郎和军令部总长永野修身，并希望永野也效法杉山，辞职了事。

第二天上午，东条英机即觐见天皇，以方便军事部署和物资分配为由，说服天皇颁布御令，任命陆相东条大将接替杉山元元帅，兼任参谋总长，同时令海军大臣岛田繁太郎大将接替永野大将，兼任海军军令部总长的职务。这样，东条英机就把首相、内务大臣、陆军大臣、军需大臣、工商大臣、参谋总长等要职都集于一身。这在日本军政史上还是第一次。

为了方便控制大本营，东条英机还分别为参谋本部和军令部增加了一名次长。后宫淳大将被新任命为参谋本部次长，冢原二四三中将被新任命为海军本部次长。他们与原来的秦彦三郎中将参谋本部次长、伊藤整一中将军令部次长一起，分别向东条英机参谋总长和岛田军令部总长负责。岛田繁太郎虽然身兼海军大臣和军令部总长之职，实际上却是东条英机的亲信，相当于东条安插在海军内部的傀儡。也就是说，日本的军政大权全由东条一人来把持。

东条英机的这一举动立即引起了军政界高层的严重不安。天皇的弟弟秩父宫亲王认为，首相、陆相和参谋总长不应由同一人担任。和杉山元一样，他当面质问东条英机：“当参谋本部和陆军省在战争问题上持不同意见时，你将怎么办？”

东条英机狡辩道：“在目前这个阶段，摆在我们面前最重要的任务是用我们全部国力去争取胜利。所以，在战争结束后，我将感谢你与我讨论这个问题。”

秩父宫亲王对东条英机的回答非常不满，不久又以书面形式向其提出了同样的问题。东条英机也同样以书面形式作了回答。他说：“……至于目前这个行动，如果你对此有什么疑问，我将乐于回答。如果我感到自己不再忠于天皇，那么，我将真心诚意地谢罪，并在御前切腹。”

不过，也有人为东条英机当上了参谋总长而高兴不已，他的顾问和陆军军务局长佐藤贤了就是其中之一。他刚一得到消息，就匆匆地冲进东条的办公室，连门都忘了敲。他的五官因为过于兴奋而挤在了一起。

东条英机眨巴着一双小眼睛，默默地盯着佐藤贤了。佐藤大声喊道：“首相阁下，你做得太好了！”

东条英机微笑着盯了佐藤片刻，回答说：“我东条不能得意，有很多人盯着我呢。”

佐藤满不在乎地说：“眼睛长在他们身上，谁管得了那么多呢！”

东条英机收起笑容，严肃地说：“如果某些少壮军官为此闹事，我不会让他们为所欲为的。在日本，以下犯上是决不容许的。我必须留神他们一点儿。”

佐藤贤了满心以为，东条英机当上了参谋总长，他就可以放开手脚去实施与美军在菲律宾决战的计划了。但东条英机的一个电话打破了他的美梦。东条英机以参谋总长的身份发号施令说：“我要准备保卫马里亚纳群岛和卡罗林群岛。”

佐藤一屁股跌坐在沙发上，完全失去了信心。从军事角度来看，要保住马里亚纳群岛和卡罗林群岛简直就是痴人说梦。

东条英机的专制独裁与狂热的军事政策引起了一部分高级将领与政客的不满。这种不满主要是出于对战争前途的忧虑。前首相冈田、米内、近卫等人秘密谋划，准备使用日本政界的老办法除掉东条——倒阁。

近卫等人直接向天皇进言，希望解除东条英机的一切职务，找一个愿意“立刻与盟国进行和谈”的人组阁。近卫还多次试图争取宫内大臣木户侯爵，但宫内大臣对此虽表示同情，却拒绝出力，他私下里曾说：“现在利用我对天皇的影响力是轻率的。”

面对各方的指责，东条英机公开辩解说：“人们常说本政府是独裁政府，但，我想把这个问题讲清楚……叫作东条的人只是一卑微臣民。我与你们是一样的。唯一的不同点是，我被授予首相的责任。就此而言，我与众不同。我只是沐浴于陛下的光辉下才显得出众。要不是这种光辉，我不过是路边的一块小卵石。正是因为我得到陛下的信任，并担负我目前的职务，才使我显得出众。这使我与欧洲的众所周知的独裁统治者完全不同。”

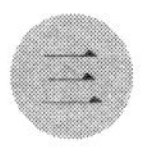

“干掉东条！”

与军方相比，政界采取的方法还算是温和的。以海军少将高木惣吉为代表的一大批军官已经开始秘密谋划，准备刺杀东条英机，将日本从太平洋战争中解脱出来。

高木惣吉是一个敏锐的情报专家。他曾奉海军大臣岛田繁太郎之命，对日本军政当局的绝密档案进行了仔细的研究，以便反省和检查日军在战争中所犯的错误。通过对海空力量损失的对比分析，高木惣吉得出的结论是：“日本不可能打赢这场战争。”

于是，高木惣吉在报告中提出：“唯一的解决办法是解除东条的职务，立即寻求和平，不管后果如何总比现在这样下去好。”

报告写完了，高木惣吉左右端详了半天，就是无法下定决心将其上交给岛田。岛田是东条英机的亲信，这在日本是众所周知的事情。一些刻薄的社会评论家甚至说：“岛田简直是东条的副官。”

如果将这份报告交给岛田的话，不仅会被束之高阁，可能连高木惣吉的生命都会遭受威胁，高木惣吉犹豫了。出于对国家前途和个人安全的考虑，高木惣吉决定去见米内光政大将和井上成美中将，把自己的调查研究报告告诉他们。

米内光政和井上成美皆是海军中的佼佼者，但他们也自认为不是东条的对手。米内对高木惣吉说：“最好把你的研究结果提交给冈田提督，他会想办法采取行动的。”

冈田和米内等人一样，不但是前首相，也是海军元老，对天皇的影响力可想而知。然而，高木惣吉把报告交给冈田之后，一连等了好几个星期，东条英机依然在职。

高木惣吉等不及了。在一个大雨倾盆、伸手不见五指的深夜，高木惣吉身着便服，悄悄闪进了近卫文磨的住宅。一见面，高木惣吉就把自己的研究结果和盘托出了。

近卫是个心胸狭窄的人，他一直对东条英机把自己踹下台的一脚之仇念念不忘。现在报复的机会来了，他怎能不欣喜若狂呢？更何况，此举乃是拯救大日本帝国于水火之中，是“正义”的行为。

近卫压低声音，神秘兮兮地说：“一旦刺杀东条英机后，军方应立刻发动兵变，以武力胁迫天皇重建和平内阁。”

高木惣吉冷静地问：“如果天皇不从呢？”

近卫恶狠狠地回答说：“那就逼他退位，另立天皇之弟秩父宫亲王或三笠宫亲王为皇，通过与美英的妥协来保住日本在大陆的主要利益。”

高木惣吉被近卫大胆的计划吓了一跳，他没想到自己一个微不足道的海军少将能够参与这场惊天动地的事变。

近卫见高木惣吉似乎有些犹疑，给他打气说：“你放心吧，秩父宫亲王（天皇的弟弟）、参河佐治、野本恒三、冈田（以上三人皆担任过首相之职）……重臣元老个个都想把东条英机千刀万剐，剁成肉酱！”

当夜，高木惣吉便和近卫制订了一个暗杀东条英机的计划。直到黎明时分，高木惣吉才离开近卫的家。

可能是由于过于兴奋，高木惣吉一点也不觉得疲劳，他马上开始物色合适的刺客。第二天一大早，就有十几个海军中佐和大佐来到了他的家中。高木惣吉关起门来，神情凝重地对他们说：“只有把东条暗杀掉，赶快同交战国和谈，才能使日本生存下去。”

这些中下级军官都曾在前线冲锋陷阵，见识过美军强大的火力和血肉横飞的恐怖场面。他们纷纷表示，一定按照高木惣吉少将的吩咐行事，拯救日本。

然而，东条英机身边有卫兵保护，想要刺杀他绝非易事。从何处下手呢？怎样才能不露出马脚呢？高木惣吉悄悄找了几个“暗杀专家”，让他们去调查东条英机的日常行程规律，并提出具体建议。

几天之后，高木惣吉掌握了东条的日常活动规律。他决定制造一起意外撞车“事故”。按照他的设想，暗杀的人分乘三辆汽车去截住东条的车队，由一辆汽车去撞东条的汽车，拦住他的去路，另外两辆则在东条的车旁停下，用左轮手枪击毙东条英机。

行刺之时，所有人都穿上海军军装，一旦成功，除高木惣吉留下承担全部责任外，其他人全部乘一架海军飞机逃往台湾。

就这样，一个暗杀战争魔头东条英机的方案出炉了。东条英机此时由于忙着收拾战场上的残局，对此一无所知。

3月4日，大本营成立了中太平洋舰队，由南云忠一海军中将任司令，作战时受联合舰队总司令指挥，其任务是与陆军第三十一军协同作战，保卫中太平洋。同时，大本营又以第二和第三舰队为基础成立了第一机动舰队，由小泽治三郎为司令官，它拥有2个战列舰分队、3个巡洋舰分队、9个驱逐舰分队和9艘航空母舰，另有360架作战飞机。东条英机希望第一机动舰队可以成为与美军决战的主力，但后来的事实证明，这支看上去很强大的舰队根本不堪一击。

前线传来的战报则让东条英机伤透了脑筋。在盟军的猛烈反攻下，东条英机所谓的“国防圈”前卫线相继崩溃，丢失特鲁克岛后，日本在东南太平洋上已没有一架海军飞机，其前卫门户腊包尔几乎已经丧失了战略价值。据情报部门提供的数据，从盟军反攻开始算起，截止到1944年2月，在短短的半年中，日军仅在东南太平洋就损失了13万兵力、约70艘作战舰艇、115艘运输船只和陆海军投入的8000架飞机。

为了堵住盟军的来路，东条英机以大本营陆军统帅部的名义，命令南方军将菲律宾岛化为一个巨大航空要塞，以准备“11号作战”。按照这一指令和东条退守马里亚纳群岛的设想，日本海军联合舰队新任总司令古贺峰一和东条一样专心致志地梦想着这一战能改变战争的进程。

古贺峰一（1885年9月25日—1944年3月31日）

古贺峰一是个讲求实际的人。他知道，在当前情况下靠一场战役改变整个战争进程的成功概率非常小。不过，他又不得不承认，这是日军扭转战局的最后希望了。3月8日，古贺峰一向联合舰队下达了作战命令，一旦美军靠近马里亚纳群岛或帛琉群岛或经由新几内亚闯入菲律宾海域，联合舰队必须全力出击。

联合舰队主力部队开始向马里亚纳群岛、卡罗林群岛和菲律宾海域集结。为方便指挥，古贺峰一决定将设在“武藏”旗舰上的司令部从帛琉迁往菲律宾。

3月底，古贺峰一和他的参谋长福留繁将军一起乘坐飞机飞往棉兰老岛。在飞机起飞前，他似乎有什么预感，感慨地对福留繁说：“咱们一起出击，一起捐躯吧！山本死得正是时候，我羡慕他。”

结果，恶劣的天气真的满足了古贺峰一的愿望。在飞抵菲律宾上空之前，两架四引擎飞机突遭暴风雨的袭击，古贺因飞机坠毁而丧命，福留繁的飞机在与暴风雨搏斗中，因燃料耗尽，被迫作了麦克阿瑟的俘虏。

联合舰队在不到一年里失去了两位总司令，而且都是乘飞机在前线死去的，这使从不信神的东条英机胆战心惊。但不管怎么样，战争都必须打下去。4月初，东条英机令海军省会同陆军省研究与盟军决战的方案。与此同时，他又下令军工部门将生产5万架作战飞机的计划提高到7万架。

一年生产5万架作战飞机都已经超过了日本国力所能承受的极限。现在东条英机居然把这一计划提高到了7万架，简直不可思议！由于缺少铁矿砂、铝、铜等物资，军工厂在制造飞机的时候不得不用胶夹板来代替铝板装配机身机翼。这样的飞机升空后连炮都不能开，一开炮，机壳和机翼就会在震动中解体。

军工负责人战战兢兢地向东条上报了这种飞机的“性能”，然后补充说：“美国人称它为‘飞行棺材’”。

已近乎绝望的东条英机两眼圆睁，脸色青紫，咬牙切齿地说：“干吗要开炮？开着飞机去撞！与美国人同归于尽，才是军人的天职！才是效忠天皇！”

军工负责人被东条英机的举动吓得一句话也说不出来。他怔了一下，马上溜出去继续督造“飞行棺材”去了。

塞班岛失守，战局已定

古贺峰一死后，高须四郎海军中将奉命临时代理联合舰队司令官之职。按照东条英机和古贺峰一的既定作战计划，高须四郎紧张地向菲律宾海域集结兵力，准备与盟军展开决战。

5月2日，东条英机签署委任状，命丰田副武海军大将接任联合舰队司令官。同一天，东条英机和岛田繁太郎等人制订的“阿号”决战计划在御前会议上获得了通过。该计划的主要内容是：“集中大部分决战兵力，在敌军主要反攻正面，一举消灭敌人的舰队，挫败敌人的反攻意图；预定以5月下旬为时限，在从中太平洋至菲律宾及澳大利亚北部一带海域捕捉敌人舰队的主力，以图歼灭之。”

东条英机等人同时强调：“在准备阶段，除特殊情况外，要避免决战。”

大本营海军部希望在帛琉近海与盟军决战。由于油船数量有限，大大限制了海军机动舰队的作战能力，将其行动半径限制在100海里以内。这意味着，即使将机动部队的待命地点推进到最前面的菲律宾中南部，也很难把它投入在马里亚纳方面的决战，所以决战地点只有选在帛琉的近海。

日本第一航空舰队布置在马里亚纳和加罗林群岛、澳大利亚北面以及菲律宾做好战斗准备的飞机，共1188架，其中舰基飞机360架。日军摆出一副决战的态势，准备同美国空海军在卡罗林群岛西部海域决一雌雄。而美国的下一个目标，将是由尼米兹上将亲自指挥，进击马里亚纳群岛中战略意义最大的塞班岛。

与此同时，麦克阿瑟的部队已经从新几内亚东路一路杀到该岛西北端的重要港口荷兰迪亚，岛上1.1万守军奋起抵抗。美军凭借优势火力，死死地控制着战场的局面。惨烈的战斗打了几天之后，岛上守军大部死亡，其余或伤或逃，犹如丧家之犬。就这样，麦克阿瑟将军向目标菲律宾跨出了一大步。

6月6日，盟军在欧洲开辟第二战场的“霸王行动”开始了。同一天，太平洋上的马里亚纳群岛战役也开始了。美国第五舰队550艘舰船、956架舰载机和13万官兵从马绍尔群岛的马朱罗基地启航，浩浩荡荡地向西北方向的马里亚纳群岛驶去。

第一次世界大战结束后，马里亚纳群岛便成了日本的海外领地。此后，日本人在群岛首府塞班建立了大型海空军基地，把它看作日本本土在南方的最后一道屏障。一旦美军占领马里亚纳，陆基飞机就可以轻而易举地从那里起飞直接轰炸日本本土了。因此，东条英机将马里亚纳群岛划入了日本须绝对守卫之地，日本人称它是防御日本本土的“太平洋上的防堤”。

而此时，日军尚未做好“阿号”决战的准备。东条英机认为，美国主力很可能会避开马里亚纳群岛，将在新几内亚岛一带与日军决战。他估计，决战的时间最早也要到6月之后。日本海空军的一部分兵力还在新几

1944年6月8日，美国海军陆战队在一辆M4雪曼坦克后面作战，以扫荡塞班岛北部的日军

内亚西部同麦克阿瑟的部队争夺比亚克岛。所以，美军第五舰队的动向并没有引起他的特别注意。

6月11日，美军第五舰队驶入马里亚纳群岛近海，开始空袭岛上的重要目标。东条英机接到岛上守军的报告，满不在乎地说："这一定是一般的空袭，不必大惊小怪。"

直到两天后，美军海军陆战队开始登陆，东条英机才发现自己判断失误了。他马上严令太平洋地区所有能够抽调出来的军舰和飞机全部开赴马里亚纳，由小泽治三郎海军中将统一指挥，以最快的速度击退美军的进攻。

6月15日清晨，美军的600多辆两栖装甲战车冲开巨浪，扑上了塞班岛的海滩。在20分钟内，8000名海军陆战队员也从登陆舰跃上了滩头，开始了与日军的夺岛战。联合舰队司令官丰田大将马上命令第一航空舰队与其展开决战。

6月19日晨，小泽治三郎的部队开到塞班近海距美国舰队150海里处。东条英机给小泽发去电报："皇国兴废，在此一战，全军将士务须不惜粉身碎骨，完成己任。"

这是1905年对马海战和1941年珍珠港事件中的名言。东条英机想借此激发海军官兵的斗志，尽快扭转战局。小泽将东条发来的电文告示全军，同时下令飞机升空作战，支援塞班守军与攻击美国舰队。

日军的舰载机分三批起飞，美军则一次性派出450架飞机予以拦击。瞬间，天空中遮天蔽日，全是飞机。海面上不时有飞机坠落，激起巨大的浪花。由于日军精锐飞行员大多已在战争前两年阵亡了，新飞行员的飞行技术较差，再加上新制造的飞机性能太差（"飞行棺材"），一架接一架地被击落。一天下来，日军损失的作战飞机达346架，而美机只损失了15架。美军飞行员们形象地将这种现象称为"马里亚纳射火鸡大赛"。

由于缺乏航空兵的掩护，日军的航母也成了任美军宰割的"羔羊"。3艘大型航空母舰被击沉，另有4艘大型航母受到重创。

海战进行到第二天的时候，小泽治三郎已经无力再战，只得率残余舰只仓皇北逃。在此战中，美军共击落日军作战飞机475架，自身损失80架；击沉日军航母3艘，重创4艘，自身损失油船2艘。

塞班岛上的日本守军闻知援兵已被击退，便知道阵地很难守住，只能"以死报国"了。斋藤和南云也疯狂地嚎叫着："血战到底，玉碎孤岛。”

塞班岛上残酷的战斗进行了十几天，日军节节抵抗，寸土不让。美军则步步为营，寸土必争。双方的伤亡都十分惨重，岛上到处都堆着发臭的尸体。最终，美军凭借着强大的火力优势把残余的日军赶到了洞穴和地下防御工事里。到6月25日傍晚，岛上的守军只剩下不到1200名能战斗的官兵和3辆坦克了。

东条英机坐在办公室里，两只眼睛布满了血丝，紧紧盯着作战地图，心乱如麻。斋藤和南云的告急求援电报像雪片一样飞到他的办公桌上。

突然，东条抓起面前的电报，用力砸向桌面，恶狠狠地说：“八嘎，一定要把小泽治三郎军法处置！”

参谋们被东条英机的举动吓坏了，轻声唤道：“阁下，请你冷静。”

东条英机冷冷地看了众人一眼，下令道：“马上以天皇的名义发报，令斋藤和南云死守阵地，决不能把美国人放进去。”几十秒后，作战参谋将拟好的电报递给了东条。东条英机展开一看，只见上面写着：“大日本的命运已系于塞班。鼓勇杀敌，以解天皇之忧，以延大和民族之运祚。”

东条英机叹了口气，缓缓道：“发出去吧！”

南云和斋藤接到东条的电报，只冷冷地骂了一句“八嘎”，就继续指挥战斗，垂死挣扎。这时，陆军步兵第七联队因伤亡惨重，不得不从火线上撤了下来。斋藤两眼通红，活像一头发疯的野兽，冲上前去，抽出指挥刀就砍掉了联队长和一名中队长的脑袋。

斋藤口中骂着“八嘎”，又向士兵中冲去。他发现所有的士兵都负伤了，而且子弹袋中都空空如也。斋藤绝望地放下了指挥刀，下令道：“每8个人一枚手榴弹，玉碎孤岛，为天皇尽忠吧！”

伤兵们流着眼泪，唱起了日本民歌，然后相互靠拢，纷纷拉响手榴弹。斋藤则头也不回地向指挥部走去。

7月初，美军已经占据了塞班岛大部，日军全部龟缩到北部山区地带，日军的失败已然成为定局。5日，南云和斋藤致电东条说：“我们将以全部牺牲来筑成太平洋上的防波堤。”

东条英机回电要求帝国军人务必发扬武士道精神，战到最后一兵一卒也不得放弃。他还提出了一个非常滑稽的要求：“每名士兵至少击毙七个美国人，而后才能玉碎。”

7月6日，龟缩在山洞里的斋藤按照东条英机的要求发布了最后一道军令，而后剖腹自杀。南云也在绝望之中举枪自尽。

7月7日拂晓，龟缩在各处山洞和地下防御工事里的日军纷纷冒了出来，发了疯似的向美军反扑过来。美军架起1000多挺阻击机枪，对着如潮的日军扫射着。冲在最前面的士兵倒下去了，后面的人马上踩着他们的尸体继续向前……

塞班岛上残酷的战斗一直打到7月9日才渐渐停息。数千名残余日军弹尽粮绝，胁迫着大批妇女、小孩、老人退至莫鲁比岩崖一带。他们面前是巨浪滔天的大海，身后是追击而至的美国大兵。是纵身跳下，选择死亡，还是反身投降，选择活命呢？疯狂的日本人先把妇女、小孩和老人赶下悬崖，而后一个接一个地纵身跳下。美军一再通过翻译、日军俘虏和平民向悬崖边的人们喊话，表示等待他们的不会有屠杀，只有食物和安全。但被武士道精神洗脑的日军官兵已完全陷入疯狂，自杀依然没有停止，共有数千人就这样无谓地失去了生命。

据战后统计，仅塞班岛一战，日军及当地的日本居民死亡总数超过5万人，受伤人数则无从统计。美军也付出了极其惨重的代价，伤亡超过1.7万人。

五

东条遇刺，生死不明

塞班岛战斗结束之后，整个马里亚纳群岛很快就全部插上了美国人的星条旗。与此同时，日军在新几内亚和澳大利亚方面组织的沙米战役、比阿战役也相继失败。

随着马里亚纳群岛的失守，东条英机的政治生涯也走向了终点。美军占领了马里亚纳群岛之后，不但切断了日军同卡罗林群岛的联络，还取得了海空基地，可以随时向西和向北推进，可以袭击日本同东南亚各地的海上运输船舶，可以出动B-29远程轰炸机直接对日本本土实施轰炸。

马里亚纳群岛失守的消息传到东京后，日本举国震惊，东条内阁也遭到了军政界的猛烈抨击。然而，东条英机不想放弃好不容易才到手的军政大权。他苦苦思索着，想要在某条战线上打一个胜仗，转移民众的视线，为自己和皇军挽回一点颜面。

于是，东条英机又把目光锁定在了中国战场。在那里，轰轰烈烈的“打通大陆线战役”（中国方面称豫湘桂战役）正在如火如荼地进行着。东条发动这次战役的主要目的是连接平汉、粤汉和湘桂铁路，建立一条经由中国大陆保持日本与东南亚各地的交通联系。

东条原本计划在4月到5月间打通平汉铁路，6月至9月打通粤汉和湘桂铁路，从而将三条铁路线连成一体。然而，日军出动了50万大军、10万匹战马、1万余辆汽车、1500门火炮和250架飞机，对付装备落后的中国军队，一直打到7月也未能如愿。

而在缅甸战场上，中国远征军和英国军队也步步紧逼，给日军造成了很大的伤亡。面对这些情况，东条英机勃然大怒，不停地骂前线指挥官是“一群饭桶”！

在东条英机的眼里，前线指挥官是“饭桶”，而在许多军政大员的眼中，东条英机才是真正的饭桶。秩父宫亲王等人对东条英机的独裁和无能非常不满，他甚至讽刺地称东条英机为“东条天皇”；海军的一些部门公然挂上了“杀死东条和岛田”的木牌；陆军中的知识分子则气愤地称东条英机为“上等兵”，称他的政府为“上等兵内阁”。

东条英机已经感到危机正在迫近，他不但增加了卫兵，还尽量减少外出，以防发生意外。实际上，此时要推翻东条英机者已经不限于以高木惣吉海军少将为代表的海军“开明派”（主张求和）了，陆军参谋本部的酒井镐次将军也加入到了这一密谋活动中来。

一天深夜，酒井镐次来到前首相近卫位于东京郊区的寓所。为安全起见，他没有穿军装，而穿上了便服。酒井镐次忧虑重重地说：“我们必须尽早结束战争。”

近卫盯着他看了半晌，默默点了点头。酒井镐次接着说：“德国仍然还有力量防御，我们要趁敌人在东西两线同时作战时，利用这种形势开始和谈。到德国失败后再谈，对我们就不利了。而这样的和平绝不可能由东条去谈，必须成立新内阁。”

近卫依然盯着酒井镐次，半晌没有说话。酒井镐次叹了口气，缓缓道：“如果东条获悉我要跟你讲的话，我肯定他会报复。”

这时，近卫突然问道：“有没有可能说服陆军领导实施这个政策？”

酒井镐次回答说：“目前，他们不敢公开说出来，但他们的想法全跟我的一样。陆军中曾秘密传阅松谷诚（陆军大佐，经过对资料的研究提出，日本的处境与德国相似，绝不可能打赢战争）的报告，有一批陆军军官希望让天皇看到这个报告。”

近卫摇了摇头，说道：“天皇看到了又怎么样？天皇该如何向东条提出这件事？”

酒井镐次说：“天皇陛下要问‘尽管陆海军作出种种努力，敌人已成功地在塞班登陆。将来的仗应该怎样打，东条？’然后，他要问他们将如何去满足海陆两军对弹药、飞机、船只和石油的要求；空袭时怎样保护国民；如何才能击退敌人的进攻。”

近卫摇了摇头，表示这个方法行不通。过了一会，酒井镐次也叹气道：“他（指东条英机）确实可以用好几种方法来回答这些问题。”

既然这些政治谋略行不通，就剩下一条路了——暗杀。然而，东条英机对此已有防备，想要暗杀他并不容易。高木惣吉也不得不改变暗杀方案，准备用机枪伏击，但一直没有找到合适的机会。

陆军中也有不少主张用暗杀这一最简单、最有效的方法来结束东条内阁。刚从中国战场调回大本营的津野田少佐和东亚联盟东京分会会长牛岛达熊参与这次暗杀，计划在祝田附近皇宫前广场趁东条的汽车拐弯放慢速度时，向他扔一枚特制的氢氰酸炸弹。时间已定在7月的第三个星期。

然而，一个参与密谋的人在无意间向天皇最小的弟弟三笠宫亲王泄露了这一计划。三笠宫亲王素来胆小怕事，他不但不给予支持，反而将这一计划透露给了大本营。东条英机得知这一消息，气得火冒三丈，立即通知宪兵队，逮捕了牛岛和津野田，并判处死刑。不过，牛岛和津野田并没有被执行死刑。和以往政变中的行刺者一样，他们的死刑不久后被改为死缓，后来就不了了之了。

时间进入7月中旬之后，天气一天比一天热，但东条英机的心却一天比一天冷。他整日里阴着脸在办公室里踱来踱去。他那美丽的秘书兼情人美嘉丽子也没心思再用女人的媚态为他解忧了。她只是陪着东条站着，往往一站就是几个小时。

一天黄昏，东条英机一声不响独自步出内厅，穿过前厅，来到廊前，仰天长叹了一声。他的目光已经混浊，思绪已经混乱。突然，他厉声喝叫道："庶务长。"

庶务长吓得赶紧从自己房间里奔出来，唯唯诺诺地应道："首相。"

"备车！"东条英机简短有力地命令道。

东条英机要进宫面见天皇，再陈计策，誓死实施本土决战。警卫车率先开出了车库，东条乘坐在第二辆车上，紧紧跟在后面。当车子行近平安桥时，路边的铁制路灯架突然倒在了马路中央，不偏不倚刚好挡住了警卫车的去路。

警卫车的司机来了个紧急刹车，将车子停了下来。但紧紧跟在后面的第二辆车想要刹车已经来不及了。"嘭"一声巨响，第二辆车一头撞在了警卫车的尾灯上。巨大的惯性力把正在车后思考问题的东条英机一下子抛向车前，一头撞在驾驶台上。

东条英机伸手摸了摸"嗡嗡"作响的脑袋，大骂道："八嘎！"

他强忍着剧痛，正要坐起来，只听"砰、砰、砰"三声枪响，坐在东条身边的司机应声而倒，鲜血喷涌而出，溅得到处都是。

东条英机被这突如其来的状况吓坏了，本能地伸手护住脑袋。他感觉手上黏糊糊的，把手缩回来一看，上面满是鲜血。东条英机马上尖声号叫道：“有刺客！”

“砰砰砰”，车外一阵枪响。原来，警卫车里的卫兵们见势不妙，已经匆匆跳下车，寻找刺客。由于不知道子弹是从哪个方向射过来的，他们只能拔枪乱射一通。

几十秒后，枪声停了下来。卫士长和几名卫兵赶紧奔到东条的汽车周围，将其团团护住。卫士长打开车门，寻找首相，发现东条英机已经钻到座椅下面去了，只露出下半身在外面拱着。

卫士长急忙报告说：“凶犯已经逃跑，请首相放心出来。”

东条英机这才从座椅下钻出来。卫士长一看，东条满脸是血，以为子弹打进了东条英机的脑袋，不禁大惊失色，叫道：“首相中枪了。”

几名卫士冲上前去，把挡在车前的路灯架抬到了一边。卫士长则把东条车上驾驶员的尸体拖到地上，自己坐到了驾驶座上。两名卫兵则分别坐到汽车后座上，把东条夹在中间。汽车发动了，风驰电掣般地开向陆军大学附属医院。

留在现场的卫兵则兵分两路，一路在附近搜索嫌犯，一路打电话给皇宫、内阁、大本营、警察局、宪兵队等单位，报告东条遇刺之事。他们在电话中说：“首相遇刺，脑袋受伤，正赶往陆大医院救治。”

几分钟后，东京城里便乱成了一团麻。大街小巷，到处都是警察和宪兵，警笛和警哨此起彼伏，不绝于耳。

第十四章

战争狂魔伏诛前的血腥岁月

一
陷入绝望，准备辞职

到了医院，东条英机才从惊恐中清醒过来。他对慌乱不已的卫士长和军医们说："放心吧，我没有受伤。"

卫士长看着东条手上和头上的血，一脸的疑问。

东条英机伸出左手，盯了半晌，缓缓道："这是司机的血。"

随后，军医们给东条英机做了全身检查。一切果如东条所言，他根本没有受伤，只是受到了一点儿惊吓罢了。

这么一折腾，东条英机也没心思去皇宫见天皇了。他马上返回官邸，下令道："马上封锁全城，全力追拿凶手，一旦抓到，格杀勿论！"

在行刺的几十秒里，凶手始终没有露面，谁也不知道他或他们长什么样子，到哪里去抓呢？警察和宪兵在东京城里折腾了几天，也就不了了之了。那么，这次刺杀东条的人到底是谁呢？是不是高木惣吉一伙呢？由于缺乏资料，而且当时想刺杀东条的人实在太多，这一案件也随着时光的流逝而成了历史之谜。

在随后的几天中，东条英机的心情坏到了极点。这一方面是因为刺杀事件的刺激，另一方面则是因为对战争失去了信心。一连好几天，阁僚和海陆军将领们个个避他犹恐不及。天皇也对他的遇刺漠不关心。这一切都说明，这位身兼数职的军政大员已经遭到了举国上下的厌弃。

军政界的要员们正在秘密谋划，准备先拿"东条的副官"岛田繁太郎开刀，逼迫东条交出手中的军政大权。东条英机对此也有所耳闻。不过，他并不愿意让岛田退出内阁和军令部。他认为，一旦岛田辞职，必然会导致大本营的分裂，并影响到他本人对内阁和大本营的控制。

然而，面对节节失利的战局和众人的反对，尤其是天皇的怀疑，他已经无力支撑下去了。这时，他想起了提名他当首相并在过去几个月里一直支持他的宫内大臣木户侯爵，他希望利用木户对天皇的影响力挽回目前的不利局面。

7月13日晚，天黑沉沉的，燥热难当，似乎马上就要下雨了。东条英机悄悄来到了宫内府的门前，按响了门铃。

木户的管家见是首相，忙不迭地将其让进客厅。东条英机怀着忐忑不安的心情坐在沙发上等候木户。过了一会，木户穿着和服出来了，冷冷地问："首相阁下亲自登门有何要紧事？"

东条英机毫不避讳地说："在当前形势下，希望维持政局，请宫内大臣帮助我。"

木户的脸上闪过一丝不快，回答说："可是陆海军在太平洋上的表现使人没有办法支持你。"

由于马里亚纳群岛的失守，木户侯爵和天皇一样，已经对东条英机失去了信心，甚至有些怨恨他。

东条眼巴巴地看着木户，眼睛里充满了祈求的神色。这使得木户更加气愤，他斥责东条说："你作为首相兼陆军大臣又兼任参谋总长一职，实在有独揽军政大权的嫌疑，本应想尽办法挽回败局，不但没有做到，反而使形势更加危险，美国的飞机已多次飞临我国的九州岛。对你兼任参谋总长一事，人们一直感到十分不安，一天到晚在指你的脊梁骨，天皇本人也极为生气。"

过了半晌，木户又说："你想留任总理大臣也未为不可，但有三个条件。"

东条英机问："哪三个条件？"

木户简明扼要地说："第一，参谋总长与陆军大臣两者分开，以健全统帅部机制；第二，任命新的海军大臣；第三，邀请重臣入阁，组成举国一致的内阁。"

这三个条件都是东条英机不愿接受的。他听完木户的叙述，"噌"地站起来，不满地说："今天跟你谈毫无意义！"

说完，东条英机转身向门口走去，"砰"的一声把门关上，径直走了。

回到官邸之时，东条英机发现佐藤已经在办公室等他了。东条气呼呼地说："如果木户采取那种态度，这就是说，天皇对我已失去信任。因此，我放弃改组内阁的想法，我要辞职。"

佐藤大吃一惊，吼道："在战争的最关键时刻怎么谈得上辞职！"

东条英机无奈地说："我又能怎么样呢？"佐藤沉思片刻，建言道："首相可以任命米内光政接替岛田，出任海军大臣。这样做可以很好地安抚海军和那些重臣。"东条英机摇了摇头，伤感地说："解除岛田君的职务是不合适的。"佐藤明白，岛田是东条的忠诚支持者，想要一下子解除岛田的职务，在感情上确实有些难以接受。不过，感情归感情，在当前的形势下，除了"牺牲"岛田之外，已经别无良策。佐藤劝说道："不管如何，你都得牺牲岛田。你对他所承担的义务只是私人交情。战争是你发动的，你不能中途甩手不管。"

东条英机考虑了半夜，最终决定接受木户提出的三个条件，重组内阁。7月16日深夜，他召见了海军大臣岛田，直截了当地说："岛田君，请你辞去海相的职务吧。"

岛田痛快地表示愿意辞职，其实，不如说他十分高兴能离开这个需要承担战败责任的是非之地。

第二天一大早，岛田繁太郎向东条英机递交了辞呈，并推荐吴镇府长官野村直邦继任海相。当天傍晚时分，岛田和野村举行了交接仪式。

海军大臣已经换人了，接下来要做的就是辞掉参谋总长的职务了。辞职很简单，只是递交一份申请的事情，但由谁来接任呢？起初，他准备提升时任参谋次长的后宫淳大将，但经多方考虑，还是觉得不大合适，最后上奏启用时任关东军总司令官梅津美治郎大将为新的参谋总长。

就这样，木户提出的三个条件，东条已经兑现了两个，但第三个条件解决起来就没有那么容易了。一方面，对东条不满的阁僚们坚决不同意单独辞职，有人甚至公开声称，改组内阁不如总理辞职。另一方面，米内、广田、阿部等前首相大多不愿进入东条内阁。如此一来，改组就陷入了僵局。

而前首相、东条英机的仇人近卫则在此时不失时机地向天皇奏明了米内、广田、阿部等重臣们对东条内阁的意见。东条英机在绝望之中召见了佐藤，满脸忧伤地问："米内为什么拒绝入阁呢？"

佐藤说："问题可能出在中间牵线人身上。很可能是没有把你的最初意图向米内讲清楚，让我直接跟他说吧。"

东条英机沉思了片刻，用力点了点头。他也相信，可能包括木户侯爵在内的中间牵线人并没有向米内表达清楚自己的真实意图。实际上，一向支持东条的木户早已倒向近卫、米内一伙所谓的开明派。他向东条提出改组内阁的要求，就是为了让其知难而退。

二

东条英机战时内阁的倒台

佐藤得到东条英机的指示，换上便服，悄悄地来到了米内光政的官邸。他反复对米内说："在战争中途，拯救内阁是极其重要的事情，拯救内阁就是拯救帝国。东条唯一的愿望是要改变战争的形势。在此关键时刻，我请求你与东条内阁合作，渡过目前的难关。"

米内光政苦笑道："搞政治我不是内行，这点，你可从我自己的内阁看出来。我是个海军将领，不是政治家。我希望我死的时候也是个海军将领。如果你们想任用我，就让我当海相的顾问好了。"

佐藤见确实劝不动米内，就灰溜溜地驱车向首相官邸驶去。回到东条的办公室时已是凌晨2点了，东条英机还没休息，依然在抽烟解闷。

佐藤进来的时候，东条抬头看了他一眼，眼睛里满是期待。但佐藤直截了当的建议瞬间把他的期待击碎了。佐藤从牙缝里挤出了四个字："请辞职吧。"

东条英机猛吸一口香烟，叹了口气，无力地说："我将在明天上午谒见天皇，你用书面形式写下我的辞呈吧。"

第二天上午，即7月18日9点30分，东条英机进宫请求晋见天皇，奏明了自己辞职的决心。10点整，东条召开了最后一次内阁会议。在会上，他用恼丧的语调对阁僚们说："由于塞班失陷，我决定辞职。我之所以踌躇这么久，是因为日本也有投降派，担心有人会举着白旗投降。"

众人的表现非常平静，仿佛早知道会有这么一天的。东条英机不满地说："日本战败的责任必须由那些重臣和其他迫使我辞职的人来负。"

说完，东条的双肩垂了下去，但依然没有人接过他的话茬。东条英机突然提高了声音，愤愤地说："我必须要求你们全体辞职。"

阁僚们纷纷拿出纸笔，低头写辞呈。几分钟后，大臣们一个接一个起身离开了，会议室里只留下东条英机一人在抱头沉思。他到底在想些什么？是在回想过去几年的辉煌，还是在想战场上的节节败退？这恐怕只有东条自己才知道了。

东条在会议室待了很久才缓缓起身，驱车来到宫内府，将辞呈交给了木户。木户接过他的辞职，问：“你想让谁接替你的职务。”

东条英机“哼”了一声，回答说：“我不想说我看中谁，我以为重臣已经选定了人选。”

木户没有说话。东条英机叹了口气，说道：“我个人认为，此次内阁变动，重臣责任甚重。对此重臣谅已胸有成竹，东条不敢妄陈己见，只是觉得，如果准备组织皇族内阁时，希望不要考虑陆军中的皇族。”

说完，东条英机离开了宫内府，沿着长长的走廊向天皇的办公室走去。这是他最后一次以首相的身份拜谒天皇了。当他步履蹒跚地来到天皇的办公室时，眼泪终于止不住地流了下来。他向天皇深深鞠了一躬，啜泣着说：“天皇陛下，目前局势日变，我已无力为之，还请陛下宽恕。”

天皇慢慢取下眼镜，掏出手帕，擦了擦眼角，有些动情地说：“你是帝国的忠臣，朕的肱股。你挂职而去，朕心中实在不舍、不忍。”

天皇顿了顿，似乎想要安抚一下东条，缓缓道：“辞呈我暂且收下，还待元老重臣们慎议。”

东条英机喉塞胸憋，有些站立不住，遂赶紧鞠躬告辞，慢慢转身退出。

东条内阁倒台的消息很快就传遍了东京城。最高兴的人不是他的那些敌人和反对者，而是他的妻子东条胜子。因为，此时的东条英机已经成为一个前首相，一个仅起咨询作用的重臣了。想要暗杀他的人也就没有必要再浪费子弹了。

东条英机辞职之后，时任朝鲜总督小矶国昭陆军大将被任命为新首相。7月20日，他从朝鲜匆匆返回东京。在出发之前，他就预感到，自己很可能会被任命为新首相，口袋里已经装了一份拟好的内阁名单。

但一到宫内府，看见米内光政，他就知道自己拟定的名单只能作废了。在选定小矶国昭为首相之前，重臣们都倾向于让米内组阁。最后，米内以他是一个纯粹的军人为由拒绝了，并提名了小矶国昭。

按照惯例，在组建新内阁之时，只有准首相才能在宫内大臣的带领下去觐见天皇，其他阁僚都没有这个资格。现在，米内和小矶同时出现在了宫内府，这是什么状况呢？小矶国昭没有搞清楚。

木户没等他发问，就说：“走吧，我们去见天皇。”

东条英机内阁倒台，前首相东条英机（左）向新首相小矶国昭移交权力（1944年7月22日）

很显然，木户所说的我们也包括米内。小矶国昭终于忍不住问道："谁走在前面？"

木户回答说："小矶。"

见了天皇之后，小矶国昭就更加弄不清楚谁是首相了。天皇对他和米内说："你们二人应协力组阁，不要与苏联对立。"和小矶国昭一样，米内也一样迷惑不解。拜谒完毕后，米内问木户："究竟谁是首相？"木户回答说："当然是小矶。"小矶国昭这才转身问米内："你想担任什么职务，海相？"米内回答说："我所能担任的只有这个职务。"直到这时，小矶国昭才打消了内心的疑虑。但他始终搞不清楚天皇和木户为什么要作出这样的安排。已经卸任的东条英机对此却心知肚明。天皇之所以如此安排，主要是想让陆军出身的小矶国昭和海军出身的米内光政通力合作，消除陆海军之间的分歧，努力挽回战局。

7月22日，东条英机被编入了预备役。多日来，他始终躺在床上，高烧不退，呓语胡话不断。胜子仔细辨听才明白，他是在问美国有没有向日本投降。

东条的下台挽救不了日本的败局，那个残暴发动侵略战争的日本帝国覆灭的命运已成定局。1944年冬季，美日海军在菲律宾莱特湾激战数月，日本联合舰队几乎全军覆没；1945年2月，美军占领菲律宾首都马尼拉；3月日军丢失硫磺岛，那里距日本东京只有660海里，是远程轰炸机的理想中继基地。紧接着，美军出动大批远程轰炸机，连续对东京等大城市实施轰炸。4月5日，小矶国昭也撑不下去了，不得不向天皇提出辞呈。宫内大臣木户不得不重新召集重臣会议，挑选新首相。

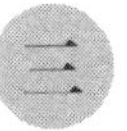

一定要把战争进行下去

1945年4月5日下午5点，东条英机第一次以重臣的身份参加了宫内大臣发起的“重臣会议”。尽管败局已定，而且在重臣中属于十足的孤立派，但他仍然咄咄逼人，一心要把战争进行下去。所以，他反对任何主和派人物主政。

木户作了开场白后，东条第一个开口道：“小矶国昭的辞呈说，无论是国务，还是统帅机构，都需要改正，这是什么意思？”

木户冷冷地回应道：“小矶首相没有加以专门的说明。”

东条英机也不甘示弱，马上反击道：“战争期间政府更迭频繁很不好，下届内阁必须是最后一届！目前，国内有两股思潮，一派人认为，为了确保国家的未来，必须坚持打到底；另一派人则想迅速实现和平，即使无条件投降也在所不惜。我认为，我们必须先解决这点。”

东条英机的老对头、海军大将冈田启介反驳说：“下一届内阁必须考虑各种各样的问题，这是一届肩负日本命运到底的内阁，它将集结国家的全部力量，和与战的问题不能在这里决定。”

东条英机沉默了下来。会议室中顿时陷入一片寂静之中，除了东条英机故意昂着头，盯着众人之外，其他人都低着头，有意无意地摆弄着自己的手。

平沼和广田两位文官接过话茬，安慰东条说：“东条君可以放心，战争一定要坚持打到底，决不投降。”

接下来，重臣们讨论了未来首相必须具备的条件。但讨论来讨论去，谁也没有提出具体的人选。看来已经没有人愿意站起来收拾这个烂摊子。

时间一点点地过去了，天渐渐黑下来。参会的重臣们的心中充满了孤独、忧虑和恐惧。时任枢密院议长的铃木贯太郎海军大将打破了会场上的沉默。他建议从重臣中选择一人出来主政。

铃木贯太郎（186 8年1月18日—1948年4月17日）

众人纷纷附和道："这样最好。"

铃木接着说："当首相是件很累的差事，我想请我们当中最年轻的近卫公爵出任。"

此时，铃木已78岁了，而担任过两届首相的近卫才50多岁。他认为由近卫出面组阁非常合适。

可是近卫不愿干，坚决拒绝。他才不愿意在这个时候站出来替东条擦屁股呢！铃木微微叹了口气，似乎很无奈。

这时，平沼站起来说："根据近卫公爵自己提的理由，我赞成不让近卫君出任。"

说完，他特意扭头看了一眼坐在一旁的东条英机，继续说："鉴于战争还必须打下去，我提议由铃木贯太郎海军大将出面组阁。"

木户和冈田启介均倾向于让铃木贯太郎海军大将组阁。众人一听平沼的提议，纷纷表示赞同，只有铃木自己和东条英机没有表态。近卫文麿发表意见说："我举双手赞成。"

78岁的铃木头脑十分清醒，他很清楚，这个时候出来组阁，除了给东条英机和小矶国昭（主要是东条英机）擦屁股之外，什么也干不了，说不定还要率领军队向盟军无条件投降。他才不愿意干这样的傻事呢！

众人表态完毕，铃木心情沉重地说："我已答应家里的人不接受这个职位，我记得我曾对冈田将军说过，如果军人掌政，必定会把国家引向失败。罗马的覆亡，德皇的下野和罗曼诺夫王朝的命运都证明了这点。鉴于这个原则，我不能接受这种荣誉。"

过了好一会，他又补充说："另外，我的听力也已经不灵了。"

平沼劝说道："公众信任你的正直和忠诚，你一定不要推辞。"

东条英机不愿看到铃木贯太郎住进首相府，因为他是一个虔诚的道教徒，对战争的热情不高。东条英机先赞扬了铃木一番，然后才对铃木的军人不应过问政治的信条提出异议。他咄咄逼人地说："敌人越来越沉不住气了。他们准备铤而走险，可能试图在日本本土某地登陆。那时保卫本土将是生死存亡的事。政府和统帅部必须融为一体。因此，首相必须是现役军人才行。我提议由畑俊六元帅出任首相。”

木户突然转向广田，尽量用平静的声调说：“你的意见呢，广田先生？”广田缓缓说道：“咱们得从陆军或海军里选个能控制和领导他们的人。”木户又转向冈田启介，说道：“请发表你的意见，冈田将军。”冈田启介一如既往地支持铃木，但又不愿暴露自己的真实意图。他说：“我不知道还有什么人，所以我没有什么好说的。”木户缓缓站了起来，说道：“我认为，本土不久就将成为战场，因此，新内阁必须得到全国的信任，要举国一致。我非常希望铃木阁下出马！”然后，他又转向东条语气中满带讽刺地说：“我们必须以比你更大的视野来看待时局。要非常，非常谨慎。”

东条英机瞪着眼，狠狠地盯着木户，开始还击。他接过话茬说：“是的，要非常谨慎，如果人选得不当的话，我怕陆军会不服。如果是这样，新内阁就会垮台。”

木户立即讽刺道：“陆军不服可是非常严重的事情。你自己是否也这样想？”东条英机针锋相对地指出：“我不能说我不这样想。”木户寸步不让，大声道：“民众也许会不服从陆军！”东条英机的高压蛮横态度也惹恼了冈田。他突然站起来，愤怒地说：

“在这样一个危急关头，一个曾当过首相的人怎敢说陆军会不服！”

东条英机见自己已经惹起了众怒，不得不暂时低下他那高贵的头颅。他转向冈田，说道：“对不起！我收回我刚才说的话。我的意思是说，陆军不会同意这样的人选。”

东条英机再次受到孤立，他投降了。木户趁机说道：“我将牢记这一切！向陛下陈述我的见解，请陛下裁夺。”

当晚，铃木终于答应出任首相。晚上10点整，这位78岁的老人走进了天皇的办公室。天皇面对着昔日的侍从武官（铃木曾任天皇侍从武官，裕仁天皇尊称其为“亲父”），只说了一句话：“我命令阁下组阁。”

四

日本战败，战争狂魔伏诛

东条英机没能扭转战局，小矶国昭也没能扭转战局，78岁的铃木贯太郎更是无能为力。战争进行到1945年4月底时，盟军在亚洲战场和欧洲战场均取得了决定性的胜利。4月30日，独裁者希特勒在绝望中饮弹自杀了。5月9日，德国正式宣布无条件投降。

欧洲的战事结束了，苏、美、英三国立即将目光转向了东方。7月17日至8月2日，三国首脑和外长在德国柏林郊外的波茨坦召开会议，就结束对日作战的条件和有关对日的战后处置方针，通过了一项决议。这就是著名的《波茨坦公告》。

公告向日本政府发出了最后通牒："（日本）立即宣布所有武装部队无条件投降，并对此种行动诚意实行予以适当及充分之保证。除此一途，日本即将迅速完全毁灭。"

与此同时，盟国飞机在日本各大城市上空散发了150万张传单和300万张《波茨坦公告》。传单对这些城市发出警告，说它们将受到猛烈的空中轰炸，而每次警告之后，紧接着就是一次常规炸弹的猛烈袭击。但日本政府并没有表示接受《波茨坦公告》的任何迹象。

8月6日，美国向广岛投放了一颗原子弹。此举给日本侵略者的心理上造成了极大的打击。时任美国总统杜鲁门紧接着发表声明："7月26日在波茨坦发出的最后通牒，旨在拯救日本人民免遭彻底的毁灭。他们的领袖迅速地拒绝了这最后通牒。如果他们现在还不接受我们的条件，他们的毁灭将自空中而降……"

8月9日，苏军远东方面军约80个师、4个坦克机械化军、6个步兵旅、40个坦克机械化旅，出动作战飞机3400余架、坦克5500余辆，越过中苏边境，向日本关东军发起了猛烈的攻势。

面对苏、美、英、中等国军队的猛烈攻势，铃木贯太郎撑不住了，天皇也撑不住了。8月10日，日本政府通过中立国瑞士和瑞典政府，向苏联、美国、英国、中国等国政府转交照会，宣布接受《波茨坦公告》。

8月14日，日本政府向反法西斯同盟国发出了最后接受《波茨坦公告》电报，正式宣布："一、天皇陛下已下诏，接受《波茨坦公告》各项条款。二、天皇陛下准备授权并保证日本政府和大本营签署为实施《波茨坦公告》各项规定所必需的各项条款。天皇陛下还准备对日本陆、海、空当局及其所属，不管驻何处之所有部队发布命令，停止战斗行动，放下武器，并发布盟军最高司令认为在执行上述条款中有必要发布的其他命令。"

至此，不可一世的日本法西斯军国主义终于放下了手中的屠刀。虽然以东条英机等人为首的军国主义分子蠢蠢欲动，妄图作最后挣扎，但已经无力改变失败的事实。9月2日，日本政府代表和盟国代表在美军战列舰"密苏里号"上正式签订了无条件投降协议。

9月8日，美军五星上将麦克阿瑟将军来到东京。在各受害国政府和人民的强烈要求下，他签署了逮捕首批被指控的40名战犯的命令。东条英机是甲级战犯的第一名。这个双手沾满中国人民和亚洲其他国家人民鲜血的法西斯头子，早就料到自己的下场。不过，他还存有侥幸心理。

9月12日，当一群新闻记者来到东条英机位于世田谷的寓所时，他正大模大样地坐在一张大书桌前写东西。室内布置依然如故：正面挂着一幅这位前首相穿军礼服的全身像；另一面墙上挂着一张马来亚某崇拜者送的虎皮。

眼见着大批记者涌进花园，挡也挡不住，东条英机无法镇定了。他赶紧叫夫人带着侍女立刻离开家里。胜子不愿离开，她担心丈夫会自杀。东条有些不耐烦，强行把她从后门推了出去。胜子向丈夫深深鞠了一躬，关照说："多多关照自己！请多多关照自己！"

东条英机含含糊糊地答应了一声，随手把门关上了。胜子悄悄走进了街对面一幢房子的花园里。这是铃木医生的家，他曾给东条英机标出心脏的位置。房子地势较高，可以清楚地看到对面的情景。她看到一大批美国军人、宪兵已把她家包围起来。有个美国军官高声喊道："告诉这个狗杂种，我们等的时间够长了。把他带出来!"

"砰"，对面传来一声枪响，胜子的心一下子沉了下去。她满脸泪水，喃喃地说："不好，他饮弹自杀了。"

东条英机自杀丑态

美国大兵们听到枪声，开始向屋内冲去。此时是下午4点17分。

美军少校保罗·克劳斯和执行逮捕的人，以及跟在后面的记者们冲进东条的办公室。东条摇摇晃晃地站在一张安乐椅旁，没穿外衣，衬衣已经被鲜血浸透了。他右手还拿着一支0.32口径的科尔特自动手枪，枪口对着冲进来的人。

克劳斯以命令的口吻喊道："别开枪!"

"当啷"一声，东条英机手中的枪落到了地板上，他整个人则不由自主地倒在了椅子上。一名日本警察走上前去，看了一眼，回头道："失血过多。"

东条微微睁着眼睛，右手无力地指着桌子上的水杯，示意要水喝。警察端起杯子，凑到他的嘴边。东条贪婪地喝了几口，还要再喝，但已经没有水了。

4点29分，东条英机张开嘴，无力地挤出一句话："要这么长时间才死，我真遗憾。"

说到这里，东条英机提高了声音："我想自杀，但自杀有时候会失败。"

警察和美国大兵们把东条送到医院才发现，他的左胸上有一处用黑色墨水标出的圆形标记，子弹刚好从中穿过。或许这个嗜血成性的法西斯头子注定要接受历史的审判，子弹居然没有打中心脏。

在东条被捕的第二天清晨，另一名战犯——杉山元陆军元帅也开枪自杀了。杉山元的夫人听到丈夫身亡的消息后，在自己房中的佛像前跪下来，喝了少许氰化物，伏倒在短剑上。

不久，近卫文麿也在入狱的前一天晚上服毒自杀了。对于这些日本战犯来说，由胜利者操纵审判是不能容忍的。对近卫这样一个贵族来说，更是"奇耻大辱"。因此，他们不少人采取了像德国纳粹头目们在受审前开枪自杀和服毒自杀的方法，仅陆、海军将官以上军衔者就达34人之多。

这些战犯嫌疑人的自杀，谈不上什么勇气，纯粹是“畏罪”的逃避行为。特别是东条英机，他的自杀就像是一出闹剧，他使用的科尔特手枪是把袖珍手枪，连手掌都无法穿透，而且是在美军宪兵进入家门时才开枪，说到底是内心懦弱，怕死，就连日本人都没有几个相信东条英机是真正想自杀。自杀的闹剧充分暴露了他的色厉内荏，内心丑陋。

说到东条英机的为人，至今大多数日本人仍对他持鄙夷的态度。东条英机有七个子女，其中三个儿子，但都没有上过战场，他把无数的儿子、父亲、兄弟送到九死一生的战场，自己的儿子却贪生怕死地躲在后方。没有一个儿子在前线的将军，甚至在当时的整个日本军界都是很罕见的。

1946年5月，为了惩办发动侵略战争的罪犯，由中国、美国、英国、苏联、澳大利亚、加拿大、法国、荷兰、新西兰、印度和菲律宾11个国家组成了远东国际军事法庭，在东京对包括东条英机在内的日本28名甲级战犯进行了正义的审判。

审判从1946年5月3日第一次开庭起，到1948年11月宣判终止，长达两年半的时间。审判期间共开庭818次，审判记录48412页，有419人出庭作证，有779人书面作证，受理证据4300余件，判决书长达1213页，可以说是历史上最大的审判之一。

1948年11月4日，远东国际军事法庭对以东条英机为首的25名甲级战犯（在审判进行期间，松冈洋右、永野修身病死，大川周明患渐进性麻痹病而宣告为“无责任能力”，均免于审判）开始宣判。东条英机、板垣征四郎、土肥原贤二、松井石根、广田弘毅等罪大恶极者均被判处绞刑。

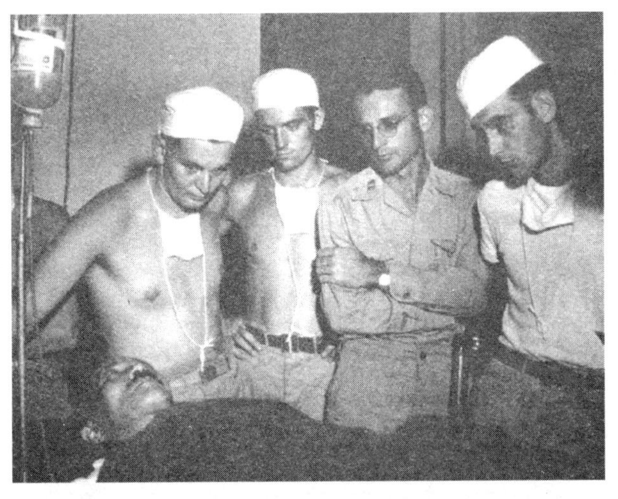

东条英机自杀未遂后，被送往横滨医院急救（1945年9月12日）

宣判刚结束，现

场就响起了热烈的掌声。人们眼里含着泪水，回想着自己的同胞过去数年中受到的种种磨难，不禁在心中暗暗为那些为国家和民族而献身的英灵祝祷："英雄，侵略者受到了人民的审判，你们可以安息了！"

1948年12月22日深夜，以东条英机为首的7名被判处绞刑的甲级战犯在东京巢鸭监狱内走上了绞刑架，结束了他们罪恶的一生。